信用评级机构
违反注意义务的判定研究

王　奕／著

法律出版社
LAW PRESS · CHINA
北京

图书在版编目(CIP)数据

信用评级机构违反注意义务的判定研究 / 王奕著
. -- 北京 : 法律出版社, 2024
(金融创新与法治发展丛书)
ISBN 978-7-5197-9172-8

Ⅰ. ①信… Ⅱ. ①王… Ⅲ. ①信用评级－法律规范－研究－中国 Ⅳ. ①D922.282.4

中国国家版本馆 CIP 数据核字(2024)第 105891 号

信用评级机构违反注意义务的判定研究
XINYONG PINGJI JIGOU WEIFAN ZHUYI YIWU DE PANDING YANJIU

王 奕 著

策划编辑 沈小英
责任编辑 沈小英 任 娜
装帧设计 李 瞻

出版发行 法律出版社
编辑统筹 法治与经济出版分社
责任校对 王 丰 郭艳萍
责任印制 吕亚莉
经　　销 新华书店

开本 710 毫米×1000 毫米 1/16
印张 13.25 **字数** 206 千
版本 2024 年 12 月第 1 版
印次 2024 年 12 月第 1 次印刷
印刷 北京虎彩文化传播有限公司

地址:北京市丰台区莲花池西里 7 号(100073)
网址:www.lawpress.com.cn
投稿邮箱:info@lawpress.com.cn
举报盗版邮箱:jbwq@lawpress.com.cn

销售电话:010-83938349
客服电话:010-83938350
咨询电话:010-63939796

书号:ISBN 978-7-5197-9172-8 **定价**:79.00 元
凡购买本社图书,如有印装错误,我社负责退换。电话:010-83938349

总　　序

当下,“大众创业、万众创新”的浪潮正在席卷华夏大地,“创新是一个民族进步的灵魂,是国家兴旺发达的不竭动力”再度得到广泛关注。就金融法而言,创新从来就是其立足的根基与制度变迁的主线,金融创新作为经济与社会发展动力之源的认知早已成为无可置喙的经验常识。作为一种“创造性破坏”的力量,金融创新是一把典型的“双刃剑”,既能够创造经济效益和社会福利,也会带来经济灾难和社会病痛,其对经济与社会发展毁誉参半的复杂影响和功罪交集的矛盾冲突当属这种双重角色的典型映射。尤其是在2008年全球金融危机发生之后,批判与反思金融创新的言论甚嚣尘上,甚至将金融创新当作金融危机的罪魁祸首。但回到我国的现实语境,我们面临的不是创新过度而是创新不足,我们需要的是在加强金融监管的前提下鼓励、培育和引导金融创新而不是因噎废食地抑制、阻却甚至扼杀金融创新。在全面推进依法治国的时代背景下,如何通过金融法治助推金融创新,扬长避短、趋利避害,成为亟待思考和研究的重大现实问题。

近年来,我国金融市场的法律制度供给日益丰富,反映出金融市场发展过程中的“立法饥渴”,暗含着通过金融法治为金融改革保驾护航的美好期待。然而,“徒法不足以自行”,有法律不代表有法治,金融法律制度的不断供给并不意味着金融法治秩序的持续增长。金融法治可以从金融法的运行状态、运行方式、运行程度和运行过程四个方面进行衡量。就其运行状态而言,金融法治指涉的是金融法本身的合法性问题,其合法性评判的形式标准应看金融法的制定是否符合民主立法程序,实质标准应看法律条款的内容是否符合公平正义的自然法原则和人权保障精神。就其运行方式而言,金融法治主张金融市场主体和金融监管机构都要守法,但更强调金融监管机构首先应守法。就其运行程度而言,金融法治强调"法的统治",突出金融法的目的性价值,以法律至上为价值圭臬。就其运行过程而言,金融法治表达了从金融法的形成、遵守、实施到产生预期的、最佳的法律秩序状态。显然,我国金融市场的现实状态与金融法治的理想状态还有相当大的距离,金融创新所依赖的法制权威性、法制整合力、法制公信力、法制执行力、法制创新力等因素尚未齐备,金融创新与法制变革的良性互动关系尚未形成。因此,我国必须继续推进金融体制改革,进一步放松管制,改进监管,寻求金融创新与金融监管的竞争性平衡,为经济和社会发展提供源源不断的创新动力。

武汉大学法学院是全国较早开展金融法教学与科研的单位之一。2004年,经济法专业开始挂靠民商法专业博士点招收金融法方向的博士研究生。2010年设立经济法博士点之后,金融法成为专门的博士生招生方向。2014年,武汉大学资本市场法治研究中心成立,成为全国第一家专门从事资本市场法律问题研究的学术机构。十余年来,武汉大学法学院金融法学科承担了国家社科基金、教育部重大攻关课题等多项国家级和省部级科研项目,出版与发表了大量的学术专著与专业论文,在公司资本制度、公司融资法、互联网金融法制、金融法基础理论等方面取得了有较大影响力的学术成果,为社会培养了一大批高层次专门人才。为进一步推动武汉大学资本市场法治研究中心的发展,提升人才培养和学术研究水平,强化学科建设与社会服务力度,我们决定出版"金融创新与法治发展丛书",集中展示金融法领域具有思想性、前沿性和创新性的学术精品。本丛书的入选标准坚持学术性,要求立足学术前沿,追求学术创新,注重学术规范,恪守学术伦理。热忱欢迎有更多的金融法著作入选"金融创新与法治发展丛书",也希望"金融创新与法治发展丛书"的连续出版能为促进学术研究繁荣和推动金融法治进程贡献绵薄之力。

是为序。

冯 果

2015 年岁末

前　言

党的二十届三中全会审议通过的《中共中央关于进一步全面深化改革、推进中国式现代化的决定》就全面深化资本市场改革进行了一系列部署，提出完善促进资本市场规范发展基础制度、健全投资和融资相协调的资本市场功能等制度安排。信用评级机构以“看门人”的身份肩负着缓解信息不对称、揭示信用风险、辅助风险定价等职责，成为资本市场的重要基础设施之一，在“金融强国建设”的伟大进程中扮演了不可或缺的角色。在债券违约常态化的背景下，近年来，监管部门纷纷出台政策，将信用评级机构准入制度从审核制调整为备案制，并陆续取消了债券发行的强制评级要求，旨在推动信用评级行业由“监管驱动”过渡至“市场驱动”，克服评级虚高、评级区分度不足、事前预警功能偏弱等顽疾。易言之，当前债券市场已进入违约常态化的发展阶段，各类主体唯有各归其位、各司其职，方能实现金融资源配置的秩序感。信用评级机构应逐步建立基于市场机制的声誉体制，在履职过程中勤勉、尽责地开展业务活动，自觉地承担起对市场及投资者的责任，故债券纠纷处置中对信用评级机构注意义务的识别变得尤为重要。同时，金融强国的建设决不能偏安于一隅，高水平对外开放是实现高质量发展的内在要求。厘清信用评级机构注意义务的边界与人民币国际化、离岸债券发行等的实际效果息息相关，债券市场的双向开放要求中资信用评级机构既需要“走出去”，又需要“引进来”。一方面，将中国评级标准与理念传递至全球，发出中国声音，向全球投资者传递中国经济的真实图景，维护我国的金融安全与稳定；另一方面，在国际化竞争中明确自身的优势与短板，推动评级方法与技术的优化与创新，提升自身的国际竞争力。鉴于此，笔者于2022年申报国家社会科学基金重大项目“我国资本市场制度型开放的法律体系构建研究”并获立项（项目批准号：22&ZD204），本书即为该课题的阶段性研究成果。

以“五洋债欺诈发行案”为代表的一系列案件，将信用评级机构推向了市场舆论的风口浪尖，注意义务成为判断过错“天平”之上的“砝码”。学界在研究欺诈责任时，往往将市场中的“看门人”视作一个整体，过分强调不同中介机构间的一体化和共通性，忽视了彼此间各自的个性特征，对具体责任的认知较模糊，解释上常常语焉不详。本书尝试关照信用评级机构的微观视角，着重考虑信用评级的预测性特征、信用评级行业的垄断性结构等表征，阐明信用评级机构依托市场信任机制所具有的独特法律责任，进而拓展视角至整个资本市场中介机构的角色分化，明晰各自在法律框架下的不同义务内涵与责任归属。具体到信用评级机构的注意义务而言，违反时究竟应遵从主观判断标准还是客观判断标准？是根据商业判断原则抑或依赖司法审查进行判断？这些问题在学理上尚无定论，实践中也缺乏统一标准。对此，本书对既有观点进行提升改进，客观上回归债券的基本法律属性，主观上谨防利益俘获和投机心理，提出了以“偿债能力”为基础的综合性判断标准，搭建起一个更加灵活的动态框架，兼具理论的周延性与实务的可操作性，有助于解决信用评级机构责任认定中的困惑，并为相关纠纷的化解提供更明确的法律依据。另外，尽管注意义务滥觞于民法的诚实信用原则，但信用评级机构作为资本市场的信息提供者，连接着投融资双方，切不可囿于传统民法教义学的窠臼。因此，本书以商法思维为引领，从商事交易的视角出发，通过对不同债券品种及纠纷类型的区分，营造了差异化的注意义务场景，深入分析信用评级机构在不同情境下的行为模式选择，格外关注其如何在证券服务合同这一特殊商事合同中的职责履行问题，纾解以往“一刀切”的认定方式下对市场多样性与债券复杂性的治理模式，从而指明整个信用评级行业健康发展的方向，充分因应债券市场中规则创制与制度演变的现实需求。

除阐述背景、意义、研究现状、逻辑结构的导论及用于回顾全书、理论升华的结语外，本书主体内容主要由四个章节构成。第一章以信用评级机构注意义务的意涵解读为核心，从概念生成到性质定位再到特殊性，逐步展开。由民法与商法中对注意义务的不同定义切入，指出信用评级机构作为市场中介机构，其独特的法律定位如何影响注意义务的范围与内容，并从合同法、侵权法及证券法角度讨论其注意义务的多层次定位，最终揭示了该义务在面对信用评级机构这一主体时的语境限制和与众不同的责任承担。第二章从域外和域内二元维度入手，考量信用评级机构违反注意义务的认定难题。美国的信用评级评级机构在言论自由的定位下经历了由豁免到问责的法律责任嬗变，故分析其注意义务层面的制度突破与局限。结合《中华人民共和国证券法》（以下简称《证券法》）、《公司债券发行与交易管理办法》、《全国法院审理债券纠纷案件座谈会纪要》等规范，探讨我国信用评级机构注意义务在立法衔接和司法裁判上的不足。第三章创新性地提出了信用评级机构违反注意义务的场景式界分思路，区分评级对象、评级过程、评级结果三类场景，分别对应剖析了“公募债/私募债”“普通债权/衍生品”“产业债/城投债”等不同债券品种、“主动评级/委托评级”“债务人评级/债项评级”“短期评级/长期评级”等不同评级方法、“债券违约诉讼”“欺诈发行诉讼”“虚假陈述诉讼”等不同债权纠纷中，所面临的注意义务认定问题。第四章希冀建立一套完善的信用评级机构违反注意义务的规制体系。在溯源诉因演变和最新发展的基础上，讨论信用评级机构违反注意义务的认定标准选择难题，比较行业管理与司法判断的冲突，超越主观标准与客观标准而设计出一种全新的综合标准，并回归我国信用评级机构违反注意义务责任承担的本土化问题，力求将问题研究扎根在祖国大地上。

本书从“注意义务”角度对信用评级机构这一市场中介机构进行了深入分析，呼唤扭转过去依靠监管苛责的单一局面，而引入市场主体的诉讼机制来约束和规训信用评级行为。诚挚期望本书的出版能够激发学术界与实务界对相关问题的深度思考与探讨。同时，也热切期待读者在阅读过程中，不吝赐教，指出书中的不足与谬误，以助笔者不断完善、精进。

目 录

导　　论

一、选题背景与意义

信用评级机构(the credit rating agency)因掌握着“信息”这一资本市场的关键要素,成为最重要的“看门人”之一,并凭借其专业、客观、公正的评级结果获得了资本市场的认可,已然成为资本市场的“无冕之王”。但是,在助推资本市场迅猛发展的同时,时有发生的“黑天鹅”事件也在时刻提醒我们,信用评级机构并非万能,更远非完美。在“安然事件”爆发后,美国已经开始从立法、行政、司法等方面加强对信用评级机构的规制力度。特别是在次贷危机中,大规模的不实评级不仅不能真实反映被评级对象的信用状况,更可能给市场造成重大创伤。因此,美国等国家不仅在立法上不断推进对信用评级机构责任的强化,还进一步提出了更高标准的内控要求,越来越多的法院在个案中判定评级机构需承担相应的法律责任。就我国而言,如何认定评级机构违反注意义务并科予其责任成为棘手难题,学界与业界对“五洋债”案件的争议表明该问题已经到了亟须解决的时候。

本书正是在此时代背景下,立足学科前沿,回应社会重大关切,力求在解决实际问题的过程中提炼归责理论,为构建我国行之有效的信用评级制度贡献力量。本选题的理论价值在于:第一,有助于填补既有理论的空白。当前学界关于信用评级机构注意义务的研究呈现碎片化倾向,缺乏系统性的理论证成。由于信用评级早期被视作一种应当被豁免责任的“言论自由”,对于信用评级机构的民事责任问题长期关注不够。直到 2008 年金融危机之后,巨大的市场波动与惨痛的信用代价才真正引起国内外学术界的重视。国内对于信用评级机构的研究多集中于监管层面,虽近年来学界提出其作为“看门人”对投资人应承担民事责任,但仍有关注评级机构法律责任基础的注意义务。因此,亟须建立一套成体系的、有针对性的研究体例以填补学界空白。第二,有助于发掘信用评级机构的独特面向。我国学界对中介机构的研究多立足于整体性视角,把信用评级机构与会计师事务所、律师事务所等统一规制,缺乏个性化关注,存在"一刀切"的粗放式思维。事实上,信用评级机构明显有别于其他普通中介机构,其业务带有明显的预测性特征和垄断性色彩,既在市场中具备一定的监管地位,又极易贴上"言论自由"的标签而使自己逃避监管。本书通过归纳和提炼评级机构的独特性,以期构建信用评级机构违反注意义务责任承担的特殊归责原则和具体救济路径。第三,有助于系统梳理信用评级机构违反注意义务的认定标准规则体系。信用评级机构的评级行为有着不同的开展方式,包括主动评级、委托评级等;其评级对象也各不相同,包括公司债券、企业债券、地方政府债券、结构融资工具等。在不同方式、不同产品的评级过程中,信用评级机构违反注意义务的判定因素不尽相同,进而决定其承担民事责任的机理也迥乎其异。

本书的实践价值主要在于在类型化的基础上,通过建立一套行之有效的框架体系,为信用评级机构违反注意义务的认定标准提供现实指引,并为立法的完善和评级行业监管指引的制定提供针对性建议。我国目前关于信用评级机构监管法规尚未系统化,法规层次不高,而且规定相互重叠冲突,衔接不畅。关于信用评级机构民事责任也只在《证券法》中简单涉及,无法满足司法机关在裁判时的适用需求。注意义务是追究民事责任的逻辑前提,在社会分工逐渐细化的背景之下,注意义务概念实现了从一般侵权法领域逐步向特殊专业领域的拓展。若要体系化地完善我国信用评级机构民事责任制度,势必应立足差异化的视角,深化对评级机构注意义务本源的研究。在此背景下,本书聚焦于如何更加精细地认定信用评级机构违反注意义务这一问题,主张要在场景式界分思路下遵循整体主义思维构建评判体系,深入阐述了主观标准、客观标准以及综合标准的利与弊,并提出了一些新观点、新论断,为当下评级机构注意义务的规则体系建构厘清了一些观念及实践的障碍,对于完善相关立法及推动评级行业健康有序发展有明显助益。

二、国内外研究文献综述

(一)国内研究现状

评级机构因违反注意义务而被追究法律责任,其实是近10年才兴起的一种现象,在此之前,信用评级机构长期享有超然地位甚至诉讼豁免权。在2007年全球次贷危机之后,追究信用评级机构的民事责任出现端倪,学界围绕评级机构违反注意义务的认定标准展开了激烈讨论。特别是在"五洋债"案件发生后,有关这方面的研究逐渐成为热点。例如,周淳(2021年)认为,中介机构的过错认定应以其客观职责为基础,以信息获取、核实与验证能力为前提,综合考量其是否以合理的审慎和勤勉控制发行人虚假陈述的风险。① 沈伟、沈平生(2021年)指出,目前证券中介机构所承担的"看门人"职能得以凸显和强化,但资本市场相应的配套制度和法律规范依然落后,中介机构之间注意义务区分不明、免责事由缺乏等沉疴弊病依然严重,应当通过合理配置权利、义务与责任,让证券中介机构"归位尽责",实现投资者"买者尽责、风险自负"的美好愿景。② 唐晓雪(2021年)提出,既要加强对中介机构的全程监管,加大违法处罚力度,督促其履职尽责,也要合理确定其履职边界及责任边界,审慎界定其连带赔偿责任的承担,确保权责相当。③ 徐文鸣(2021年)指出"五洋债"一审判决在适格投资者和损害赔偿范围的认定上存在瑕疵,未能区分因不能履行到期债务而导致的违约责任与因虚假陈述引发的侵权责任。④

除了上述直接性的研究成果,学界在"看门人"机制、专家责任与评级机构的责任分配、信用评级监管等方面的有关研究,对于本书的写作也颇有借鉴意义。在"看门人"机制的研究层面,彭志(2015年)探讨了我国资本市场

---

① 参见周淳:《证券发行虚假陈述:中介机构过错责任认定与反思》,载《证券市场导报》2021年第7期。

② 参见沈伟、沈平生:《注册制改革背景下中介机构勤勉尽责责任研究——"看门人"理论的中国版本和不足》,载《洛阳理工学院学报(社会科学版)》2021年第3期。

③ 参见唐晓雪:《对债券欺诈发行中介机构连带赔偿责任的初步探讨——以"五洋债"欺诈发行案为例》,载《清华金融评论》2021年第4期。

④ 参见徐文鸣:《注册制背景下债市虚假陈述司法裁判的金融逻辑——以五洋债代表人诉讼为例》,载《证券市场导报》2021年第5期。

"看门人"机制失灵的原因,阐述了"IPO 新政自中介机构改革始,中介机构改革自归位尽责始"的观点,并提出提高中介机构准入门槛、加强行业规范和自律建设、改变"看门人"的委托代理链条、明确中介机构之间的职责划分、强化法律威慑、推进法律救济机制建设等建议。[①] 柳叶(2018 年)指出,证券中介机构本是资本市场"看门人",为资本市场运行保驾护航,但当下我国中介机构市场却由于委托代理关系畸形、声誉机制约束不足、违法违规成本低廉等问题,致使中介机构违法违规案件屡禁不止,"看门人"机制面临失灵。[②] 孙杨俊(2020 年)通过对中美证券市场"看门人"机制的实践,建议我国进一步创建自由竞争的市场环境,通过完善市场结构促使"看门人"角色理性归位,为保障其独立性重构委托代理关系,建立市场化声誉机制且向公众有效传递,并通过完善法律责任机制等措施实现"看门人"机制的有效性。[③]

在评级机构的责任形态、责任性质及责任机制方面,周俊杰(2011 年)认为,构建合理的评级机构法律责任体系的关键,在于应在"资本市场对评级信息的合理需求"和"投资者对于评级信息质量的合理期待"之间达成一种利益平衡。[④] 罗培新(2009 年)认为,亟须通过借鉴过错推定及市场欺诈法理,强化信用评级机构的法律责任,并将其一体纳入金融监管之范畴,让投资者得以像分享阳光般分享信息。[⑤] 倪受彬、施丹婷(2009 年)认为,考虑评级机构作为专业人员在信息披露中处于优势地位,以及其对广大投资者利益的保护的情况,应在诉讼中采取举证责任倒置的原则,即除非资信评级机构能够证明自己主观上没有过错,否则就应当承担侵权损害赔偿责任。[⑥] 李晓安(2015 年)认为,信用评级机构主体定位较为模糊,责任界定不够清晰,导致难以对信用评级机构损害金融生态环境的行为进行追责。因此,有必要厘清

---

① 参见彭志:《看门人机制为何失灵?——论中介机构之归位尽责》,载《南方金融》2015 年第 12 期。

② 参见柳叶:《看门人机制失灵:证券中介机构监管问题研究》,载《河北金融》2018 年第 9 期。

③ 参见孙杨俊:《中美证券市场"看门人"机制对比及其启示》,载《江淮论坛》2020 年第 6 期。

④ 参见周俊杰:《从次贷危机后的诉讼案例看评级机构法律责任的演进》,载《河海大学学报(哲学社会科学版)》2011 年第 3 期。

⑤ 参见罗培新:《后金融危机时代信用评级机构法律责任之完善》,载《法学杂志》2009 年第 7 期。

⑥ 参见倪受彬、施丹婷:《金融危机背景下信用评级机构的法律责任问题初探》,载《社会科学》2009 年第 8 期。

信用评级机构的义务及其责任承担，将信用评级机构的行为纳入法律制度的约束范围内，从而依法治理金融生态系统出现的问题。[①] 聂飞舟（2011年）认为，随着金融体制改革的不断深入和金融市场的快速发展，评级机构的法律地位日渐显要，这预示着对评级机构法律责任的立法规范和理论研究正当其时，立足于我国大陆法系传统，从立法规范、理论研究、司法判例角度建立我国评级机构法律责任制度实属必要。[②] 其同时认为，因评级行为而引起的法律关系是多重的，同一当事人可以提出不同的诉讼请求，对评级机构的法律责任也应根据不同的法律关系来加以判断。[③] 陈思齐（2016年）认为，在债券发行环节必须要求有信用评级机构的书面信用评级报告出现在债券注册文件中，并将信用评级机构认定为专家的一种，认可他们出具的报告为一种专家意见，并直接成为将来有可能追究其法律责任的重要依据。[④] 陈洁（2012年）认为，评级机构承担责任的基础在于基于职业信赖而产生的高度注意义务，即由于评级行为的专业性，评级机构显然处于专家的位置，其评级结果为社会公众所信赖，法律必须确保此种信赖不被滥用。[⑤] 伍治良（2014年）认为，将信用评级不实责任称为“专业人士责任”比“专家责任”更为允当，后者极易误导信用评级专业人士责任，不当地将其注意义务拔高至“高度注意义务”。[⑥] 韩玎和鲁篱（2014年）认为，信用评级机构的评级活动构成一种专家行为，应尽可能确保其信用评级的客观、公正与准确，信用评级机构在执行过程中必须尽到高度注意义务、忠实义务，而对这种注意义务的违反就会导致其对第三方承担一定的民事责任。[⑦] 刘文宇和徐卫东（2013年）认为，设定信用评级机构专家责任具有必要性和合理性，信用评级机构专家义务是其专家

---

① 参见李晓安：《论金融生态系统中的信用评级机构责任承担》，载《法学杂志》2015年第8期。

② 参见聂飞舟：《美国信用评级机构法律监管演变与发展动向——多德法案前后》，载《比较法研究》2011年第4期。

③ 参见聂飞舟：《美国信用评级机构法律责任反思及启示——以司法判例为视角》，载《东方法学》2010年第6期。

④ 参见陈思齐：《构建中国信用评级机构法律责任的路径——对美国主要信用评级机构的观察》，载《现代经济探讨》2016年第4期。

⑤ 参见陈洁：《评级机构侵权责任之构造——以公众投资者因评级错误导致投资受损为视角》，载《法律适用》2012年第3期。

⑥ 参见伍治良：《论信用评级不实之侵权责任——一种比较法视角》，载《法商研究》2014年第6期。

⑦ 参见韩玎、鲁篱：《信用评级机构民事责任的实现机制》，载《财经科学》2014年第4期。

责任的法律基础，设定信用评级专家责任，需要明确其归责原则、构成要件、责任的形式和范围以及责任的限制和抗辩。[①]

美国关于评级行业利益冲突规制以及监管变革的趋势一直备受关注。众所周知，《多德－弗兰克华尔街改革与消费者保护法案》(以下简称《多德弗兰克法案》)强化了信用评级机构的责任，该法案要求更大程度地披露信用评级在定性、定量方面的内容、第三方的尽职调查以及利益冲突等方面的信息，以便私人通过起诉参与到信用评级机构的监管当中，而对评级机构施以专家责任，是评级机构改革中最重要的一部分。[②] 张文越(2019年)认为，我国评级机构注意义务面临区分标准不明晰、免责事由缺乏的困境，中介机构应于法定及专业职责内履行特别注意义务；交叉引用文件时，对于明显缺乏依据以及明显不合理的专业意见审查应履行一般注意义务，并以此区分不同中介机构间法律责任，明确相应法定免责事由。[③] 封红梅(2013年)认为，我国应根据具体情况来决定信用评级机构是否免责。例如，信用评级机构的民事责任可以分为对被评级对象的责任和对信用评级引用者的责任，对被评级对象的责任应当区分信用评级来源而定，如果信用评级是源于委托评级，则应追究信用评级机构的违约责任或侵权责任，如果信用评级是评级机构的主动评级，则应追究信用评级机构的侵权责任。[④] 原凯(2016年)认为，我们应重新阐释过错推定原则的内涵，规定信用评级机构(Credit Rating Agencies，CRA)的证明责任不仅包括评级过程的专业合规，还应包括在评级结果与事实存在极大偏差的情形下，对评级结果违反一般合理性的原因作特别和充分说明，否则应认定为有过错而构成评级侵权。[⑤] 聂飞舟(2011年)认为，只有让评级机构面对不断被提起的法律诉讼的“拷问”，并承担过错评级所产生的法律责任，这种赔偿责任的外在制约和动力方能迫使其提高评级质

---

① 参见刘文宇、徐卫东：《设定信用评级机构专家责任的构想》，载《东疆学刊》2013年第2期。

② 参见朱圆、钟心惠：《美国信用评级机构的法律责任》，载《安徽大学学报(哲学社会科学版)》2015年第2期。

③ 参见张文越：《科创板中介机构勤勉尽责责任研究——基于注意义务之区分》，载《浙江金融》2019年第10期。

④ 参见封红梅：《信用评级存在的正当性之辩——信用评级质疑论的缘起与评判》，载《云南大学学报(法学版)》2013年第3期。

⑤ 参见原凯：《美国信用评级机构对第三人侵权之司法实践评析与借鉴——以信赖义务理论为中心》，载《宁夏社会科学》2016年第3期。

量,从而通过事后惩治、面临巨额赔偿的方式让评级机构不敢实施利益冲突行为。[①] 高汉(2009 年)建议,将大型信用评估机构国有化,使信用评级重新回归到为投资者提供服务的本来目的,而不是仅仅为金融产品发行机构服务,从而加强信用评估机构的责任监管等。[②] 周嘉(2019 年)建议,在完善评级机构民事责任制度设计中要充分发挥公共执法和私人监督的互补作用,使后者成为前者的自然补充;要以中国资本市场或投资者是否遭受损失为标准,不设立域外效力限制;要适度限制信用评级机构承担民事责任的适用条件,从而在评级机构的约束与激励之间有所平衡。[③] 杨光(2017 年)认为,对于信用评级机构的监管应当从诚信、对消费者保护、内控机制、与监管者的合作等方面着眼,同时解决好其"利益冲突"问题和"信义义务"的承担问题。[④] 洪艳蓉(2020 年)认为,债券进行市场化改革的同时需要更好地发挥政府作用,有必要适当引入公法规范,限制发行人滥用融资自主权,增强作为投资者利益代言人的受托管理人的功用,提供便于投资者维权的司法救济机制,这样才能弥补投资者在市场化治理格局下的劣势,建立可持续发展的债券市场。[⑤]

综上所述,随着"五洋债"等案件的发生,学界已经意识到对信用评级机构违反注意义务的认定面临不少难题,并进行了一些初步探索。但整体而言,学界关于该论题的研究刚刚起步,成果涵盖范围广度有余但深度不足,存在诸多缺失需要填补。例如,关于认定标准的选择及其尺度把握,关于偿债能力标准的适用边界,关于商业判断规则可借鉴性论证等,这些方面的缺失影响了信用评级作用的有效发挥,而这些问题恰好是本书所要重点研究的方向。

---

① 参见聂飞舟:《信用评级机构法律监管困境及金融危机后的改革出路》,载《法学》2011 年第 3 期。

② 参见高汉:《金融危机背景下的信用评级机构监管问题分析——以美国信用评级机构监管为视角》,载《河南师范大学学报(哲学社会科学版)》2009 年第 6 期。

③ 参见周嘉:《域外信用评级机构民事责任制度变迁及对我国的启示》,载《南方金融》2019 年第 2 期。

④ 参见杨光:《角色定位与功能实现:信用评级机构的"看门人"机制探究》,载张守文主编:《经济法研究》第 19 卷,北京大学出版社 2017 年版。

⑤ 参见洪艳蓉:《论公司债券市场化治理下的投资者保护》,载《兰州大学学报(社会科学版)》2020 年第 6 期。

（二）国外研究现状

欧美发达国家的信用评级行业发展历史悠久，学术积累较为深厚，特别是在2008年全球金融危机之后围绕评级机构的利益冲突防范、法律责任配置以及监管变革的讨论不在少数。例如，在评级行业的问责和监管真空方面，有学者认为，这与历史上对声誉机制的推崇和评级机构在法律层面享有的特殊待遇不无关系——实践中评级机构经常以"通过字母符号表现的证券评级是世界上最短的评论"来援引美国《宪法第一修正案》对言论自由的保护。① 关于评级行业的利益冲突，有学者认为，最为直接的利益冲突在于发行人"购买评级"（rating shopping），即发行人为获得更高的评级而选择愿意提供更高评级的机构，评级机构也出于保留客户资源的目的而迎合发行人的需求。② 例如，关于信用评级的失灵问题，有学者指出，对声誉机制约束的依赖并没有收获市场的持续稳定发展，声誉机制显然已经成为评级机构逃避监管的借口，其并没有起到约束评级机构的作用。③ 美国学者弗兰克·帕特诺伊（Frank Partnoy）把评级机构享有的超级权力称为监管执照（regulatory licenses），并指出评级机构越来越重要，其利润越来越丰厚，不是因为其能够提供有价值的信息，而是因为它们在销售更有价值的监管执照。④

欧洲证券监管委员会在报告中指出，信用评级市场是一个自然的寡头垄断市场。⑤ 在缺乏对评级机构能力证明的情况下，监管者无法阻止"伪造的"评级在金融监管中被引用。⑥ 金融危机过后，尽管域外资本市场着力于强化信用评级的问责基础，尤其强调评级机构的民事责任。然而，实际上针对评

---

① See Dori K. Bailey, *The New York Times and Credit Rating Agencies: Indistinguishable under First Amendment Jurisprudence*, Denver Law Review, Vol. 93, p. 275 (2015).

② See Richard Cantor & Frank Packer, *The Credit Rating Industry*, Federal Reserve Bank of New York Quarterly Review, Vol. (19), p. 1 – 26 (1994).

③ See Manns Jeffrey, *Rating Risk after the Subprime Mortgage Crisis: A User Fee Approach for Rating Agency Accountability*, North Carolina Law Review, Vol. 87, p. 1011 – 1090 (2009).

④ See Frank Partnoy, *The Siskel and Ebert of Financial Markets: Two Thumbs Down for the Credit Rating Agencies*, Washington University Law Quarterly, Vol. 77, p. 619 – 712 (1999).

⑤ See CESR, *CESR's Technical Advice to the European Commission on Possible Measures Concerning Credit Rating Agencies: Consulation Paper*, Cesr/05 – 139b, March 2005.

⑥ See White Lawrence J., *The Credit Rating Industry: An Industrial Organization Analysis, Ratings, Rating Agencies and the Global Financial System*, NYU Working Paper No. EC – 01 – 02, https://papers.ssrn.com/sol3/papers.cfm?abstract_id=1292667.

级机构的私人执法至今仍然存在诸多障碍，所取得的成效不尽如人意。[①] 并且单纯强调强化信用评级的法律责任甚至可能事与愿违，给予评级机构过高的法律成本，不仅不能有效督促评级机构归位尽责，甚至可能起到相反的效果。[②]

在评级机构付费模式和利益制衡机制方面，国外学者见仁见智。弗兰克·帕特诺伊（Frank Partnoy）将声誉资本理论（Reputational Capital）视为平衡信用评级利益冲突的最有效机制，该理论解释了发行人付费模式的合理性。为维护自身的长期声誉，评级机构能够自发制约利益冲突问题。[③] 夏汉（Han Xia）通过实证分析指出，投资者付费模式可以极大提高信用评级质量，在采取投资者付费模式后，评级结果针对信用风险更富回应性，其评级变化也包含更多的有效信息。[④] 马可·帕加诺（Marco Pagano）等学者在探讨了次贷危机中信用评级机构的作用后，提出应以投资者付费模式取代发行人付费模式，应让投资者免费了解结构化债务产品背后贷款或证券的相关数据的观点。[⑤] 杰罗姆·马蒂斯（Jerome Mathis）等学者指出，当对复杂产品的评级成为评级机构的主要收入来源时，评级机构总是容易采取宽松标准，并进而提出以平台付费模式取代发行人付费模式。[⑥] 在评级机构的责任方面，亚瑟·平托（Arthur R. Pinto）指出，美国证监会最近提出的建议解决了一些对评级机构的职责问题，包括明确全国认定评级的组织（又称评级机构资格制度，Nationally Recognized Statistical Rating Organization，NRSRO）地位的标准和申请流程，但是其并未直接放开 NRSRO 的资质限制来增加竞争或者对评级

---

① See Carrie Guo, *Credit Rating Agency Reform: A Review of Dodd – Frank Section 933 (B)'s Effect (or Lack thereof Since Enactment)*, Columbia Business Law Review, Vol. 2016: 1, p. 184 (2016).

② See Dimitrov et al., *Impact of the Dodd – Frank Act on Credit Ratings*, Journal of Financial Economics, Vol. 115: 3, p. 505 – 520 (2015).

③ See Frank Partnoy, *The Siskel and Ebert of Financial Markets: Two Thumbs Down for the Credit Rating Agencies*, Washington University Law Quarterly, Vol. 77, p. 619 – 715 (1999).

④ See Han Xia, *Can Investor – Paid Credit Rating Agencies Improve the Information Quality of Issure – Paid Rating Agencies?*, Journal of Financial Economics, Vol. 111, p. 450 – 468 (2014).

⑤ See Marco Pagano, Paolo Volpin & Wolf Wagner, *Credit Ratings Failures and Policy Options*, Economic Policy, Vol. 25: 62, p. 401 – 431 (2010).

⑥ See Jerome Mathis, James McAndrews & Jean-charles Rochet, *Rating the Taters: Are Reputation Concerns Powerful Enough to Discipline Rating Agencies?*, Journal of Monetary Economics, Vol. 56, p. 657 – 674 (2009).

机构直接施加监管。对于一个受到第一修正案保护的行业而言，潜在政府监管和私人诉讼法律责任也会导致法律难题。①

综上所述，国内学术界不乏对本论题的边缘性关注，但核心性的、有价值的研究文献并不多见。因而，在运用比较法分析方法审视欧美的信用评级机构的注意义务及其违反认定规则时，而应批判式继受和创造性转化。

三、研究结构与写作思路

本书秉持从现象到本质的分析思路，注重论证的层层递进。通过下述章节安排，力图形成一部具有逻辑融贯性和知识结构自洽性的学术研究成果。

第一章，旨在界定信用评级机构注意义务的基本概念，通过厘清基本制度，归纳基本特征，从而勾勒研究的基本制度范畴，奠定立论主调。在社会分工日益细化的时代背景下，法律对不同主体注意义务的设定，充分考量了主体个性与职业特征，总体表现为一种差异化的制度安排。证券市场信用评级机构的注意义务表现为一种一般规则与特殊规范交叉的双层义务结构，此种结构在价值层面体现为程序正义、实质正义与结果正义的三者叠加。同时，对于信用评级机构注意义务的性质认定也经历从合同法到侵权法、从约定义务到法定义务的观念转变。然而，在信用评级的发展进程中，评级业务的预测性特征不断导致合理的义务豁免异化为非法的责任逃避，信用评级行业垄断性加剧亦使声誉资本监督机制趋于失灵，评级机构"监管许可"地位滋生，"评级霸权"等问题屡屡导致证券市场信用危机与投资者保护难题。鉴于此，强调信用评级机构认真、审慎之注意义务已经刻不容缓，且其极具实践意义与理论价值。

第二章，立足评级机构的特性与法律规范文本，从立法和司法的实践不足中考量评级机构违反注意义务的认定难题。信用评级机构的预测性、垄断性、监管性与商业参照性特质，导致长期以来对信用评级机构的法律定性出现偏差。随着"安然倒闭"等重大信用风险事件的爆发，美国监管机构开始不断探索利益冲突的平衡之术，并逐渐加强对信用评级机构的监管与问责，

① See Arthur R. Pinto, *Control and Responsibility of Credit Rating Agencies in the United States*, The American Journal of Comparative Law, Vol. 54, p. 341 – 356 (2006).

信用评级机构不再处于有权无责的监管真空。例如,司法裁判开始突破《宪法第一修正案》对信用评级机构的一揽子保护,《多德弗兰克法案》正式引入信用评级机构的民事责任等。当前我国法律制度未能为信用评级机构提供清晰的行为指引,更未提供责任认定的明确依据,导致司法裁判标准不一、示范不彰。例如,"五洋债券案"一审判决中对信用评级机构违反勤勉义务、造成投资者损失的因果关系等论证实为不足,这反映出当前对信用评级机构注意义务研究的短板。

第三章,充分利用类型化方法,提出场景式界分思路,从"事前—事中—事后"将信用评级机构违反注意义务的认定具象到具体的债券产品、不同的评级方法和不同的债券纠纷中加以识别。在社会分工逐渐细化的背景之下,注意义务概念从一般侵权法领域逐步向特殊专业领域拓展适用。信用评级机构注意义务的主体、客体、规则与法律性质的差异化构造,致使通过统一的制度予以共性化规制的传统思路难以为继。因此,在债券品种上,围绕公募债与私募债、普通债券与衍生品以及产业债打分模型与城投债打分模型等现实债券品种分类,厘清债券品种差异化对注意义务违反认定的影响;在评级方法上,以主动评级与委托评级、债务人评级与债项评级以及短期评级与长期评级为三重区分,明确不同情境下违反注意义务认定的要义侧重;在债券纠纷上,围绕债券违约诉讼、欺诈发行诉讼以及虚假披露诉讼三种常见的纠纷,分析现有规则体系下注意义务违反认定的行为标准,明确不同类型诉讼案件中影响注意义务违反行为认定的因素。

第四章,迈向整体化视角,尝试从诉因选择、认定标准和责任承担三个层面构建信用评级机构违反注意义务的科学性的判定体系。在诉因选择上,就同一信用评级机构违反注意义务的行为,同一当事人可以提出不同的诉讼请求,选择不同的诉讼策略,因而随之也产生了注意义务责任追究诉因的多样化。然而,诉因并非一成不变的,而是伴随债券市场对于信用评级机构的认识而不断改变的。在认定标准上,对于信用评级机构是否违反注意义务的认定标准,应走出"遵从行业惯例"抑或"依循司法判断"的非此即彼的逻辑误区,将主观标准与客观标准结合起来,既要考虑专家理性、利益捕获以及道德风险的主观标准尺度,又要考虑以偿债能力为中心的客观标准尺度。在责任承担上,长期以来的信任缺失导致信用评级机构公信力不足,熟人社会传统激化了发行人付费模式的利益冲突,加之强行政管制造成了信用评级机构独立性与问责制缺失,使在刚性兑付被打破后市场信用风险的集中爆发,这意味着需围绕信用评级机构的组织定位与权责内容,针对其违反注意义务不断予以调整充实认定的司法规则。

第一章　信用评级机构注意义务的界定及其特殊性

信用评级机构是资本市场中最为重要的中介机构之一，其规范发展对于市场秩序维护及投资者保护意义重大。近 10 年来，以信用评级机构为被告的案件日益增多，诉讼理由多为信用评级机构未能勤勉尽责，违反了注意义务。然而，何谓信用评级机构的注意义务？这种义务的性质及特性何在？如何认定信用评级机构违反了注意义务？这些本源性的问题至今仍存在理论上欠缺以及实践中不明的状态。本章旨在从起点上证成信用评级机构注意义务的基本概念，厘清信用评级机构注意义务的基本特征、信用评级机构注意义务的基本范畴，从而为全书奠定理论基础与逻辑前提。

第一节　信用评级机构注意义务的概念生成

作为一门极注重逻辑分析与规范表达的学科，法学概念的界定成为后续研究的基本前提。而作为本书的核心概念，注意义务具有多维面向，在民法与商法中均得以广泛使用，且不断地向医疗、建筑、金融服务等领域延伸，故注意义务带有极强的领域特征。为了精准把握信用评级机构注意义务的内涵与外延，有必要从观念史变迁的视角，层层推导该概念的生成逻辑与演进路径。

一、民法意义上注意义务与商法意义上注意义务的界分

(一)民法意义上注意义务之内涵

在民法的语境中,注意义务(duty of care)是指行为人基于一般理性人的地位,在社会活动中须保有适当程度的谨慎防止危险的发生,同时需要采取必要措施阻止危险的扩大。[①] 从来源上看,注意义务可以基于自身职业、所制造的危险、自己支配领域等方面而产生。根据程度不同,理论通说又将民法意义上的注意义务分为三类,多见于侵权法规则体系,[②]注意义务构成过失与侵权责任之间紧密相连的桥梁,其在过失侵权理论中占据重要地位。

侵权责任的构成要件通说包含四要素,即不法行为、主观过错、因果关系以及损害后果。德国学者耶林曾就“过错”要件在侵权责任认定中的重要性做过生动的比喻,其言,使人负损害赔偿的,不是因为有损害,而是因为有过失,其道理就如同化学上的原则,使蜡烛燃烧的不是光而是氧气一般的浅显明白。[③] 从古典侵权法到现代侵权法,对于“过错”的判定亦经历了从“主观过失理论”到“客观过失理论”的观念变迁,[④]后者即将过失视为对于法定或约定注意义务的违反而产生的主观心理状态,并进一步将行为人对注意义务的违反作为其是否承担侵权责任的客观评判标准。[⑤] 现代侵权法已将“过错”作为侵权赔偿责任的构成要件,但由于“过错”的主观抽象本质,其难以

---

① 参见廖焕国:《侵权法上注意义务比较研究》,武汉大学2005年博士学位论文,第4页。

② 以我国为例,在我国侵权责任法和最高人民法院关于特定侵权行为的法律适用问题解释中,均已直接出现“注意义务”的立法表述及解释表述。例如,原《侵权责任法》第九章“高度危险责任”第75条规定:“非法占有高度危险物造成他人损害的,由非法占有人承担侵权责任。所有人、管理人不能证明对防止他人非法占有尽到高度注意义务的,与非法占有人承担连带责任。”《最高人民法院关于审理侵害网络传播权民事纠纷案件适用法律若干问题的规定》第11条规定:“网络服务提供者从网络用户提供的作品、表演、录音录像制品中直接获得经济利益的,人民法院应当认定其对该网络用户侵害信息网络传播权的行为负有较高的注意义务……”《最高人民法院关于审理利用信息网络侵害人身权益民事纠纷案件适用法律若干问题的规定》第10条规定:“人民法院认定网络用户或者网络服务提供者转载网络信息行为的过错及其程度,应当综合以下因素:(一)转载主体所承担的与其性质、影响范围相适应的注意义务……”

③ 参见王泽鉴:《民法学说与判例研究》,中国政法大学出版社1998年版,第13页。

④ “主观过失理论”是指通过判断行为人抽象的主观心理状态来认定其是否具有过错,该理论在实践中暴露出明显的局限性。由于个人思想和心理活动的主观本质注定其无法被客观地记录或者认定,被侵权人在举证方面存在极大的可操作性难度,个案的承办法官也难以对个人的预见能力和避险能力作出精准的把握。故在司法实践中,“主观过失理论”逐渐被“客观过失理论”取代。

⑤ 参见屈茂辉:《论民法上的注意义务》,载《北方法学》2007年第1期。

转化为客观标准予以认定，故而对主观性的“过错”认定应转向对客观性的注意义务认定，即行为人在具体情况下“对必须遵从的注意义务标准的偏离”即构成“过错”的客观判断标准。[①] 也有观点认为，注意义务存在及其违反属于对行为有责性判断的范畴。[②] 实践中，注意义务作为过错认定的客观标准在侵权责任构成要件的违法性判断层面，亦具有影响行为性质的关键作用。

可见，在侵权法研究领域中，对侵权责任构成要素“过错”的认定需要确定具有普遍适用性的统一客观标准，而注意义务则被奉为判断抽象性“过错”程度的具象化标尺，为侵权责任的归属提供客观评判标准。[③] 当加害人给其他人带来伤害时，只有当被告对原告负有不为或不让加害行为发生的义务，且被告基于各种原因违反了该义务时，法院才能认定被告依法向受害人应承担过错责任。如果被告对原告不负有注意义务，则产生的损害是无侵权行为的损害。

在理论解释中，注意义务具有两层含义：其一，要求行为人在特定或不特定情形下，必须遵循一定的行为准则；其二，要求行为人依照行为准则采取合理的预防措施防止危险的发生，在危险已然发生之时，需要采取必要的措施方式阻止危险的扩大。[④] 该要求包含两方面内容，即注意义务的确立与履行，涉及所谓的“注意义务”规则向行为人施加义务是否合理、客观以及该义务能否被期待履行。一方面，注意义务的确立着重考察的是如何根据社会必要安全秩序之要求框定注意义务的内容，即包含何种内容的义务应被设计为“注意义务”；另一方面，注意义务的履行强调的是对可预见、可避免的危险，行为人是否有能力采取合理的预防措施加以避免，即注意义务的履行应当考虑在事实层面特定危险的可预见性及其避免的可能性，据此可具体将注意义务理解为行为致害后果的预见义务以及行为致害后果的避免义务。[⑤] 对于

---

① 参见[德]克雷斯蒂安·冯·巴尔：《欧洲比较侵权行为法》，张新宝、焦美华译，法律出版社2004年版，第310页。

② 参见王卫国：《过错责任原则：第三次勃兴》，中国法制出版社2000年版，第306页。

③ 参见廖焕国：《侵权法上注意义务比较研究》，武汉大学2005年博士学位论文，第4～6页。

④ 参见廖焕国：《注意义务与大陆法系侵权法的嬗变——以注意义务功能为视点》，载《法学》2006年第6期。

⑤ 参见屈茂辉：《论民法上的注意义务》，载《北方法学》2007年第1期。

客观上不可避免、不可预见以及超出行为人避险能力的危险及损害，对注意义务的强制施加反而有违背民法公平原则之嫌。

在司法实践中，对以注意义务为基础的行为人过失认定主要从两个层面展开，即注意义务之存在与注意义务之违反，且注意义务的存在是注意义务违反的逻辑前提。[①] 判断行为人是否构成侵权责任要件之“过失”应遵循递进的思维逻辑，主要表现在：首先，应考虑面临危险而采取避险措施是否属于行为人在合理范畴内的一种义务，且需要明晰义务的性质与来源，即注意义务是否存在以及其存在之基础为何。其次，在确认注意义务是基于法定、约定或其他合理基础而客观存在的事实基础上，再进一步考虑行为人是否具有注意能力。如若行为人具有注意能力却并未采取避险措施而致损，则可认定行为人已违反注意义务，即存在注意义务之违反，故行为人应当依法承担相应的侵权责任。

注意义务在民法上的内涵是指行为人应具有采取合理的注意而避免给他人的人身或财产造成损害的义务，即以结果预见可能性为前提，以结果回避可能性为目标。注意义务的理论内涵与实践应用在侵权责任的过失要件认定中具有核心作用，注意义务是判定行为人侵权责任成立以及明确损害赔偿范围之基准，亦为侵权责任中过错评判标准客观化要求的现实产物。

（二）商法意义上注意义务的内涵

在商法层面的注意义务研究主要集中于公司法领域。在商法语境中，注意义务的针对性主体主要为董事、监事及高级管理人员等公司内部人员，公司法中的注意义务主要体现为公司董事、监事及高级管理人员的勤勉尽责义务，近年来有向控股股东甚至实际控制人扩张的趋势。

勤勉尽责义务在英美法系被称为“注意义务”，在大陆法系被称为“善良管理人的注意义务”，[②]我国公司法则将其立法表述为“勤勉义务”。[③] 虽然各个法域对勤勉尽责义务的表述不尽相同，但其基本内涵均可概述为“公司董

① 参见晏宗武：《论民法上的注意义务》，载《法学杂志》2006 年第 4 期。

② 赵旭东主编：《境外公司法专题概览》，人民法院出版社 2005 年版，第 278 页。

③ 我国《公司法》第 147 条规定：“董事、监事、高级管理人员应当遵守法律、行政法规和公司章程，对公司负有忠实义务和勤勉义务……”

事、监事及高级管理人员负有认真谨慎地管理本公司事务的义务”。[①] 商法意义上注意义务的内涵即公司的董事、监事及高级管理人员在处理公司事务的过程中应认真、审慎履职，对相关的公司事务尽到普通的谨慎的人在相同或类似情形下的注意义务。[②]

与忠实义务强调个人品德不同，注意义务是一种对管理能力的要求。[③] 注意义务是一个长期的、连续的、有预期目标的过程，要求董事、监事和高级管理人员“认真、审慎并依照其知识经验”作出商业决策进行事务管理，以保证其行为可最大化维护公司利益。在司法实践中，如何认定上述人员的行为是否已达到认真审慎履行职责及管理公司事务的标准，是判断其是否违反注意义务和承担相应责任的关键，故明晰注意义务的客观标准是确定董事、监事及高级管理人员责任的逻辑前提。

首先，宏观上的适度标准。该标准意味着在判断董事、监事及高级管理人员是否尽到注意义务时，应当采取较为适度的标准，不宜过分苛责而抑制其积极作为，也不可过于松泛而纵容其损害公司利益的消极作为或怠于履职的不作为。为了避免过分干预商业活动，应当充分尊重主体的决策理性。但同时这些主体的工作必须是富有成效的，故需以尽力提升决策效率，最大程度收集和获取信息进行充分协商为导向。注意义务的适度标准要求董事、监事及高级管理人员善意、合理、认真、审慎，以“一般的审慎的人在相同或类似情况下处理其个人事务时应尽到的勤勉、谨慎以及运用的知识、技能和经验来履行职责”。[④] 对于不同类型的主体往往意味着统一标准下的差异化要求，董事、监事与高级管理人员各自的注意义务也并非完全一致，甚至董事内部也存在不直接参与公司经营管理的非执行董事与执行董事间的区别，这表明了宏观上的适度标准要满足灵活性的考量。

其次，微观上的谨慎行事标准及关注调查标准。谨慎行事标准的具体要

① 任自力：《公司董事的勤勉义务标准研究》，载《中国法学》2008 年第 6 期。

② 参见张婷婷：《独立董事勤勉义务的边界与追责标准——基于 15 件独立董事未尽勤勉义务行政处罚案的分析》，载《法律适用》2020 年第 2 期。

③ See W. L. Morison, *A Re-examination of the Duty of Care*, Modern Law Review, Vol. 11, p. 9 - 35 (1948).

④ ［美］R. W. 汉密尔顿：《公司法》，刘俊海、徐海燕译，中国人民大学出版社 2001 年版，第 381 页。

求见英美法系公司法对于注意义务标准的规定。例如,美国1984年的《标准公司法》规定注意义务是指董事履行义务时必须怀有善意、以正常谨慎的人在类似环境下应有的谨慎去履行义务以及采用其有理由相信的符合公司利益的最佳方式。① 关注调查标准是指董事、监事和高级管理人员在从事其管理行为时必须已收集和获悉了所有应当注意的相关信息,并已通过现场走访、人员询问等合理方式审核、调查该信息的真实性、准确性和完整性,以确保建立在真实有效的信息之上的管理行为具有正当性和合理性,而非片面、独断、无合理依据。因此,谨慎行事标准及关注调查标准要求董事、监事和高级管理人员应当对公司经营及财务状况、公司已发生或者可能发生的重大风险事件及其影响予以全面了解并持续关注,在认真谨慎、深度调查的基础上,基于自身独立的判断履行职责,对公司的重要事务进行有效管理。②

最后,程序上的合法履行标准。法定程序以及公司内部程序的客观设定亦为判断董事、监事和高级管理人员履行注意义务提供了客观标准。程序瑕疵是董事、监事和高级管理人员非审慎主观心理的客观表现,其作为具象化的客观事实在司法实践中常被主张用以证明董事、监事和高级管理人员违反注意义务。③ 公司法充分尊重市场主体的营业自由,只有在涉及公共价值时才会介入,所以当其违反注意义务的行为仅对公司造成损失而对外部没有形成影响时,公司有权依照自己的意思豁免董事等主体的责任,允许公司章程中规定违反注意义务得以免责的事由,这是公司对自身权利固有的处分权。因此,无论是判定是否履行注意义务,还是免予处罚,均须遵循程序正义。可见,董事、监事和高级管理人员作出决策或管理行为符合法定或公司章程内部约定的程序要求是证明其已履行注意义务的重要前提。

二、注意义务在专业领域的兴起及其拓展性适用

(一)注意义务在医疗领域的适用

在社会分工逐渐细化的背景之下,注意义务概念从一般侵权法领域逐步

---

① 参见胡晓珂:《论我国〈公司法〉修改中对董事注意义务规则的完善——兼析业务判断规则对董事注意义务的衡平》,载《中央财经大学学报》2005年第4期。

② 参见张婷婷:《独立董事勤勉义务的边界与追责标准——基于15件独立董事未尽勤勉义务行政处罚案的分析》,载《法律适用》2020年第2期。

③ 参见李燕:《论现代公司之董事注意义务》,载《学术论坛》2007年第6期。

向特殊专业领域拓展适用。注意义务因不同义务主体的知识、经验、能力与智力水平的差异而在审慎程度、避险行为等方面对行为人的要求不同，法律对于不同主体的注意义务设定也结合主体个性与职业特征进行了差异化安排，理论界亦根据义务主体的行业特殊程度提出了“普通注意义务”与“高度注意义务”的区分概念。[①] 普通注意义务是社会中从事普通职业的一般人所应有的注意义务，高度注意义务则是基于特定行业对于专业知识、技能的严格要求以及特定群体对专业人员的高度信任与依赖而对专业人员所提出的高于普通人的注意要求，如社会对医生、建筑工程师、律师、注册会计师以及资产评估师等专业领域人员提出的要求。

医疗行业作为关系人类生命、健康的极具重要性及专业性的领域，其从业人员必须具备高度专业的医学知识与技术才可以进行医疗活动，同时，知识的高度专业性又决定了患者人群对于医疗专业人员的高度依赖性。上述因素均要求医疗专业人员具有高于社会一般人的“高度注意义务”，即医疗专业人员在实施医疗行为时应当具有依据法律法规、规章制度、专业的医疗操作规范和行业常理及习惯，认真谨慎地作出判断和实施医疗行为并预见医疗行为的结果以及避免损害发生的义务。[②] 医疗专业人员的注意义务要求其以合理审慎的专业人员的素质、能力来预见风险并排除危险、避免损害，并要求医疗专业人员应基于个案的具体情形，依据其所掌握的知识、经验和技能，综合考虑医疗行为的技术风险、受治人员的个体生理状况、社会当时的整体医疗水平等多种因素合理审慎地决定采取医疗措施，这种医疗领域的高度注意义务也被称为“合理慎重的医生标准”。[③]

医疗领域侵权作为特殊的侵权责任，过失的存在依然是侵权责任构成的必要条件，而注意义务的违反则是判定医疗专业人员存在过失并承担侵权责任的核心要素。如本书在注意义务的民法内涵部分所述，注意义务包括结果预见义务与结果避免义务两方面，结果预见义务在医疗行为中表现为一般性义务，如对注射、输血、用药等过程中可能存在个体过敏或内部感染的结果预

---

① 参见屈茂辉：《论民法上的注意义务》，载《北方法学》2007 年第 1 期。

② 参见杨立新：《论医疗过失的证明及举证责任》，载《法学杂志》2009 年第 6 期。

③ 参见于佳佳：《论医疗过失的判断标准——解读〈侵权责任法〉第 57 条对医疗上注意义务的规定》，载《中南大学学报（社会科学版）》2016 年第 3 期。

见义务,以及特别性义务,如说明、转医、问诊及注意患者特异体质的义务。[①]结果避免义务在医疗行为中则表现为及时放弃继续实施将危害患者的医疗行为,以及提高警觉并采取安全措施阻断危险行为与损害后果之间的联系的行为。[②]

注意义务在医疗领域对具有专业知识、经验和能力的行为人提出更高的注意程度要求,不仅要求其对基本医学伦理和医疗行为有确定性把握,在专业水平上达到专业领域平均人的审慎水平,还要求医疗专业人员在预见并避免风险的前提之下追求最优医疗效果。注意义务在医疗领域的兴起和拓展适用,以及"高度注意义务"在专业领域的概念拓展,为厘清疑难复杂医疗案件纠纷责任关系,以及证明行为人过失要件的成立提供着重要支撑。

(二)注意义务在建设工程领域的适用

建设工程领域的专业活动关系城乡建设、建筑商业活动、社会基础设施及保障住房等多方面,是具有重大社会性意义的专业领域,建设工程施工、设计等方面的不规范将可能造成恶劣的社会影响。故在关系国计民生的工程领域,要求在工程服务活动中保持与其行业重要性与专业度相匹配的"高度的注意义务"实属必要。

建设工程领域的专业人员不仅承担设计与创造标准建筑设施的社会责任,同时其提供的建设工程服务还必须保障使用者的人身财产安全以及社会公共利益。建设工程领域专业人员应承担来自契约和职业上的双重义务,即约定义务与法定义务在此处出现叠加与竞合。[③] 契约上的义务源自服务双方签订的建设工程施工合同、建筑设计服务合同等,往往有明确的服务行为要求和工程标准规定。而职业上的义务则是基于其职业的特殊性与高度专业性所产生的注意义务,作为专业人员所应遵循的基础性义务,职业上的义务弥补了契约义务在约定内容上的不完备,[④]其亦是认定专业人员过失程度

① 参见郭升选、李菊萍:《论医疗注意义务与医疗过失的认定》,载《法律科学(西北政法大学学报)》2008 年第 3 期。

② 参见艾尔肯:《论医疗注意义务》,载《法学杂志》2006 年第 6 期。

③ 建设工程领域专业人员的职业义务一般由建筑法律法规、行业规范与职业道德规定,这使得对于专业人员的职业要求上升到存在普遍适用性法律法规及规范文件的层面,故职业义务亦可理解为法定义务。

④ 参见戴谋富:《建筑师专家义务浅析》,载《法学杂志》2010 年第 9 期。

与侵权责任的基本要素。

建设工程领域的注意义务，是指建设工程领域专业人员须根据法律法规、行业规则以及特有的职业道德，以整体行业要求的正常、平均执业水平和认真谨慎程度从事建设工程服务行为，应具有的预见可能产生的建设工程风险并及时避免损害发生的义务。[①] 首先，作为工程领域专业人员最基本的职业义务，注意义务表现为一种通常水准义务，即要求工程领域专业人员在提供专业服务时必须具有该领域称职的专业人员在相同或类似条件下所必须具有的注意程度，该注意程度应是合理的，是整体行业的平均水平以及专业群体胜任专项工作的通常标准。其次，该注意义务又表现为一种客观义务，即注意程度标准应是客观的。作为整个行业同等水平专业人员应达到的注意程度，不应因专业人员个人能力、经验的具体差异或所处地域发达程度不同而提高或降低注意义务的标准。[②] 最后，注意义务要求建设工程领域专业人员对于工程或建筑风险具有预见和防范义务，对于还未发生损害结果的施工、设计瑕疵，应根据其专业知识、经验和技能，结合其在合理职务程度内可以得到的资料、信息对工程瑕疵可能导致的损害结果进行预判并采取积极有效的预防措施。

注意义务在工程领域的拓展适用体现出在特殊的专业领域，由于行业的高度专业性以及社会公众对于专业人员的高度依赖，社会及委托人对于专业人员提出与其专业身份相匹配的较高程度的注意标准和职业要求。为保护社会普遍意义上的专业信任和依赖，注意义务作为一种最基本的职业义务和法定义务，对专业人员的从业行为提供规范依据并成为判断专业人员存在过失的客观途径，工程领域的注意义务要求亦为注意义务在专业领域的渗透和适用提供了有益借鉴。

（三）注意义务在金融服务领域的适用

近年来，随着全球金融市场的深入发展以及多层次资本市场的逐步建立，金融服务业的蓬勃兴盛成为衡量一国经济实力的重要标尺。金融服务业作为国家金融系统的基础行业，其业务领域涉及资金拆借融通、金融信用体

---

① 参见陆文婷：《我国建筑师专家责任研究》，华中科技大学 2013 年硕士学位论文，第 14 ~ 22 页。

② 参见田韶华：《论建筑师的专家责任》，载《建筑经济》2005 年第 6 期。

系构建以及金融风险防御等多方面。依托于差异化的金融服务需求，金融服务业也细分出银行、证券等多重业务领域的服务机构及专业人员，如资产受托人及管理人、注册会计师、证券律师、资产评估师以及信用评级专业人员等。

金融服务领域的业务内容具有高、精、尖的专业特性，其涉及金融资产的流通、管理与估值、金融业务会计核算、金融法律风险的披露与防御以及金融产品信用等级评估等多重领域的专业内容。金融服务领域的高度专业性决定金融服务的购买者对于该领域专业机构和专业人员的高度信任和依赖，国家法律法规、行业规范以及职业道德和职业责任亦相应地对金融服务领域的从业机构和专业人员提出特殊的、高度的注意义务要求。

注意义务在金融服务领域的具体要求为，金融服务者应当具备社会公众普遍期望的、从事金融专业服务人员所理当具有的特殊知识、经验与技能，并且能以管理自身事务的注意标准认真、审慎地从事金融服务业务。相较于普通注意义务，金融服务机构和专业人员的注意义务通常被认定为是一种更高的职业信义义务，其标准更为具体和严格：一方面，要求其达到审慎管理自身财产的注意程度；另一方面，其主要内容也进一步演变为金融业务、风险管理及监督控制等。① 金融服务领域的机构和专业人员应当承担与其专业知识和能力相一致的、更高水准的注意义务。例如，证券公司或资产管理公司作为金融领域的专业机构，投资者基于对该机构和专业人员的信赖而接受其金融产品推介服务并进行投资，上述机构便应当对其推介行为承担高度的注意义务，包括但不限于充分了解投资者的资产状况、投资经验、投资目标和金融需求等基础和深度信息的义务。②

目前，世界上主要资本市场已在金融服务领域对金融服务机构及其专业人员明确设置了注意义务、适当性义务等特殊行为规范和职业要求。③ 强调注意义务是规范金融服务机构及其专业人员职业行为的重要方式，金融服务

---

① 参见汪其昌：《对金融服务者施加信义义务：英美保护金融消费者的一个独特制度》，载《经济研究参考》2011 年第 20 期。

② See Frederick Mark Gedicks, *Suitability Claims and Purchases of Unrecommended Securities: An Agency Theory of Broker - Dealer Liability*, Stanford Law Journal, Vol. 37, p. 552 - 553 (2005).

③ 参见贾同乐：《金融机构信义义务研究》，吉林大学 2016 年博士学位论文，第 128 ~ 129 页。

领域对注意义务的拓展适用也对维护金融市场稳定和保护投资者利益具有深远的意义。

三、资本市场"看门人"角色的分化与评级机构注意义务重要性的凸显

(一)资本市场"看门人"的角色分化与主体责任的差异化演进

参与者职能的精细化区分是成熟的资本市场的一大标志,目前已分化出证券公司、会计师事务所、证券律师事务所、资产评估机构、信用评级机构等资本市场中介机构。中介机构因其专业性而获得投资者的依赖与信任并在资本市场上拥有较高的职业声誉,其以自身声誉资本为担保以保证证券品质,故而被称为资本市场"看门人"。① 中介机构作为资本市场的信息和信用枢纽,是资本市场信用体系建设的关键环节,亦是投资者赖以作出重要投资决策的交易信息提供源,其对减少市场主体之间的信息不对称与保障资本市场运行秩序具有积极意义。资本市场中介机构独立承担市场主体的准入把关、如实披露影响投资者决策的重要信息等注意义务,认真、审慎、勤勉地做好资本市场的"看门人"。②

评级机构和金融体系中其他具有一定金融监管职能的中介机构,如审计、会计、投行等具有相似之处。在证券发行过程中,各中介机构在各自的专业和职责领域内独立从事专业活动、发表专业意见并承担相应的法律责任,其对自身专业领域内的事务应当基于其专业的知识、经验和能力进行充分研究和调查,对负责事项尽到特别注意义务,而对于其他机构专业领域内的事项只需尽到一般注意义务。③ 评级机构进行的信用评级与审计机构的审计行为、证券分析师的分析行为等中介机构行为承担同样的责任。专业化分工强调各中介机构的归位尽责,在专业分工的基础上保持一定程度的合作,提

---

① 参见[美]约翰·C.科菲:《看门人机制:市场中介与公司治理》,黄辉、王长河等译,北京大学出版社2011年版,第3~4页。

② 参见张稷锋:《资本市场中介机构利益冲突隔离的制度解决方案——基于监管案件、经营数据、制度实效的数据分析》,载《经济法论坛》2017年第2期。

③ 例如,我国《科创板首次公开发行股票注册管理办法(试行)》第7条明确规定:"证券服务机构及其相关执业人员应当对与本专业相关的业务事项履行特别注意义务,对其他业务事项履行普通注意义务,并承担相应的法律责任"。该规定将证券服务机构的注意义务根据服务事项与专业领域相关度的差异区分为特别的注意义务与普通的注意义务,即对本专业领域相关的服务应当对专业机构和从业人员施加以更高程度的"高度注意义务"。

高协同效率,明晰各方职责,是平衡证券发行效率和发行安全的必然要求。

资本市场"看门人"的角色分化是市场深入发展的必然结果。在资本市场中,从事专业活动的中介机构存在显著的主体责任差异,以会计师事务所、律师事务所、信用评级机构等为代表的中介机构根据各自专业特性在证券发行和交易活动的各个环节中扮演着不同的角色,其专业分工不同,各自注意义务的范围、程度及标准亦存在显著差异。

例如,会计师事务所对财务会计信息的披露是资本市场投资者作出投资决策的重要依据,会计信息的真实、准确、完整、及时不仅事关投资者的合法权益,还关乎资本市场的运行秩序与效率。会计师事务所的注意义务要求其出具会计或审计报告时应当勤勉尽责,认真、审慎地对财务会计信息进行核查,对可能存在虚假记载的信息及时查证并采取相应措施。律师事务所出具法律意见书则涉及证券发行交易的程序与实体双重合法性审查、发行人关联交易、资产权属、公司治理以及重大债权债务关系和重大经营风险等内容,注意义务则相应地表现为针对上述重大事项勤勉尽责地对相关信息进行核查和验证并如实向社会公布,对隐藏的法律风险应当及时披露并提示投资者关注。① 信用评级机构是运用专业、客观、科学的分析方法对受评主体进行综合信用分析的专业机构,其通过对信息的掌握与分析判断债务清偿能力与债务违约风险,并以简洁直观的符号表示债务信用等级。② 信用评级机构的业务内容具有独特的预测性,其不同于会计师事务所、律师事务所等利用现期资料信息的中介机构,信用评级对有关据以评级的信息通常不进行实质性尽职调查,只视该类信息是否符合评级程序的要求,并且依据有关信息对评级课题的财务状况进行定量分析和评价,其具有的预测性、垄断性以及特殊"监管许可"等特性,决定着信用评级机构注意义务的范围、程度和标准存在明显的行业特殊性,进而形成了其归责时的差异性。

(二)信用评级机构注意义务重要性之凸显

信用评级机构作为资本市场中较为新兴的中介机构,虽然数量较少,规模较小,但其重要地位却不容小觑。一方面,同会计师事务所、律师事务所、

① 参见郭雳:《我国证券律师业的发展出路与规范建议》,载《法学》2012 年第 4 期。

② 参见欧志伟、萧维等:《中国资信评级制度建设方略》,上海财经大学出版社 2005 年版,第 6 页。

资产评估机构等中介机构一样，信用评级机构对缓解资本市场信息不对称、揭示信用风险以及提高交易效率等具有重要作用；另一方面，具有相对垄断地位的信用评级机构还承担着独特的“监管许可”职责，具有信用风险预警和稳定金融市场的特殊功能。[①] 信用评级机构的不中立、评级结果的不准确甚至是诱导性评级将使整个资本市场的信用风险成倍递增。

从整体来看，信用评级行业在世界范围内呈现垄断性和准监管性的倾向。以美国为例，其对信用评级机构的资质要求相当严苛，以至于庞大的评级业务市场仅掌握在为数不多的信用评级机构手中，并最终形成了以标准普尔、穆迪和惠誉为代表的寡头垄断结构。[②] 另外，信用评级机构的评级结果也往往成为证券监督部门进行金融监管和行政执法的重要参考信息，其准监管权力的特殊性使信用评级机构在资本市场中的地位得以极大提升。[③]

但是，信用评级行业也存在明显的“利益冲突失控”现象。信用评级机构在资本市场中享有垄断地位与实质上的准监管权力，但是以“安然事件”以及次贷危机为代表的信用评级负面事件的发生，也暴露出信用评级机构在评级标准和道德风险控制方面存在的潜在问题。这些令资本市场和投资者对信用评级机构本身的信用程度、行业操守和专业能力产生了深刻的质疑。在正常运行的“看门人”机制框架中，信用评级机构通常极度爱惜自身长期积累的声誉资本，并会认真、审慎对待以自身声誉作为担保的评级信息。[④] 但在“发行人付费”模式下，“看门人”机制不断被异化，当评级机构从债务人身上得到的经济利益等于甚至超出从社会中得到的声誉价值时，信用评级机构则会面临利益冲突和价值选择。因此，在这种利益冲突下，对于信用评级机构注意义务的强化要求是维护信用评级行业持续健康发展的必由之路。

---

① 参见陈洁：《评级机构侵权责任之构造——以公众投资者因评级错误导致投资受损为视角》，载《法律适用》2012 年第 3 期。

② 参见杨光：《角色定位与功能实现：信用评级机构的“看门人”机制探究》，载《经济法研究》2017 年第 2 期。

③ 参见陈洁：《评级机构侵权责任之构造——以公众投资者因评级错误导致投资受损为视角》，载《法律适用》2012 年第 3 期。

④ 参见阎维博：《信用评级机构声誉机制的兴衰与重塑》，载《私法》2019 年第 2 期。

四、信用评级机构注意义务的语境限定与概念限缩

(一)信用评级机构注意义务的语境限定:证券服务领域

信用评级机构,是指运用专业知识经验和科学评价模型,结合各受评主体的财务经营状况、风险管理和盈利能力,对受评主体所负各类债务到期还本付息可能性以及主体综合偿付能力和可信赖度进行整体评估,并以简明清晰的数字、符号形式表示其等级结果的专业机构。① 美国2006年《信用评级机构改革法案》将信用评级表述为"对一个债务实体或者特定的债券或金融市场工具的信用程度的评估"。② 从信用评级的前述概念来看,其具有较为广泛的适用对象。信用评级机构进行信用评价的主体对象包含特定的经济债务实体与金融市场工具等,经济债务实体一般指主权国家及政府或者金融机构及企业,金融市场工具则以债券、优先股、商业票据等为代表。③ 信用评级机构对经济债务实体和金融市场工具的清偿能力和信用风险进行独立、客观、公正的评价,并形成直观的等级符号。

有观点认为,信用评级概念有广义和狭义之分。广义的信用评级覆盖最大范围的信用评级对象,是指对各类经济债务实体、金融市场工具履行其经济性承诺的可能性进行评估,而狭义的信用评级则指对企业如期足额偿还意愿和能力以及金融市场工具本身的信用违约风险进行的综合评估。④ 按照信用评级的对象划分,信用评级主要分为主权信用评级、企业主体信用评级、债券信用评级。

主权信用评级是信用评级机构对一个国家中央政府和中央银行对外部国际债务的偿还能力、偿还意愿以及国家整体信用程度的评估,其评级结果反映的是以该国家公共事业、企业商业以及个人债务为主要内容的社会整体清偿能力。⑤ 企业主体信用评级是信用评级机构对工商或金融企业的资产

---

① 参见李振宇等:《资信评级原理》,中国方正出版社2003年版,第8~9页。

② Credit Rating Agency Reform Act 2006, Section 3(a)(60), https://www.sec.gov/ocr/cra-reform-act-2006.pdf.

③ 参见朱荣恩、丁豪樑、袁敏:《资信评级》,中国时代经济出版社2006年版,第17页。

④ 参见聂飞舟:《信用评级机构法律监管研究——美国法的考察和中国借鉴》,华东政法大学2011年博士学位论文,第22~24页。

⑤ 参见叶伟春主编:《信用评级理论与实务》,格致出版社、上海人民出版社2011年版,第18页。

和经营状况、资产负债情况、资金来源和亏损项目等进行分析并评估企业的到期偿付能力。债券信用评级是信用评级机构对政府、金融机构等债务人所发行的各类型债券,如信用债券、抵押债券、可转换债券等进行偿付可能性与风险等级的评级。目前,信用评级行业在金融证券领域得到了最为广泛的传播和适用,债券信用评级日渐发展为信用评级机构的重量级业务。①

对于信用评级的广义和狭义范围,相关法律、法规、规则尚无明确的区分。本书所涉及的信用评级机构是指为资本市场中的债券发行和交易活动提供信用评级的机构,即本书所研究的信用评级机构注意义务的研究语境仅限于以债券信用评级为代表的证券服务领域。

(二)信用评级机构注意义务的概念限缩:勤勉尽责与审慎执业

根据前文对注意义务在民法、商法领域的差异化内涵理解,以及在医疗、建设工程和金融服务领域拓展适用时注意义务表现出的内涵差异,本书结合注意义务概念的共性以及其在信用评级行业内的特性,对信用评级机构的注意义务概念内涵进行提炼和总括。信用评级机构的注意义务可界定为一种行为规范,具体表现为一般性规则与特殊性规则所构成的双层义务结构。一般性规则要求评级机构依照法律法规、部门规章、行业规范以及职业道德等规定的勤勉尽责义务审慎执业。此类义务要求仅为行业平均水平,一般只需要遵照规定的程序谨慎行事即可,体现出的是民法公平原则下的“程序正义”。特殊性规则要求评级机构根据其特有的专业知识、风控能力与执业经验,运用科学、客观的评级模型工具,按照明确的评级流程和评级标准,对债务主体和债券等金融工具进行综合性评价。此类义务要求的是善良管理人的水平,会根据行业特征、评级主体能力等具体情况设置更为严苛的义务,体现出的是领域特征下的“实质正义”。因此,在双层义务结构下,最终要求评级机构出具遵循真实、客观、公正原则的评级结果,体现出的是“结果正义”。简言之,信用评级机构的注意义务可限缩为程序正义、实质正义与结果正义三者叠加下的双层义务结构。

对于信用评级机构注意义务概念的准确提炼,需要回应资本市场对于信

---

① 参见刘文宇:《信用评级机构民事法律责任研究》,吉林大学2013年博士学位论文,第19~21页。

用评级机构的现实要求,基于资本市场对信用评级机构在专业领域的能力与声誉信赖,信用评级机构享有较大权力并得以开展业务,为平衡其权力(利)与义务,评级机构应当负有与其专业性质和声誉地位相匹配的高度注意义务。在双层义务结构下,评级机构注意义务的基本内容可类型化为勤勉尽责与审慎执业,具体表现为:

首先,勤勉尽责与审慎执业需要遵循民法最基本的公平原则,体现出注意义务的程序正义。在信用评级的具体行为中信用评级机构应当同时遵循客观、公正且严格的程序标准进行全方位评估,评级程序的合法、合规、完整是考量信用评级机构是否履行相应注意义务的重要依据,整个信用评级的流程应当符合法律法规、评级机构的内部业务规范以及行业内普遍遵循的流程规范与行为准则。程序正义要求评级机构遵循最普遍的一般执业规范,此类规范应当一视同仁地予以遵守。一般而言,此类规则的要求较低,且具备明确清晰的规则体系,评级机构只需要遵照严格的程序即可保证义务的完全履行。

其次,勤勉尽责与审慎执业并非统一的规则体系,其更多地表现为差异化的规范要求,带有极强的领域特征。因此,在程序正义的基础上更需要立足领域特征以实现实质正义。在信用评级的具体行为中,评级机构应当充分了解被评级对象的行业特点或债券性质,并谨慎地选择符合被评级对象的信用评级方法和模型。具体表现为:对于主体盈利能力、偿债能力等重要因素应当进行细化评估,对于基础数据,如资产收益率、利润率、利息保障倍数等应形成真实客观、简洁直观的指标数据,对于突发或特殊事件应当予以特别注意和及时跟进,对于被评级对象的较大指标变动应当予以特别处理并及时呈现。

最后,勤勉尽责与审慎执业需要最终为资本市场所理解,因此可读性成为基本要求,结果正义同样不容忽视。评级机构应当认真谨慎地验证、核实其所获得的评级来源信息,并认真、谨慎、完整地披露依照其专业能力所确定的信用评级数据和等级结果,且所披露的结果应当具备可理解、可应用特征。在信用评级过程中,对依据评级机构专业性即可预见的被评级主体信用风险须予以高度注意,并在信用评级文件中如实地向资本市场和投资者进行披露,提醒投资者关注重大的风险因素,并积极采取合理的预防措施以避免在专业范围内可预见风险及损害的扩散。

第二节　信用评级机构注意义务的性质定位

在概念上厘清了信用评级机构的注意义务之后，一个接踵而至的问题是：该义务的法律性质是什么？这一看似简单的问题实则充满争议，其经历了从约定义务到法定义务、从合同法到侵权法再到证券法上特别义务的变迁。明确该义务的法律性质，对于信用评级机构违反注意义务的认定及其规则建构，具有重要理论指引和实践意义。

一、评级机构注意义务的性质：基于专家的信赖义务

（一）评级机构注意义务的本质追溯："专家义务"

信用评级机构的注意义务在本质上是基于专家身份的一种信赖义务，即可将信用评级机构的注意义务性质定义为"专家义务"。"对某一门学问有专门研究"一般对应的是学术、学者等概念，而"擅长某项技术"则更符合目前公众对于专业人士的认知，即指具有专门的知识、经验、技能，取得一定程度上的专业资格并向公众提供专业服务的人员。

本书所述的"专家义务"则为后者，是指与特定职业相关的专业人士的民事法律责任，亦可理解为"专业人士的法律责任"（professional liability）。[①]专家概念的特殊性在于专家执业行为的高度专业性以及社会公众或特定群体对其高度的信任和依赖。一方面，专家具有与其职业要求相符合的专业知识、经验和技术，这些符合该行业较高的准入门槛，具有该专业领域的"知识权威"；另一方面，专家同社会公众或其特定服务对象之间存在特别的信赖关系，专家以其专业性在公众心中占据较高的地位，特别是在关涉人身、财产领域的重要权益面临风险时，公众对于专家的依赖性更加凸显。[②]

---

① 参见李晓郛：《信用评级业的专家责任问题》，载《上海金融学院学报》2014 年第 3 期。

② 例如，本书在第一章第一节中提及的注意义务在医疗、工程及金融服务领域的拓展适用，在专业程度越高且与人身、财产利益越密切相关的行业领域，公众对于专家的依赖性越强，更加强调专家所负有的信赖义务。

信用评级机构是信用评级领域的专门机构，评级行为的高度专业性、评级行业的高门槛以及信用评级信息受众对于评级结果和评级机构的信赖共同决定了评级机构注意义务的专家义务性质。将信用评级机构的注意义务定性为“专家义务”，具有符合其评级机构特点和评级功能特性的合理性。

一方面，专家义务的定性符合评级机构自身的专业性。首先，评级机构的评级行为要求具有专业的知识与能力，要求设计客观、合理的评级标准与个性化、科学性的评级模型，对主体盈利能力、偿债能力等重要因素以及资产收益率、利润率等基础数据进行定性与定量分析，并且应当符合严格的评级程序。其次，信用评级机构进入评级市场需要取得相应的行业资质，且评级行业具有极高的行业门槛，将在各方面对评级机构作出关于独立性、中立性、客观性等方面的要求。目前，我国对于各领域的信用评级业务主要以行政许可的方式采取市场准入的原则。① 最后，信用评级机构所作出的评级结果受到被评级对象、评级信息的社会受众以及整个资本市场的高度信赖。高度的依赖性是因专业知识的壁垒，公众难以掌握信用评级的方法和能力，故寄希望于评级机构并获得评级信息。高度的依赖性同时也是信用评级机构本身在长期的服务中积累了较高的声誉所致。评级机构具有一定的声誉资本，且公众对于信用评级机构的信赖也是对整个评级行业的信赖，整个行业的规模信誉资本对公众具有更为强大的影响力和说服力。②

另一方面，专家义务的定性也符合信用评级的功能特性。信用评级具有发现风险、揭示风险以及防范风险的功能，其通过对风险的分析和控制来优化投资决策。③ 评级机构作出的评级结果综合反映了受评对象的清偿能力与意愿、经营状况、资产负债情况等，该结果亦将成为公众投资者进行投资决策的重要依据。评级结果的真实、客观和及时对发现金融风险并遏制风险扩散具有重要意义，并深刻影响整个资本市场的运行秩序。同时，资本市场中信息不对称问题的相对化解也是信用评级功能价值的重要体现。评级机构对于影响受评主体信用的信息源进行全面抓取与综合分析，并将复杂的数据和指标通过专业加工以简洁明晰的数字、符号形式呈现给资本市场与投资

---

① 参见刘文宇、徐卫东：《设定信用评级机构专家责任的构想》，载《东疆学刊》2013 年第 2 期。

② 参见戴谋富：《专家注意义务的本质及判断标准》，载《求索》2010 年第 7 期。

③ 参见刘文宇、徐卫东：《设定信用评级机构专家责任的构想》，载《东疆学刊》2013 年第 2 期。

者。资本市场中的信息是一种普遍的公共产品，评级机构对信息的加工和传递行为也带有明显的开放性色彩，这也说明信用评级的影响力将扩散至资本市场中的不特定公众，公众对于掌握重要信用信息的传递者通常存在高度的信任和依赖，故评级机构信赖义务的生成与其专家地位密切相关。

可见，信用评级机构本质上符合"专家"的属性，其负有基于专家地位而产生的信赖义务，故将评级机构注意义务定性为"专家义务"具有合理的逻辑基础，此"专家义务"亦是法律及行业对于信用评级机构的内在要求。

（二）评级机构注意义务的深度拓展："高度注意义务"

日本学者能见善久教授以及我国部分民法学者认为，专业人员职业责任的产生以其违反特殊的注意义务为基础，他们将这种源于专家工作性质的专业性以及委托人给予专家高度信赖的特殊注意义务表述为"高度注意义务"。[①] 由于专家接受了良好的职业能力训练并具备专业的知识技能和执业能力，其在专业领域当然拥有高于一般人的强势地位，法律往往对专家予以相较普通人更为严格的行为规范，要求其承担比普通人程度更高的认真、谨慎义务，此即"高度注意义务"。"高度注意义务"是描述专业人员民事法律义务的基本概念，亦被视为判断专业人员是否构成执业过失或承担民事责任的标准。[②]

与"高度注意义务"相对应的概念为"合理注意义务"，高度注意义务与合理注意义务的根本差异是由行为人职业特性所决定的，区分两者间的本质差异是深度拓展评级机构注意义务性质的重要方面。"合理注意义务"（reasonable care）又被称为普通注意义务或一般注意义务，其要求一般的"理性行为人"尽到合理程度的注意和谨慎义务。合理注意义务被定义为一种基于普通理性人应达到的平均水平的认真、谨慎程度，其仅要求行为人达到社会理性人一般的、平均的注意程度即可，[③]合理注意义务在社会公众日常民

---

① 例如，梁慧星教授在其主编的《民商法论丛》中收录日本学者能见善久《论专家的民事责任——其理论框架的建议》一文，其中提出"高度注意义务"概念并将其定义为描述专家民事法律责任的基本概念。参见[日]能见善久：《论专家的民事责任——其理论框架的建议》，载梁慧星主编：《民商法论丛》（第5卷），法律出版社1996年版。

② 参见陈洁：《评级机构侵权责任之构造——以公众投资者因评级错误导致投资受损为视角》，载《法律适用》2012年第3期。

③ 参见刘燕：《"专家责任"若干基本概念质疑》，载《比较法研究》2005年第5期。

事活动或在对专业性没有较高要求的行业领域中具有更为普遍的适用性。而“高度注意义务”的适用语境则应理解为存在于专家行业层面,其要求拥有特殊知识、经验和能力的专家的注意义务高于普通理性人,故“高度注意义务”实际上是相对于普通行业或领域的民众而言的。① “高度注意义务”的内涵可理解为,在特殊行业领域具有专业知识、经验和技能的专家应当达到其所处行业中普遍谨慎程度的成员所保持的注意程度,其行为应当为本行业中合格的专业人员在相同或类似条件下将采取的认真、谨慎行为。② 专家具有特殊行业的准入和执业资格,对于社会公众而言,其在重要或特殊的领域具备专业的知识与丰富的经验,甚至时常居于相对垄断的地位,原因在于:一方面,专家所拥有的知识技能通常需要通过专业化、体系化的培训才可获得,而普通公众难以企及;另一方面,专家所提供的服务往往涉及社会公众至关重要的人身、财产等核心利益,故专家可以享受更高的地位和更为优渥的经济待遇。③ 基于权利与义务相一致的原则,专家理应承担与其所享有的权益相对应的、比普通公众民事活动更高的注意义务。

信用评级机构作为评级行业的专家,其注意义务要求符合“高度注意义务”之内涵。资本市场及公众投资者对于评级机构评级结果的特别信任,以及对评级行业的普遍合理认同,使评级机构负有对被评级对象信用风险的高度注意义务,故评级机构的注意义务实质上可概括为基于其专家地位的信赖义务。信用评级机构的注意义务是一种“专家义务”,又基于其专家身份和所处领域的较高专业性,资本市场和公众投资者对其提出更为严格的执业行为要求,故信用评级机构的注意义务又是一种“高度注意义务”。然而,无论是“专家义务”还是“高度注意义务”,均应当存在实质上的义务边界,即便基于其专业性以及社会公众的高度依赖性之原因,信用评级机构负有较高程度的注意义务,对其注意义务的要求也必须放在法律法规、行业规范和职业道德的有限框架范围之内,限定评级机构的工作范围与专业领域,避免义务边界模糊和专家责任泛化的过度倾向。

---

① 参见薛晓波:《信用评级机构专家责任研究》,上海交通大学 2016 年硕士学位论文,第 17 页。
② 参见戴谋富:《专家注意义务的本质及判断标准》,载《求索》2010 年第 7 期。
③ 参见屈茂辉:《论民法上的注意义务》,载《北方法学》2007 年第 1 期。

二、评级机构注意义务的初始定位:合同法上的约定义务

(一)信用评级服务合同的约定义务与合同责任

在评级机构与受评主体之间的法律关系中,评级机构的评级行为有主动评级和委托评级之分。在主动评级中评级机构与受评主体之间不存在合同关系,主动的评级行为是评级机构所做出的单方法律行为。委托评级,是指评级机构与受评主体就评级事项签订服务合同,由评级机构提供评级服务并收取相应酬劳,双方存在合同关系,评级机构所实施的一系列信用评级行为均为双方所签订之合同的履行内容。

在委托评级中,评级机构与受评主体基于服务合同而具有权利义务关系,双方对于合同约定义务的违反将产生违约责任。信用评级机构的违约行为可以分为两个层面:一方面,评级机构明确违反服务合同中所约定的评级义务和基本职业行为规范。服务合同基于意思自治原则可以对评级机构的具体行为、服务标准、工作完成期限等事项予以约定,如评级机构应按程序核实评级信息、应在规定期限内制作评级报告以及不能泄露在评级工作中所知悉的被评级对象的商业秘密等。另一方面,评级机构虽未明确违反服务合同中约定的具体条款,却有可能触及对行业惯例、商业道德等默示行为规范的违反。根据意思自治原则,服务合同可以对评级机构的注意义务进行统筹性的概括式约定,亦可进行具体化的规则罗列,还可能出现双方未明确约定注意义务的情形。在实践中,对于没有在合同中明确罗列或者无法穷尽表述有关注意义务要求的情形,评级机构是否应当承担违约责任,这在目前仍存在争议。反对者认为违约责任应当以服务合同所明确约定的范围为限,不应无限扩大违约责任的范围;赞同者则认为合理的认真、审慎注意义务作为职业义务,是信用评级行业内的从业者应当达到的最低标准。由于评级机构的职业义务源于其行业广泛的业务规范或职业道德要求,难以在服务合同中将其一一细化约定,因此认真、审慎的注意义务应当是评级机构基于其职业的专业性所负有的义务,应将履行合理的认真、审慎注意义务视为服务合同的默示条款,[①]即使没有在合同中予以明确规定,评级机构也应当为其未尽认真、

---

① 参见蒋云蔚:《从合同到侵权:专家民事责任的性质》,载《甘肃政法学院学报》2008 年第 4 期。

审慎的注意义务而承担违约责任。同时，评级机构做出与实际信用状况不相符之评级结果等违反注意义务的行为亦应承担违约责任。①

英美法系最初以合同法来规范专家与相对人之间的权利义务关系，②其认为合同是规定评级机构对受评主体负有一定的注意义务的基础载体，如果不存在合同关系以及评级机构的合同相对人，评级机构的注意义务也将无特定的履行对象。评级机构注意义务性质的初始定位即来自评级机构与受评主体之间的服务合同，无论是在合同条款中被明确约定还是被视为合同的默示条款，注意义务均是源于合同的约定义务，故评级机构未尽注意义务即是对合同约定义务的违反，其所承担的责任是一种基于合同的责任。

在注意义务被视为约定义务的语境下，人们认为评级机构的注意义务源于合同利益平衡和权利义务的对价，即评级机构通过合同获得收取报酬的权利，其应当负有认真、审慎调查及核实相关信息并按照规范流程和客观标准进行评级的注意义务。在合同法律关系中，权利义务相一致原则要求评级机构在从事评级行为时应当遵循服务合同对于注意义务的约定。即使合同没有对注意义务进行明确约定，评级机构作为合同一方也应当秉承诚实、守信、平等、公平的合同原则开展评级活动，从而保证评级行为的客观、真实、公正。

（二）评级机构注意义务合同法解释路径之局限

根据合同相对性原则，一般情况下，合同项下的权利义务关系仅及于合同当事人，在信用评级服务中则指评级机构仅对受评主体负有注意义务。评级结果的指向主体为受评主体，但评级结果的信息受众却指向证券市场中的广大投资者。评级结果受众的不确定性及其影响范围的广泛性使评级结果具有公共产品的性质。虽然评级结果的产生是双方履行服务合同的产物，但是评级结果的影响却非仅居于合同一隅，其必然会超出私人合同的界限而对投资者的决策产生广泛的影响。如此便衍生出无合同权利义务基础时评级机构的责任承担问题。例如，当评级机构与受评主体不存在合同法律关系时，评级机构的主动评级、评级机构的评级结果影响市场公众投资者的投资决策并产生实质影响等情形。以上情形似乎无法置于合同法的解释框架内，

---

① 参见倪受彬、施丹婷：《金融危机背景下信用评级机构的法律责任问题初探》，载《社会科学》2009 年第 8 期。

② 参见蒋云蔚：《从合同到侵权：专家民事责任的性质》，载《甘肃政法学院学报》2008 年第 4 期。

即在突破合同相对性的情形之下,评级机构注意义务的合同法解释路径在逻辑论证层面具有一定程度的局限性。

有观点认为,评级机构与资本市场中不特定投资者之间虽不存在明确的合同关系,但是评级机构违反注意义务而得出的评级结果客观上引导投资者做出投资决策并遭受实际损失,基于维持双方权利义务平衡之考虑,可将评级机构注意义务的履行方延伸至不特定的第三人,使评级机构对投资者承担缔约过失责任。[①] 在德国的司法实践中,便是以"默示契约"理论将专家责任拓展适用于第三人,并以此解释评级机构与投资者之间实质性合同的存在,达到适用合同法以保护第三人之目的。[②] 以上历史实践和理论观点主张评级机构应当就注意义务之违反向投资者承担责任,这是符合对市场主体的平等保护要求的。但如果认为评级机构与投资者之间存在实质合同关系或评级机构应当承担缔约过失责任,而将合同责任直接延伸至评级服务合同之外的广大投资者,难免有突破传统合同相对性原则之嫌。现实的情形是,评级机构应当对投资者负有注意义务,但由于评级机构与投资者之间不存在明确的合同关系,故注意义务的来源无法基于合同法律关系,将评级机构对于投资者的注意义务之来源生搬硬套于合同法的解释路径已然丧失其逻辑合理性。

从责任逻辑视角来看,评级机构与公众投资者之间未签订服务协议,评级机构仅向合同相对人即受评主体提供评级服务,而与投资者不存在直接的合同关系,故评级机构注意义务的合同法解释路径在论证评级机构对第三人负有注意义务时是缺乏逻辑基础的。另外,当评级机构违反注意义务导致受评主体或投资者产生实际损失时,违约诉讼的救济方式只适用于评级服务合同的相对人,而根据合同相对性原则投资人无法就评级机构对于注意义务的违反提起违约之诉,投资人主要的权利救济方式在合同法解释路径下将无法得到实现。[③]

---

① 参见彭一凡:《我国信用评级机构法律责任制度研究》,首都经济贸易大学2015年硕士学位论文,第15~16页。

② 参见[德]克雷斯蒂安·冯·巴尔:《欧洲比较侵权行为法》,张新宝、焦美华译,法律出版社2004年版,第605页。

③ 参见倪受彬、施丹婷:《金融危机背景下信用评级机构的法律责任问题初探》,载《社会科学》2009年第8期。

从合同原理视角来看，评级机构与公众投资者之间亦无法达成所谓的实质合同。合同的本质在于意思自治与当事人的平等地位。合同主体的平等是合同自由协商的前提，在信用评级中，评级机构掌握专业的知识、经验以及科学的评级模型，居于专家地位，而公众投资者由于信息严重的不对称，其只能依赖于评级机构所作出的评级结果进行相关投资决策。因投资者与评级机构的不平等地位，按照合同原理双方不存在可以达成合意的实质前提，投资者亦难以就评级机构应当负有的注意义务以及注意义务的具体内容进行协商。①

可见，将注意义务定性为源于评级机构与受评主体之间的合同约定义务，仅可作为解释评级机构对合同相对人负有注意义务的依据，而无法较好地阐释评级机构与第三人的关系，合同法框架下的救济途径似乎无法保障合同相对人之外第三人的合法利益。因此注意义务之来源和定性需要寻找新角度予以理解。

三、评级机构注意义务的定位进阶：侵权法上的法定义务

（一）侵权法的法定义务与侵权责任

注意义务在合同法解释路径下，存在对评级服务合同之外第三人以及主动评级情形的适用困境，随着涉及公共利益的私人关系领域呈现公共化趋势，对于民事责任之承担基础的思考也逐步从合同法向侵权法领域扩张，②对于评级机构注意义务的研究也从合同法转向了侵权法领域。当被评级对象和评级机构被置于资本市场公开信息中时，评级结果的社会公共产品属性得以凸显，这决定着评级机构注意义务的来源与指向必然不仅仅局限于评级服务合同的双方。

将评级机构注意义务定位为侵权法上的法定义务具备深厚的理论基础，这主要体现在对评级机构专家特性的尊重。评级机构对被评级主体负有的注意义务被视为来自侵权法的法定义务：一方面，受评主体与评级机构之间

① 参见蒋云蔚：《从合同到侵权：专家民事责任的性质》，载《甘肃政法学院学报》2008 年第 4 期。

② 有学者认为，公共领域侵蚀私人领域是一种历史趋势，契约责任独立性弱化而侵权责任强化，侵权法体系已侵入合同法体系，侵权责任和契约责任融合的实质是侵权法取得对于合同法的胜利。参见蒋云蔚：《从合同到侵权：专家民事责任的性质》，载《甘肃政法学院学报》2008 年第 4 期。

的服务合同包含众多的义务内容,而注意义务是服务合同中众多义务类型的一种。从义务类型而言,评级机构的义务应当被明确区分为专家的职业义务和专家作为受托人的合同义务。专家的职业义务源于专家的专业地位和公众对专家的信赖,其最初为一种商事习惯法,在不断的发展演变中为法律所吸收成为法律的直接规定,并最终以一种法定的对世义务而呈现。专家的职业义务克服了合同义务项下义务的相对性缺陷,解决了评级机构对资本市场不特定第三人负有注意义务的依据难题。而专家作为受托人的合同义务源于评级服务合同的约定,是对专家职业义务的有效补充,当法定义务存在漏洞或者法定义务畸轻时,可以通过合同义务进行有效补充。然而,作为一种合同义务,难免受到合同相对性的掣肘而面临着专家对世义务的解释难题。侵权法层面的注意义务应归为前者,其要求评级机构基于其专业能力认真、审慎地进行评级活动。注意义务的本质是一种专家义务,其基于评级机构的专家身份而固然存在,并不因是否存在特定的合同关系而强化或削弱。将注意义务视为合同义务实质是未明确区分评级机构所负义务类型和未正视评级机构特殊的专家性质,忽视了评级机构作为专家的职业特性和特殊地位。

另一方面,评级机构专家的职业特性致使公众投资者对其具有较大的信赖,法律为确保公众信赖不被滥用,①应当给予投资者维权的途径,以评级机构对注意义务的违反为诉由而提起证券民事诉讼已然成为目前投资者维权的一种可行方式。

评级结果的公共产品属性是注意义务法定义务属性的另一理论基础。评级机构将评级结果向资本市场公众公开,可能对投资者的投资决策产生实质性的影响,评级结果对第三人的影响已超出了评级机构和受评主体双方合同的可控范围。在一定程度上,评级机构存在的最直接原因并不在于被评级对象,而在于资本市场不特定第三人,正是由于第三人对评级结果的重视与依赖,评级才具有持续进行的市场空间。虽然评级机构与被评级对象签订了评级服务合同,但是合同双方当事人并非重要的主体,评级结果的受众才是最重要的主体。被评级对象之所以愿意签订评级合同,主要在于希望通过评

---

① See Nicholas Rafferty, *The Tortious Liability of Professionals to Their Contractual Clients*, *Issues in Tort Law*, edited by Freda M. Steel, and Sanda Rodges - Magnet, The Carswell Company Limited Toronto, p. 246 (1983).

级机构的高等级评级达到向资本市场宣传自身的目的。易言之，虽然评级服务合同的双方当事人是评级机构与被评级对象，但是合同双方的焦点均是资本市场上不特定的第三人，资本市场与投资者是信用评级的核心。然而，对于投资者参考评级机构违反注意义务得出的评级结果而产生的损失，因投资者与评级机构不存在合同关系，投资者的权益无法通过合同法路径予以主张。由此可见，合同法解释路径下信用评级的事实关系与法律关系出现了严重的脱节。若从注意义务的规范属性以及法律规则的利益平衡功能之角度出发，评级机构注意义务的侵权法解释路径则更具有法律适用上的统一性和便利性，即侵权法解释路径可以消弭关于第三人损害赔偿诉请是否突破合同相对性的争论。对注意义务的违反解释为侵权责任有利于法律适用的统一及便利，投资者诉请信用评级机构对其违反注意义务而导致的损失承担侵权责任更具有切实的法理基础。

（二）评级机构注意义务侵权法解释路径之局限

侵权法的解释路径虽然克服了对第三人承担义务的解释难题，但是仍不能完美地契合注意义务的适用场景。在世界范围内，在证券民事责任的实现模式上，各国法律的最明显趋势是积极以侵权法模式代替合同法模式。① 采取侵权法模式认定评级机构对注意义务的违反，从整体利益平衡和社会成本角度考虑更为高效，也可在一定程度上解决证券民事诉讼中权利主体众多且分散以及诉讼双方力量对比悬殊等问题。通过注意义务理论，侵权法建立了除合同义务之外的当事人之间的积极义务，有效地实现了公共政策对社会生活的干预，但是注意义务的侵权法解释路径亦存在理论局限性。

在理论层面上，证券市场中投资者因评级机构对注意义务的违反而遭受的“纯粹经济损失”难以通过侵权法路径予以主张，其内在的法理基础为评级机构违反注意义务而引发的损害后果并非对投资者人身或者有形财产的损害，而是仅仅产生了所谓的“纯粹经济损失”。德国民法较早提出纯粹经济损失之理论，目前学界对该理论较为一致的认知为：纯粹经济损失是指合同损失、不依赖于物的损害或身体健康损害而发生的损失以及非作为权利或

① 参见倪受彬、施丹婷：《金融危机背景下信用评级机构的法律责任问题初探》，载《社会科学》2009 年第 8 期。

受到保护的利益侵害结果存在的损失。[①] 传统意义上的侵权行为是指不法侵害他人财产权、人身权的行为，而纯粹经济损失由于与有形的人身或财产损害无关，故无法从传统侵权法中获得赔偿救济。[②]

在实践层面上，根据《中华人民共和国民法典》（以下简称《民法典》）侵权责任编对于民事权益和特定类型侵权责任的列举，证券侵权并未在侵权责任编中予以专门体现，在因评级机构违反注意义务而遭受损失的情形之下，投资者若援引《民法典》侵权责任编的条文作为权利主张的法律依据，则只能诉诸一般性条款，故评级机构注意义务的侵权法解释路径也面临着于法无据的窘境，其难以在《民法典》侵权责任编中找到具体的条文予以援引。[③]

可见，投资者因评级机构违反注意义务而遭受的损失在侵权法路径下亦可能存在救济不力的困境。另外，信用评级机构违反注意义务而产生的责任也不同于其他损害《民法典》侵权责任编一般性民事权益而产生的传统民事责任，因此可以在侵权法的逻辑思路之上，以新视角更为深入地探究评级机构的注意义务，即注意义务实质上是一种基于证券法领域的特别法上的义务。

四、评级机构注意义务的制度突破：证券法上的特殊义务

（一）证券法领域的特别法义务

信用评级机构因专家性质而使其义务内容呈现法定义务的特征，同时又因评级结果具有社会公共产品属性，致使评级机构违反注意义务不仅可能会对评级服务合同相对方构成违约，也会误导证券市场中以评级信息作为其投资决策基础的公众投资者。正是由于违反注意义务所产生的影响波及整个证券市场，证券市场和证券法才赋予评级机构以较高程度的义务要求。注意义务的违反实质上产生的是在专业领域内的特殊责任，将注意义务理解为特别法义务，即证券法上的义务，有利于从特别法的角度审视注意义务的性质

---

① 参见[德]克雷斯蒂安·冯·巴尔：《欧洲比较侵权行为法》，张新宝、焦美华译，法律出版社2004年版，第33页。

② 参见彭惠连：《侵权法上的纯粹经济损失研究》，西南政法大学2007年硕士学位论文，第3～4页。

③ 参见冯果、李安安：《内幕交易的民事责任及其实现机制——写在资本市场建立20周年之际》，载《当代法学》2011年第5期。

定位,从而走出约定义务与法定义务的双重困境。

正如前文所述,在合同法解释路径下,评级机构的注意义务来自评级机构和评级委托人之间的合同。作为一种约定义务,注意义务的违反将在合同关系体系内引发合同责任,这是对传统民法中关于提供信用评级服务的合同规则之有益补充。而在侵权法解释路径下,评级机构注意义务的指向对象则被扩大至资本市场中的公众投资者,评级机构的注意义务来自其特殊的专家职业以及信用评级结果的公共产品属性。侵权法下的注意义务是一种法定义务,无论是否存在合同关系,因评级机构违反注意义务而受损的第三人都可以依此追究评级机构的侵权责任。事实上,无论将注意义务定位为法定义务还是约定义务都有局限性。在合同法解释路径下,公众投资者的利益无法得到保障已被诟病多时,而在侵权法解释路径中,民事责任的确定依照的是一般责任原则,投资者需要证明评级机构对注意义务的违反存在过错、投资者遭受实际损害且过错与损害之间存在因果关系。在如此烦琐的推演过程中,投资者担负着较重的举证责任,最终可能造成司法资源的潜在浪费和以信息披露来保护投资者目的之落空。①

信用评级机构的评级行为并非一种抽象的民事行为,其实际为一种证券法上关涉公众利益的制度安排,若通过纯粹意义上的私法(合同法或侵权法)规则予以规范,则难以很好地契合评级的具体情境。作为证券市场的基础性法律,证券法非一般意义上的民法,不是完全的私权规范,其带有金融公法的性质。以私法与公法兼具的证券法律规制回应评级机构的注意义务,可以弥补前述传统合同法与侵权法的不足。另外,作为资本市场基本法,证券法可以创设出规范资本市场所需要的责任类型并定位其责任性质,将评级机构注意义务视为由证券法所创制的特别的义务,更加符合评级机构注意义务的适用语境和规范实质。

(二)评级机构注意义务证券法解释路径之合理性

基于特殊性质的专家责任,信用评级机构的注意义务同传统民事法律框架中的注意义务存在一定的区别,其带有极强的资本市场领域特征。通过证

---

① 参见冯果、李安安:《内幕交易的民事责任及其实现机制——写在资本市场建立20周年之际》,载《当代法学》2011年第5期。

券法规范评级机构注意义务，并具体设计评级机构证券民事责任的具体制度和适用规则，将信用评级注意义务视为证券法上的特别法义务便存在可行性与合理性。

首先，作为专门领域的特殊法，证券法与合同法和侵权法调整私法领域的权利义务关系不同，其通常以公法规范对评级机构违反注意义务之行为进行针对性监管，将评级机构置于专项监管的层面通常更具效率。其次，证券法对资本市场的规范作用也体现在可以对评级机构权责失衡、与公众投资者力量对比失衡、滥用垄断地位和声誉机制等问题进行积极的介入与调整，更为明确地体现法律规则维护资本市场的交易秩序及对投资者的保护的价值基点。[①] 最后，信用评级是评级机构对债务人信用、债券和其他货币市场工具进行的评价，其行为主要发生于证券市场，评级机构的行为与评级结果的影响也将直接作用于证券市场与证券投资者。可见，信用评级机构承担的是弥补证券市场参与者信息不对称、为监管机关提供援引以及提供证券市场交易参照标准等重要职能，其具有金融信息、监管标准、私人交易标准等多重特征，[②]对证券市场的影响巨大且深远，因此，对于评级机构注意义务的强调以及法律责任的规制理应是以证券法为基点。

综上所述，信用评级机构的评级行为是证券法上的制度安排，[③]其应当走出合同法和侵权法思维的禁锢，逃离约定义务或法定义务非此即彼的思维困境，将注意义务视为一种证券法上的特别法义务，这必将为明确评级机构注意义务之性质提供有益思路。

第三节　信用评级机构注意义务的特殊性

信用评级机构具有领域殊异性，其所承担的注意义务与其他中介机构承

---

① 参见田彧：《信用评级机构民事责任法律问题研究》，中国政法大学 2018 年硕士学位论文，第 39 ~ 40 页。

② 参见方添智：《信用评级利益冲突规制研究——以美国为中心的研究与借鉴》，中国商务出版社 2015 年版，第 3 ~ 14 页。

③ 参见刘燕：《注册会计师民事责任研究：回顾与展望》，载《会计研究》2003 年第 11 期。

担的注意义务存在诸多差异。学界尽管意识到信用评级机构的特殊性,但普遍未能揭示该特殊性带给评级机构注意义务的影响。

一、信用评级业务的预测性特征导致义务豁免或责任逃逸

(一)信用评级业务的预测性特征

第一,信用评级是指信用评级机构以被评级对象的相关资料和信息为基础,根据科学的指标体系,采用严谨的分析方法,对被评级对象进行信用等级评定的活动。[①] 由信用评级的内涵可知,信用评级不仅是对已发生事实的确认,更多的是对未来情况的预测和判断。评级结果是对信用风险的前瞻性判断,其具有明显的预测性特征,这一预测性特征亦决定了评级结果无法保证绝对程度上的准确性。[②] 信用评级从本质上来说是制造与传播预测性信息的社会行为,其具有以下特征。作为预测性信息,信用评级具有较强的主观性,其性质类似于意见与评论。信用评级是依据现有资料和信息,对评级对象未来的偿债能力及偿债意愿作出的推导、预测与判断,虽然其具有一定的依据以及科学的推导模型,但主观性依旧较强。同时,评级机构所收集并掌握的材料与实际情况存在一定的偏差,因此,其采用的评级方法的科学性尚须进一步论证。其评级方法与被评级主体的契合性亦存在强弱,此类不可控因素均会致使评级机构最终出具的评级意见与被评级主体的实际信用风险水平存在出入甚至是错配。[③] 由此可见,与客观的事实性信息相比,信用评级主观性较强,出入性较大,其并不能保证信用评级结果一定是对评级对象信用质量或风险等级的客观反映,其本身带有不可证明真伪的预测性信息。

第二,预测性信息指导下的评级技术存在天然的局限性。在综合分析评级对象的客观环境、发展机遇、财务风险、偿债能力、偿债意愿等因素后,评级机构将确定评级对象的信用风险等级,并最终以信用评级报告形式向市场披露。然而在评级结果形成的过程中,基础数据的局限性(如基础数据未能涵

① 参见戴莹:《证券信用评级监管法律问题研究——美欧信用评级监管改革新规则与借鉴》,华东政法大学2012年博士学位论文,第26页。

② 参见刘文宇:《信用评级机构民事法律责任研究》,吉林大学2013年博士学位论文,第33~34页。

③ 在证券市场上,对同一家上市公司评级结果不一样的现象比比皆是。评级机构随时调整对上市公司评级的情况也很常见。

盖一个完整的经济周期导致代表性与相关性欠缺）、评级假设的缺陷性、评级模型的风险性以及职业判断的偏差等均会导致对未来的预测不能达到绝对的准确。①

第三，预测性信息具有时效性与变动性。由于信用评级是对未来的预测和分析，加之被评级对象本身状态与市场客观环境会因时而异，导致彼时评级已不符合现时情况，从而需要及时更新。因此，信用评级结果具有一定的时效范围，在发生相关损害纠纷时，难以利用损害发生后的信息对当时的评级准确性作出判断，故在客观上难以判断评级结果的对错。②

（二）预测性特征下的义务豁免与责任逃逸

信用评级结果属于一种前瞻性的判断，其较强的主观性、固有的局限性以及变动不居的特征常被信用评级机构引据为脱责之标准，在早期各国的监管政策中也是基于以上特质而对信用评级机构予以责任豁免。

首先，信用评级结果不同于可以证明真伪的事实性描述，其是带有主观性的因素，因此信用评级结果是否存在真伪对错本身就存有争议。既然如此，要求信用评级机构对评级结果保证其真实、准确的义务似乎就成了伪命题。故在早期对信用评级机构的监管中，信用评级机构基本无须承担任何责任。例如，在美国，美国证券交易委员会（United States Securities and Exchange Commission，SEC）在 1982 年制定的 Rule 436（g）直接明确豁免了评级机构的专家责任，《私人证券诉讼改革法》（Private Securities Litigation Reform Act，PSLRA）还对预测性陈述制定了安全港规则，并将其作为修改后的《1934 年证券交易法》第 21 条 E 款下的内容；③法庭也普遍支持信用评级机构主张的《宪法第一修正案》中言论自由、“意见性陈述”的抗辩。

其次，即使信用评级具有事实性特征，其准确程度也极为有限，因此以结

① 参见方添智：《次贷危机中信用评级失灵的原因及法律规制——美国信用评级制度改革评析》，载《国际经济法学刊》2010 年第 2 期。

② 参见陈洁：《评级机构侵权责任之构造——以公众投资者因评级错误导致投资受损为视角》，载《法律适用》2012 年第 3 期。

③ 参见田彧：《信用评级机构民事责任法律问题研究》，中国政法大学 2018 年硕士学位论文，第 51 页。

果为依据追究评级机构的责任似乎站不住脚。[①] 美国《公平信用报告法》规定，单纯以评级结果不准确为由要求评级机构承担责任的不予支持，除非能够证明不准确的评级结果源于不合理的依据。[②] 我国证监会发布的《资信评级机构出具证券公司债券信用评级报告准则》也作出同样类型的规定，该准则只要求信用评级机构在出具评级报告时保持所依据的标准和程序具备一致性。可见，基于信用评级的预测性特征，信用评级机构对信用评级结果保证真实、准确之义务也受到限缩解释。

最后，即使在如今对信用评级机构加强法律责任监管的趋势之下，信用评级的预测性特征仍然是其责任逃逸的有力说辞。由于评级是对未来发展的预测，评级结果的准确性需在未来才可被评判，故在投资者对信用评级机构提起的虚假陈述类诉讼案件中，证明评级机构在作出评级之时便存在过错是极其困难的。[③] 因为不能简单地以当时的评级结果与现在的实际情况存在偏差为依据来证明评级机构在评级过程中存在主观恶意或者主张其违反注意义务。[④] 信用评级的预测性特征往往诱致评级机构的责任逃逸，而对评级机构注意义务的强调则是对因信用评级预测性而豁免义务主张的回击。虽然信用评级具有预测性，投资者无法简单地以评级结果与实际情况不一致为理由要求评级机构承担责任，但是投资者可以就评级机构在评级过程中的非认真、非审慎的程序或非科学、非符合行业一般性原则的行为要求损害赔偿。因此，注意义务理论在一定程度上也成为公众投资者损害救济的一种重要途径。

二、信用评级行业的垄断性结构彰显注意义务的独特价值

（一）评级行业的垄断性结构特征

在美国，信用评级机构必须经证券交易委员会认可注册，即评级机构资

---

① 参见陈洁：《评级机构侵权责任之构造——以公众投资者因评级错误导致投资受损为视角》，载《法律适用》2012 年第 3 期。

② 参见罗培新：《后金融危机时代信用评级机构法律责任之完善》，载《法学杂志》2009 年第 7 期。

③ 参见聂飞舟：《美国信用评级机构法律责任反思及启示——以司法判例为视角》，载《东方法学》2010 年第 6 期。

④ 参见高明：《信用评级机构民事法律责任的国际规制及反思》，载《南方金融》2020 年第 10 期。

格制度（NRSROs），在该制度下，信用评级机构进入市场难度较大、门槛高。美国证券交易委员会仅认定标准普尔、穆迪和惠誉 3 家信用评级机构，这 3 家机构占据了各评级市场超过 90% 的市场份额。同时，占据垄断地位的信用评级机构还将主动评级异化为巩固垄断地位的工具，不断开疆拓土。[①] 简言之，全球主要资本市场信用评级行业已形成了垄断性的市场结构。

信用评级行业呈现垄断结构的原因在于：首先，NRSROs 规则下对信用评级机构实行审批注册制度，人为加大了信用评级行业的市场壁垒，且对信用评级行业垄断的形成发挥了主要作用。在穆迪、标准普尔、惠誉之后，其他信用评级机构很难得到官方认可。在信用评级的监管特许形成后，信用评级由自愿性质变为官方的准强制要求，这进一步强化了评级机构的垄断结构，使其带有准行政垄断的性质。其次，声誉机制驱动的信用评级行业，声誉资本优势会持续强化其市场地位，形成垄断。声誉需要长时期积累形成权威而被市场认可，其获得认可后该优势在之后的评级活动中不断被强化，进而形成垄断。

信用评级市场的垄断直接导致金融服务质量下降，其表现为信用评级不能反映真实的信用状况。[②] 在垄断下，因评级机构不必依靠技术来维持或扩大市场份额，故缺乏发展评级技术的动力，进而降低评级发展需要的成本投入，这一定程度上阻碍着评级技术的进步。[③] 评级技术未能跟上金融的发展脚步亦为信用评级的长足发展埋下隐患。在此种垄断局面下，对评级机构声誉机制的质疑及要求改进评级模型的呼声也无法得到市场重视。

信用评级行业的垄断结构导致评级机构将提高投资者利益与评级精确度的工作重心转移至牟取暴利上，信用评级机构在评级过程中的审慎和注意程度遭到严重质疑。[④]

（二）行业垄断下评级机构注意义务价值之凸显

正是由于信用评级机构的垄断特征，国家干预便具有了正当性与必要

---

① 参见戴莹：《证券信用评级监管法律问题研究——美欧信用评级监管改革新规则与借鉴》，华东政法大学 2012 年博士学位论文，第 55 ~ 56 页。

② 参见方添智：《次贷危机中信用评级失灵的原因及法律规制——美国信用评级制度改革评析》，载《国际经济法学刊》2010 年第 2 期。

③ 参见［法］让·梯若尔：《行业组织理论》，麻省理工学院出版社 1998 年版，第 105 ~ 115 页。

④ 参见刘文宇：《信用评级机构民事法律责任研究》，吉林大学 2013 年博士学位论文，第 40 ~ 41 页。

性,这也在一定程度上再次证明了信用评级机构注意义务难以适用纯私法规则予以规制的深层次原因。因此,明确信用评级机构的注意义务在行业垄断的背景下更具特殊的公共意义和社会价值。

国家干预的正当性源于市场缺陷与市场失灵。信用评级领域的市场缺陷主要表现为信息不对称以及公共产品的供给问题。正是由于信息不对称与公共产品属性,对评级机构的注意义务进行反垄断监管与调适便具备理论基础与实践价值。信用评级机构具有信息中介的性质,其对于资本市场的意义不仅在于减轻信息不对称,而且,在信用评级机构作为信息优势方的前提下,注意义务理论要求评级机构对其制作和传播信息的过程附加特别认真、审慎要求,倾斜保护作为信息弱势方的投资者,从而最大限度实现实质性的信息资源平等。① 另外,信用评级机构可能与被评级对象私下勾结而损害投资者利益。针对此缺陷,注意义务理论对行业垄断背景之下评级机构与被评级对象之间的弄虚作假行为、联合欺诈行为等予以针对性遏制,对评级机构赋予认真、审慎要求以及采取科学、合理的评级模型和评级程序等注意义务要求。

除了对评级机构进行反垄断法的一般理论规制,反垄断规则利用信用评级行业声誉资本驱动特征,进一步强化了对信用评级机构的义务要求。在信用评级行业发展早期,评级是进入门槛较低的竞争性市场,而声誉资本是规范信用评级机构行为、督促其提高评级质量的市场机制。在此时期政府对评级机构没有严格意义上的监管,因为初期市场上评级机构为了在竞争中取得一定的优势,一般特别重视自身的声誉问题,声誉机制基本能够有效约束评级行为。可见,评级机构得以独立、审慎评级的原因来自其他评级机构的竞争压力以及保持市场声誉的自律意识和行为准则。② 然而,在垄断的市场结构形成后,已经取得垄断地位的评级机构无须为生存而担忧,在道德风险的驱使下声誉资本的监督机制便无法发挥作用。因此,强调信用评级机构认真、审慎的注意义务以及强化对其的行政或行业自律监管已成为必要选择。

---

① 参见詹明君:《中国信用评级机构研究——基于竞争机制和声誉机制的视角》,东北财经大学 2016 年博士学位论文,第 12 ~ 13 页。

② 参见聂飞舟:《美国信用评级机构法律监管演变与发展动向——多德法案前后》,载《比较法研究》2011 年第 4 期。

三、信用评级机构的"监管许可"地位要求引入注意义务

(一)评级机构的"准监管"权力特征

信用评级机构尽管是私人机构,但实际承担着准监管职能。首先,监管机构援引信用评级机构设置的部分投资级别,市场参与者只能投资于被评为投资级别以上的证券,而投资级别的构成条件是由信用评级机构确定的。穆迪前主管生动地将其比喻成:假如政府禁止在华盛顿特区修建高楼,却没有规定高楼的含义,而交由私人公司规定高楼的含义。① 也就是说,政府将决定什么样的经营主体进入市场,而进入市场所需条件的监管权力则分享给了信用评级机构,或者说实际上授权于信用评级机构。对于发行人来说,其发行的证券只有获得投资级别的信用等级才可打开市场,提升其融资能力。因此,信用评级机构实则具备了监管许可职能,不仅作为市场的"看门人",更是市场的"开门人"。其次,投资级别的构成条件是由信用评级机构确定的。也就是说政府将决定什么样的经营主体进入市场,而进入市场所需条件的监管权力则分享给了信用评级机构,或者说实际上授权于信用评级机构。信用评级机构建立的评级标准和进行的评级活动对金融市场活动的层次、资本配置的效果、融资的信贷成本等方面具有重要影响。信用评级机构的"准监管"权力不仅直接影响投融资行为,从深层次上更会改变资本市场的运行规则。②

此外,信用评级机构还发挥了重要的治理作用。信用评级的评级活动不仅是对历史信息的事后评价,对被评级方的行为也具有导向作用。③ 被评级方会以评级标准为参考指导,对公司的治理和财务进行改善,以符合高评级等级所需满足的评级条件。总而言之,信用评级机构的"准监管"地位决定了其拥有监管许可、规则制定、行为指引的较大权力。

---

① See Barreiro & Rodrigo Avila, *Assessing the Role of Regulation and Corruption in Capital Market Failure: The Case of Credit Rating Agencies and Structured Fiance*, Central European University, 2010, p. 31.

② See Lupica & Lois R., *Credit Rating Agencies, Structured Securities, and the Way out of the Abyss*, Review of Banking & Financial Law, Vol. 28, p. 654 (2009).

③ 参见方添智:《信用评级利益冲突规制研究——以美国为中心的研究与借鉴》,中国商务出版社2015年版,第29页。

信用评级的监管依赖并非个例，在多个国家信用评级机构都处于“准监管”地位，且其“准监管”权力的作用范围广、影响程度深。在美国金融监管中信用评级被称为“以评级为基础的监管”，监管规则主要以披露要求、投资限制、资本要求三种方式对信用评级予以援引。第一，披露要求。规定监管对象因不同的信用级别履行不同的信息披露义务。[①] 第二，投资限制。规定某类金融机构只能投资于一定信用级别之上的产品，以此来控制某类投资者的投资总体风险。第三，资本要求。规定根据信用评级来衡量金融机构资产的风险状况，设定金融机构的资本充足性要求。以上信用评级的监管许可对资本市场可起到审慎监管、保护投资者的重要作用。

（二）评级机构注意义务与“监管许可”特殊地位

监管机构部分公权力的让渡使信用评级机构的地位发生转变，其从单纯的金融服务机构演变为一定意义上拥有监管许可地位的“监管者”。信用评级机构的监管权不是自律组织源于法律法规的明确授权，而是源于法律对其专家职业的认可与信赖。当信用评级机构具有了一定的监管权，尽管其身份仍旧是私主体，但在追求私人收益的同时亦必须考虑社会责任，需对其具备的监管权力负责。[②] 基于“监管地位”的公共性，就需要对其施加社会责任，信用评级机构负有维持市场运行的公益责任，而对评级机构注意义务之强调也正是对其“监管许可”特殊地位的平衡。

由于垄断地位、监管地位的形成与监管权的取得，评级机构集多重权力与多种角色于一身的评级机构，可能导致投资者的轻信和误判。[③] 首先，大量法规、规则严重依赖信用评级的结果，这将导致市场参与者盲目地相信评级结果的价值。正是由于规则的助推，信用评级机构的垄断者地位才日益加固。[④] 其次，信用评级事实上成为一种政府背书的权力，被打上了行政权力

---

① 参见方添智：《信用评级利益冲突规制研究——以美国为中心的研究与借鉴》，中国商务出版社2015年版，第14页。

② 参见戴莹：《信用评级监管法律问题研究——美欧信用评级监管改革新规则与借鉴》，华东政法大学2012年博士学位论文，第40页。

③ 参见聂飞舟：《美国信用评级机构法律监管演变与发展动向——多德法案前后》，载《比较法研究》2011年第4期。

④ 参见戴莹：《信用评级监管法律问题研究——美欧信用评级监管改革新规则与借鉴》，华东政法大学2012年博士学位论文，第113～114页。

的烙印，因而市场参与者会对其具备天然的信赖。然而，评级机构却时常因为这种政府背书担保，便不再注重其评级质量的提升，而监管机构在不断加剧对信用评级依赖的同时也通常忽略了对评级机构的监管。以上种种表明，特许权和评级机构的"监管许可"地位弱化了市场机制对评级质量的监督与调节，也弱化了评级机构与监管机构的双向激励，这容易形成监管的真空。鉴于此，引入注意义务对提升信用评级机构在评级过程中的认真谨慎程度，并反向引导评级机构始终保有专家应具备的专业审慎性来说至关重要。

在当前的实践中，信用评级已广泛地应用于债券市场、信贷市场、商务谈判、政府项目分配等各领域，并掌握了这些领域资源配置的话语权。[①] 例如，美国三大评级机构发布的评级结果直接影响被评级对象的融资机会和融资成本，同时指引着机构投资者的投资组合以及受监管主体的合规成本。在金融全球化的背景下，三大评级机构的"评级霸权"已开始席卷全球资本市场。[②] 因此，在信用评级机构的权势之下，引入注意义务对遏制评级机构滥用"监管特权"无疑具有独特的价值与意义。明确评级机构的注意义务，并专门设置违反该注意义务的法律责任，可更为合理地分配与协调信用评级机构的权利义务，以平衡其与被评级主体及投资者之间的利益关系。[③]

四、信用评级作为商业交易参照标准对注意义务的特殊影响

（一）作为商业交易参照的信用评级特征

信用评级行业的形成与发展基于市场对信息的需求，故作为市场主体开展交易的参照标准是信用评级存在的主要价值。一方面，信用评级是交易双方进行投资或交易的条件。[④] 以信用评级在投资管理组合中的重要作用为例，为了防止经理人出于业绩和报酬需求过度追逐风险业务，一般会在投资

---

① 参见陈洁：《评级机构侵权责任之构造——以公众投资者因评级错误导致投资受损为视角》，载《法律适用》2012 年第 3 期。

② 参见龚宇：《美国信用评级业监管体制变迁——"次贷危机"下的反思》，载《证券市场导报》2008 年第 7 期。

③ 参见田彧：《信用评级机构民事责任法律问题研究》，中国政法大学 2018 年硕士学位论文，第 40 页。

④ 参见方添智：《信用评级利益冲突规制研究——以美国为中心的研究与借鉴》，中国商务出版社 2015 年版，第 15 页。

指南和内部章程中限制其投资权限,该投资权限的主要依据就是评级机构为交易对手或投资对象颁发的“品质认证书”。[①] 经理人要基于信用评级确定合格的投资领域以及相应的投资比例,并且在信用评级发生变化时,修正其投资管理行为。另一方面,信用评级是交易双方合同权利义务发生变化的参照标准。作为合同条款中的触发条款,当债务人的信用等级发生变化时,将触发合同条款的变更、提前履行或改变交易双方的权利义务。例如,当债务人的信用评级未到达一定标准时,债权人有权要求债务人提供担保措施或提前履行还款义务。目前,对触发条款的应用日渐扩张,其广泛存在于担保投资合同、银行贷款协议、信贷支持附件等合同条款中。

由此可见,信用评级不仅具有监管地位,私主体间的市场交易也越发依赖信用评级。市场主体交易会自发地将信用评级作为其交易的重要参考,并且信用评级不只是市场主体的信息参考,更是被直接纳入合同条款。信用评级可作为启动交易的决定要素,同时,信用评级也贯穿整个交易过程并作为合同权利义务的分配标准。因此,作为交易参考的信用评级承担着重要作用,对信用评级的准确性要求亦不证自明。

(二)商业交易信息有效性对注意义务之强调

资源配置功能是市场经济的核心,而资源合理配置的前提是高度透明且有效的市场信息。金融市场有效运作的关键就是如何转化和整合信息,并尽可能实现真实信息全面地流动。金融市场投资者获取信息主要依靠交易对手的信息披露,而发行人比投资人更了解自身的信用状况,倾向通过选择性的披露增强其融资功能,故信用评级机构作为第三方出现并提供信息中介的服务,可极大地克服金融市场严重的信息不对称。

信用评级作为商业交易的参照标准,要求评级信息能够真实客观地反映被评级对象的信用情况,而不实的信用评级无法发挥其应有的信息中介功能,会导致资源的错配,引发不必要的市场风险。例如,不实的信用评级可能导致触发条款产生作用,债务人不得不追加担保等而加剧债务人负担,并引发一系列反应最终可能导致债务人破产。再如,债务人信用评级降低后,发

---

① 参见聂飞舟:《信用评级机构法律监管研究》,华东政法大学 2011 年博士学位论文,第 33 ~ 34 页。

行人必须提高债券利率，增加额外的固定费用，费用的增加又反过来影响评级结果，信用评级结果还可能触发其他合同条款，这一系列的连带反应将风险不断放大，可能最终导致债务人破产。① 在“安然事件”中，安然公司主要贷款银行的授信额度和主要债务合同中都写入了触发条款。若安然公司的信用级别未达到投资级，债权人有权要求安然公司提前履行债务。2001 年年初，安然公司的信用级别被下调后，部分合同条款被触发，但因其评级仍在投资级别之上，故大部分合同条款还未被触发。但 2001 年年底，三大信用评级机构同时将安然公司的信用级别下调至投机级，从而引爆危机，合同条款被全部触发，安然公司最终走向破产。

信用评级在商业契约中扮演着重要角色，其对市场交易的影响亦十分深远。在“安然事件”以及 2008 年全球金融危机爆发等重大信用事件中，足见信用评级的市场威力。信用评级机构基于其技术性以及规模经济效应，在克服金融市场信息不对称问题上无疑起到了巨大的作用。与此同时，也应该看到在弥补信息不对称的同时，能否提供有效的信息是其发挥应有功能、保障金融市场秩序的关键。评级的质量在早期依靠声誉资本驱动，但目前在已经巨变的投资环境下，对信用评级机构监管与问责的呼声不绝于耳。在信用评级地位得到日益巩固的同时，信用评级机构的注意义务也逐渐走向现实需求的中心。

---

① See Lynch & TimothyeI, *Deeply Persistently Conflicted: Credit Rating Agencies in the Current Regulatory Evironment*, Case Western Reserve Law Review, Vol. 59: 2, p. 246 (2009).

第二章　信用评级机构违反注意义务的认定难题

作为特殊领域（主要是资本市场）的注意义务，信用评级机构的注意义务带有明显的领域特征，其内涵外延、法律性质、结构特征等均具有明显的特殊性。正是由于信用评级机构注意义务有别于一般的注意义务，以美国为代表的资本市场长期以来陷入惯性思维，对该类注意义务存在认知上的观念误区，导致评级机构一直处于权利与责任不匹配的状态，其本应有的价值功能难以充分发挥。纵使在对信用评级机构注意义务的认知已经发生了相当程度转变的今天，认定评级机构违反注意义务仍存在较大困难，独有的领域特征带来义务认定的差异化，致使义务认定规则面临失范的窘境。我国信用评级行业方兴未艾，潜力无限，不过由于起步伊始，制度供给存在显著不足。只有认清了问题所在，才能对症下药，因而本章关于评级机构违反注意义务的认定难题的揭示又构成了后续章节展开的必要前提。

第一节　美国评级机构注意义务特殊性引发的观念误区

作为信用评级行业发展最悠久的国家，美国在追究信用评级机构违反注意义务的法律责任时，在立法与司法实践中是否会遭遇难题？事实上，由于信用评级的特殊性，信用评级机构在美国的法律环境中长期受到责任豁免的优待，认定其违反注意义务并承担法律责任不过是 2008 年次贷危机之后的事情。解读这一看似不可思议的现象，需要对信用评级在美国的制度变迁和角色进化加以精细梳理。

一、美国信用评级机构的历史演进

美国是全球信用评级机构诞生最早的国家，经过百年来的发展，整个信用评级市场不断扩容，相关理念不断更新，形成了良性的市场竞争以及声誉资本驱动模式，这使信用评级机构能够在证券市场中基本发挥着作为信息中介应有的风险揭示功能。而风险的发生有助于推动制度的及时修正和自我调适，在经历"安然事件"、次贷危机等重大信用事件后，美国在立法、司法及执法等各层面对信用评级机构的监管与规范逐渐形成了科学合理的统一体系，主要表现为：在立法上建立了多层次的立法体系，有针对性地指引信用评级的各类行为；在行政监管上形成了以自律监管为主、行政监管为辅的市场化监管体制；在司法上以普通法与平衡法两套体系为基础，明确了信用评级机构民事责任的追究路径与救济手段。其凭借先发优势与领先的评级标准体系，不断充实评级案例与评级数据库，积累起了较高的声誉资本，从而在全球范围内树立了较高的权威性。① 一方面，美国信用评级行业经历了市场主体自身从弱小走向成熟的努力与发展历程，监管机构需与时俱进；另一方面，"安然事件"、次贷危机等重大信用事件也驱使着评级机构监管规则通过革新来应对这些金融风险。这横跨了一个多世纪的发展历程，表面上看是美国对信用评级机构态度转变的演变史，从深层而言，则是描绘了一幅"在危机中求变革"的监管流变图景。

美国证券市场向来以集团诉讼等发达的诉讼制度保护投资者、维持证券市场秩序而闻名。在判例法系传统以及集团诉讼发达的背景之下，诸多对信用评级机构提起的诉讼从侧面反映了信用评级机构发展的趋势，彰显了其法律地位及经济地位，揭示了注意义务违反认定以及法律责任的演变等内容，并逐渐形成了美国的信用评级机构法律责任机制。丰富的判例能够提供大量的研究资源，不仅有利于对信用评级机构的原始定位、角色转变以及注意义务要求等基础性问题更加深入地理解，从判例中还可对美国信用评级机构

---

① 参见聂飞舟：《信用评级机构法律监管研究——美国法的考察和中国借鉴》，华东政法大学2011年博士学位论文，第44页。

注意义务的观念产生最直观的感知。诉讼承载着两方当事人争议的话语博弈,浩如烟海的司法裁判样本能够立足实践中的核心需求。

二、美国信用评级机构的传统定位:言论自由语境下的新闻媒体

(一)定位的逻辑:承担发布金融信息职责的新闻媒体

在美国,信用评级行业脱胎于出版业,从20世纪初出现至60年代末,信用评级机构的经营模式为出售信用评级手册,这与新闻媒体的经营方式相似。信用评级机构自称财经媒体,并把信用评级称为"世界上最短的评论"。[①] 因此,信用评级机构在传统上被视为发布金融信息的新闻媒体。

新闻媒体的核心职能是通过对所收集的公众关注的信息进行分析形成意见,并向公众反馈该意见。评级机构认为自己的核心职能与新闻媒体一致,[②]也是收集并分析大量公众关注的上市公司及其债券,并将分析后形成的评级报告通过网站、新闻通信、刊物等渠道发布给公众。[③] 因信用评级信息可广泛传播,拥有众多使用者,且其关乎广大债券投资者的利益,属于涉及公共利益的言论,[④]受到美国《宪法第一修正案》对公民自由发表言论的保护。故长期以来,信用评级机构以财经媒体自居,在诉讼案件中时常援引新闻媒体的"言论自由"应受宪法修正案保护而抗辩。[⑤]

从财经媒体的视角出发,判断信用评级机构承担责任的基础是其违反了作为新闻媒体的注意义务。在美国历史上,公共官员和公众人物就新闻媒体错误报道所提起的诽谤之诉形成了对新闻媒体注意义务的共识,即美国要求新闻媒体应当负有"不得对错误或虚假报道具有明知的故意或不得明知是虚假报道而放任"的注意义务的内涵。由此,新闻媒体的注意义务被具化为一

---

① 参见聂飞舟:《美国信用评级机构法律监管演变与发展动向——多德法案前后》,载《比较法研究》2011年第4期。

② 参见王彦鹏:《管控的失语与权力的高歌——美国信用评级机构助推次贷危机根源论》,载《金融法苑》2009年第1期。

③ 参见聂飞舟:《信用评级机构法律监管研究——美国法的考察和中国借鉴》,华东政法大学2011年博士学位论文,第216页。

④ 参见李晓郛:《宪法第一修正案保护下的美国信用评级机构——以司法判例为视角》,载《国际商务研究》2013年第2期。

⑤ See Dori K. Bailey, *The New York Times and Credit Rating Agencies: Indistinguishable Under First Amendment Jurisprudence*, Denver Law Review, Vol. 93, p. 277 (2015).

项“实际恶意”标准，即只要新闻媒体对其所报道的信息不具有“实际恶意”的主观想法和客观影响，就应当被认定其已经履行了必要的注意义务，便可在诉讼中主张责任豁免。[①] 同样，在投资者追究因评级错误报道而导致投资损失的案件中，法院往往依照信用评级机构是否满足“实际恶意”标准来衡量其是否已经履行了必要的注意义务。换言之，若评级机构轻易地为其评级错误承担责任，则会对评级机构发展新的评级对象、运用新的评级方法和模型产生阻碍作用，不利于评级创新以及公共问题的自由表达。[②] 可见，在将言论表达与信息流通奉为圭臬的传统之下，出于对新闻自由的推崇和尊重，不可能赋予类似新闻媒体职责的信用评级机构过高的注意义务。

（二）法律的支持：《宪法第一修正案》对信用评级机构的庇护

美国新闻自由的法律根源来自美国《宪法第一修正案》，“国会不得制定关于下列事项的法律：确立国教或禁止信教自由；剥夺言论自由或出版自由；或剥夺人民和平机会向政府请愿申冤的权利”。[③] 起源于出版机构的信用评级机构自然延续了新闻媒体的传统定位，认为基于宪法修正案对于新闻自由的保护可以类推适用到信用评级活动中。在美国司法实践中，信用评级机构在面对投资者提起的虚假陈述等诉讼时往往都能以宪法修正案之抗辩而获胜诉并免于承担责任。[④]

在大量的诉讼案例中，信用评级机构主要从以下两个角度获得司法裁判的支持：一是从举证环节上，由于强调信用评级是媒体对公共事务发表的言论，当适用“实际恶意”标准时，投资者作为原告对“实际恶意”这种主观性要件的举证较为困难，因证明不力导致信用评级机构通常可基于此不承担责任。二是从实体环节上，因信用评级的预测性特征，决定了评级结果是对信用风险的一种前瞻性判断，不能仅以事后的评级错误证明评级机构在评级过

① See William G. Mcguinness & John W. Brewer, *Credit Rating Agencies Under the Microscope*, New York Law Journal, January 5, (2009).

② 参见聂飞舟：《信用评级机构法律监管研究——美国法的考察和中国借鉴》，华东政法大学2011年博士学位论文，第217页。

③ 《美国宪法第一修正案》，1791年12月15日。

④ See Partnoy Frank, *The Paradox of Credit Ratings* (U San Diego, 2001), p. 20.

程中存有恶意。[①] 因此,信用评级机构作出的信用评级被认为属于“观点”,而不是对“事实”的错误说明。依照《宪法第一修正案》而引申出的“法律无法对观点苛责”理念,进一步强化了对评级机构的保护。

综上所述,发端于出版业的信用评级机构,传统上认为其本质是一类将信用评级信息源源不断地传播给公众的媒体组织,享有发表关涉公众利益言论的自由。在2008年金融危机之前,立法环境一直以豁免信用评级机构的专家责任为主流,而司法中则是根据《宪法第一修正案》对抗投资者诉讼的裁判实践,这共同造就了美国信用评级机构免于承担责任的历史史实。

三、美国信用评级机构法律责任的嬗变:从豁免到问责

(一)信用评级机构法律责任缺失的反思

首先,信用评级机构法律责任承担的相关立法长期缺位。《1933年证券法》在第7节和第11节明确规定证券分析师、会计师等具有专家责任,但信用评级机构却并未被纳入上述规则的调整对象之列,这首次体现了不同中介机构在责任承担上的认知分野。《1934年证券交易法》尽管从证券欺诈角度规定了民事责任,投资者可通过证明其因评级机构虚假陈述等行为而遭受损害来获得相应的民事赔偿,但是烦琐沉重的举证责任和举证要求在很大程度上对希望借助该规则对评级机构提起诉讼的投资者形成了实质上的阻碍。[②] 美国证监会在1982年制定的Rule 436(g)规则明确了评级报告不属于注册说明书中的专家内容,进一步在立法层面直接明确豁免了评级机构的专家责任,排除了《1933年证券法》的规定,不过436(g)于2010年被废止。而之后2006年《信用评级机构改革法案》不但未对评级机构免责之规定作出改变,反而对评级机构“免责特权”予以固化。

其次,评级机构业务模式发生重大变化而信用评级机构法律责任未能与时俱进。由于监管部门在法规和制度中大量运用制度评级,而投资者在市场

---

① 参见聂飞舟.:《美国信用评级机构法律责任反思及启示——以司法判例为视角》,载《东方法学》2010年第6期。

② 参见刘玉洁等:《信用评级机构的法律风险防控——以美国司法部诉标普案为视角》,载《中债资信》2013年第16期。

违约事件发生后更加关注债券风险，发行人也积极地为评级付费以便于其融资，[①]加之信息的高效传播与获取的低成本形成了投资人“搭便车”行为，使投资人付费模式不可持续。20 世纪 60 年代末，信用评级逐渐由投资者付费全面转变为发行人付费模式。然而，发行人付费模式亦不可避免地带来利益冲突问题。随着结构化金融产品的大量涌现，信用评级机构更是转变角色、身份，其不再仅根据信息作出分析，还参与产品设计与提供咨询服务。此外，因次贷产品具有非公开发行的特征，信用评级转向有限数量的投资者传播的事实也表明信用评级机构已逐渐偏离其自诩的新闻媒体身份。[②] 信用评级机构已经从传统的财经媒体，逐渐异化为与评级对象为伍的利益共同体，因此，不得不对其角色与功能进行重释。因传统上过度强调信用评级结果的言论特征而忽视了信用评级机构是和注册会计师、建筑师等一样为社会公众提供专业服务的专业人士，[③]故在评级机构权力已经滥用的现实下，美国社会开始反思是否对评级机构引入专家责任问题。

最后，声誉机制的缺陷也强化了对评级机构施加民事责任的规制倾向。在 2008 年危机爆发以前，奉行自由主义的美国政府认为声誉机制可以有效地对评级机构进行规制，故长期适用轻度监管模式。[④] 信用评级机构只有向投资者提供客观公正的信用经济，才可以在投资者群体中不断积累信誉资本，从而获得更多投资者的信任，进而增加对其信用评级产品的需求。声誉机制和市场竞争可以有效监督与激励信用评级机构，不过这一理想假设忽略了现实市场缺陷及行业环境。[⑤] 自穆迪、标准普尔和惠誉三个信用评级机构获得 NRSROs 资格后，在长期的发展中形成了垄断市场状态，破坏了声誉约束机制。同时，关注评级高低是法定要求，信用评级具有了监管特权，导致投资者对评级的需求并不会因为评级机构声誉的好坏而有所波动，声誉资本对

---

① 参见高明：《信用评级机构民事法律责任的国际规制及反思》，载《南方金融》2020 年第 10 期。

② 参见陈洁：《评级机构侵权责任之构造——以公众投资者因评级错误导致投资受损为视角》，载《法律适用》2012 年第 3 期。

③ 参见聂飞舟：《信用评级机构法律监管研究——美国法的考察和中国借鉴》，华东政法大学 2011 年博士学位论文，第 216 页。

④ 参见周嘉：《域外信用评级机构民事责任制度变迁及对我国的启示》，载《南方金融》2020 年第 10 期。

⑤ 参见苏民：《中国主权信用评级被低估了吗?：基于面板线性与有序概率回归方法》，载《世界经济研究》2017 年第 11 期。

评级机构的约束作用被严重弱化。况且，在短期收益的激励下，评级机构作为营利机构具有趋利的本性，出于利益最大化考量，其可能倾向牺牲积累声誉的长期利益而赚快钱，发行人也可选择将评级业务交给声誉差但可能给出较高评级的评级机构。[①] 总之，仅依赖声誉机制与市场竞争来维持信用评级行业秩序的传统理念失效，需要引入民事责任制度来强化约束。

（二）次贷危机中信用评级机构的个案追责

随着次贷危机骤然发生，评级机构紧急下调信用评级，不安情绪在投资者群体之中迅速传染。美国各级法院收到投资者所提起的大量诉讼案件，纷纷质疑美国《宪法第一修正案》对于信用评级机构特殊保护之合理性与合法性基础。信用评级机构一律援引《宪法第一修正案》而引致的义务豁免和责任逃逸的现实开始被法院所正视，法院也以判决的方式对责任固化思维予以修正，并就信用评级机构在个案中的职责和义务进行具体裁量，美国的司法实践开始逐渐扭转对信用评级机构过分偏袒保护的倾向。

法庭在对评级机构是否给予法律保护的判断中主要考虑以下因素：其一，信用评级机构是否与发行人具有付费关系。评级机构向发行人收费而作出评级，这与新闻媒体报道新闻有本质区别，故不可援引《宪法第一修正案》对言论自由的保护而免责。其二，评级信息发布的对象，仅向特定投资人发布评级还是针对社会公众。法庭申明，《宪法第一修正案》保护的核心是涉及公众关注的问题而非私人关注的事项，若评级信息仅对特定投资人发布并产生影响，其不满足公益性要求，不能受到《宪法第一修正案》的保护。其三，评级的用途。若评级被用作法律法规中的认证标准等，其性质已经超越了私人领域的“观点”，无法受到《宪法第一修正案》的保护。其四，信用评级机构的独立性。独立性主要是判断在证券交易结构中评级机构是否积极参与设计。[②] 在抵押贷款证券（Mortgage-Backed Securities，MBS）、债务抵押债券（Collateralized Debt Obligation，CDO）等结构化金融产品中，信用评级机构

① 参见周嘉：《域外信用评级机构民事责任制度变迁及对我国的启示》，载《南方金融》2019 年第 2 期。

② See Theresa Nagy, *Credit Rating Agencies and the First Amendment: Applying Constitutional Journalistic Protections to Subprime Mortgage Litigation*, Minnesota Law Review, Vol. 94: 1, p. 140 – 167 (2009).

的评级行为超越了传统信息输出的范畴，其不仅运用评级模型对相关信息进行评估和分析，还运用评级模型对金融产品进行分解与组合，帮助发行人评上其目标的信用评级，告诉发行人从中如何获取更多利润。[①] 信用评级机构参与客户的交易中，这完全不同于新闻媒体与报道对象间的典型关系，自然不受《宪法第一修正案》的保护。

从司法实践中可以看出，评级报告在未能满足公益性要件时不能主张《宪法第一修正案》下"实际恶意"标准的保护。但学界进一步提出，是否可以将信用评级结果作为商业言论从而免责呢？[②] 因个人通过商业言论信息作出经济决策而促进社会资源分配，故商业言论关涉公共利益，应受到言论自由的保护。在 1980 年的中央哈德逊气体与电力公司诉纽约公共服务委员会案（Central Hudson Gas & Electric Corporation）[③]中，鲍威尔法官指出，受宪法保护的商业言论责任豁免的必要条件是不具有误导性，同时也必须是一种基于现实环境所出具的观点，此两类条件缺一不可。实践中，司法判断的关键是该言论是否具有可被证伪的事实性内涵，是否有明显的实质性错误，以及评级依据的事实信息是否有误。[④]

（三）后危机时代下信用评级机构民事法律责任之变化

国际金融危机后，美国于 2010 年颁布《多德弗兰克法案》，正式引入信用评级机构的民事责任制度。该法案的颁布以国际金融危机后信用评级机构专家地位的一落千丈和美国社会对于信用评级机构责任逃逸的严重质疑为背景，认定信用评级机构在债券市场中充当的角色与会计师、证券分析师、证券质量审计师等本质上并无区别，信用评级机构的活动具有商业性，应受到与审计师等相似的法律责任和监管。[⑤] 该法案规定了评级机构虚假陈述的

---

① See Stephen Harper, *Credit Rating Agencies Deserve Credit for the 2007 – 2008 Financial Crisis*, Washington and Lee Law Review, Vol. 68, p. 1925 (2011).

② 参见赵娟、田雷：《论美国商业言论的宪法地位——以宪法第一修正案为中心》，载《法学评论》2005 年第 6 期。

③ See Central Hudson Gas & Electric Corporation v. Public Service Commission of New York, 447 U. S. 557 (1980).

④ 参见朱圆、钟心惠：《美国信用评级机构的法律责任》，载《安徽大学学报（哲学社会科学版）》2015 年第 2 期。

⑤ 参见聂飞舟：《美国信用评级机构法律监管演变与发展动向——多德法案前后》，载《比较法研究》2011 年第 4 期。

构成要件，尤其是信用评级机构的过错判断标准。若信用评级机构明知或放任地未能对评级中所依赖的事实性因素作出合理调查和验证，即可认定评级机构具有过错。同时，该法案废除了 Rule 436(g)规则，即当发行人将评级结果收录于募集说明书中时，信用评级机构则需承担《1933 年证券法》第 11 节中的专家身份责任。①

在《多德弗兰克法案》废除 SEC 规定的评级机构责任豁免之后不久，信用评级机构也开始拒绝将其评级内容放入注册声明中，如此，信用评级机构就可规避相应的监管要求以避免责任承担。② 资产支持证券因对信用评级依赖性较强，因此资产支持证券市场完全冻结，SEC 不得不发出无异议函，暂时不对资产支持证券发行人在注册声明的信息披露中忽略评级的行为采取行动，据此评级机构在资产支持证券中有效避免了相关法律责任。该法案在信用评级机构的责任承担上迈出了第一步，从一定程度上降低了投资者对信用评级机构诉讼索赔的难度。但信用评级行业也并非按兵不动，其利用经济权力同立法与监管展开较量，美国立法对信用评级机构引入民事责任并能否有效地实现其对信用评级机构的监管目的尚待进一步验证。③

四、美国信用评级机构注意义务的制度突破及其局限

(一)信用评级机构注意义务的制度突破

2002 年，美国能源巨头安然公司因财务造假丑闻曝光而宣告破产，以“安然事件”为契机，同年 7 月美国国会颁布《萨班斯 - 奥克斯利法案》，该法案第 702(b)条要求 SEC 对信用评级机构在资本市场运行中的角色和功能展开研究。美国参议院委员会就信用评级机构的角色认定问题召开了专门的听证会并发布委员会成员报告，报告指出信用评级机构未对安然公司相关信

---

① 惠誉在《实施多德 - 弗兰克法案致市场的公开信》中对此废除提出强烈反对意见。惠誉公开宣布，目前不会允许在注册说明书和任何相关的募集意向书中将其评级称为“专家”，即不允许在美国公开募集和需要 SEC 注册的债券的发行人将评级收录在相关的文件中。而以下情形发行人在其提供文件中引用评级时不需要得到惠誉的允许：任何适用于美国《证券法案》的免除条款[Rule 144A，Regulation S 或 Section 4(2)私募]、市政债券以及国外向在美国以外的投资者发行的证券。

② 参见张暾：《主权信用评级调整可以不在意吗？》，载《南方金融》2017 年第 12 期。

③ 参见周嘉：《域外信用评级机构民事责任制度变迁及对我国的启示》，载《南方金融》2019 年第 2 期。

息的获取尽到勤勉义务，同时也指出这正是因信用评级机构在美国处于监管真空的状态，故其不需要面对监管压力。美国国会要求SEC根据《萨班斯－奥克斯利法案》研究信用评级机构的角色内容、该角色的缺陷，其对证券市场和投资者的重要价值、防范行业障碍和利益冲突等问题。[①] 在“安然事件”的冲击下，信用评级的监管问题才逐渐被美国社会所重视。2006年，美国国会通过旨在提高信用评级质量以及维护投资者利益的《信用评级机构改革法案》，自此掀开了信用评级行业监管体制改革之序幕。[②] 该法案首次澄清NRSROs资格的认定标准和程序，对信用评级机构非公开信息的适用、利益冲突以及滥用市场地位等问题作出了规范。2010年颁布的《多德弗兰克法案》正式引入信用评级机构的民事责任制度，实现了信用评级机构民事责任从豁免到问责的实质性转变。该法案对信用评级机构施以专家责任，并明确信用评级机构须承担与会计师等相同的专家责任，还对其规定了额外赔偿和潜在责任。

美国在司法层面也在逐步降低对信用评级机构的起诉门槛，以强化信用评级机构民事责任的承担。例如，《多德弗兰克法案》通过降低SEC 10b－5规则下反欺诈责任的起诉标准以促进私人诉讼。[③] 投资者就信用评级机构索赔主要是依据SEC 10b－5的反欺诈规则，该规则要求投资者须证明信用评级机构具有主观故意。但投资者相对于信用评级机构在专业技能及信息获取上均处于劣势，主观故意的举证难度较大。据此，《多德弗兰克法案》更改了对信用评级机构的起诉标准，要求投资者只需提出事实以证明信用评级机构明知或重大过失未做到：(1)合理调查信用评级所依据的事实；(2)从其他独立渠道进行核实。[④] 自此，信用评级机构涉诉案件明显增多，信用评级机构不再游离于民事责任外，成为普通投资者、评级机构股东、政府机构控诉

---

① 参见高汉：《美国信用评级机构的责任演变与监管发展——从安然事件到次贷危机》，载《华东政法大学学报》2010年第5期。

② 参见龚宇：《美国信用评级业监管体制变迁——“次贷危机”下的反思》，载《证券市场导报》2008年第7期。

③ 参见朱圆、钟心惠：《美国信用评级机构的法律责任》，载《安徽大学学报(哲学社会科学版)》2015年第2期。

④ 参见朱圆、钟心惠：《美国信用评级机构的法律责任》，载《安徽大学学报(哲学社会科学版)》2015年第2期。

的对象。例如，美国最大的国有养老基金加州公共职员退休基金起诉穆迪虚高的评级导致其10亿美元的损失。① 法院已改变其对信用评级机构一揽子保护的态度，开始在个案中对信用评级机构的民事法律责任作出裁判。

基于上述分析，美国逐渐提高了信用评级机构的注意义务，从立法和司法上明确了对评级信息合理调查和验证的注意义务内涵，并逐步完善信用评级机构违反注意义务的民事法律责任制度，初步形成了在证券法和普通法两套体系下对信用评级机构责任多维度的追究，其中包括证券法体系下的专家责任、虚假陈述责任、控制人责任，以及普通法下的侵权责任和违约责任。

（二）信用评级机构注意义务的制度局限

美国在立法层面明确信用评级机构应尽到“高度注意义务”，否则应承担专家责任。② 其可取之处，在于引入了信用评级机构的注意义务理论和民事责任，打破了信用评级机构不对其言论担责的固有观念。但美国对于信用评级机构注意义务制度的构建还有诸多问题尚未明确，存在一定的制度局限性。

在宏观层面上，美国立法对信用评级机构引入注意义务理论和民事责任所产生的法律约束力尚需验证。即使信用评级机构开始逐渐被立法予以一定程度上的追责和限制，作为资本市场中传统的强势力量，其也具有明显的路径依赖。因所享有的准监管权以及垄断权威的经济地位，其仍然能够凭借信用评级强大的经济权力，对立法和行政监管施以有力抗衡。在立法及行政监管机关采取行动后，信用评级机构基于自身利益，有着强烈的动机与强势的权力作出反抗，而监管和立法机关则需要进一步完善配套规则并加强执法，来控制对信用评级机构问责管控的节奏，既要做到将问责规则落地，也要避免在强势加压后信用评级市场的过度反应所带来的市场失序。

在微观层面上，美国目前的监管规则对一些基本问题还有待深入和细化。例如，《多德弗兰克法案》对信用评级机构是否履行注意义务的甄别主

---

① See Larry P. Ellsworth, Ishan K. Bhabh & *Rating Agencies*: *A New Front in Subprime Litigation*, Jenner & Block (Aug. 12, 2008), http://www. jenner. com/files/tbl _ s20Publications% 5CRelated DocumentsPDFs1252% 5C2218% 5CSEC_LAW_360_Ellsworth_Bhabha_08. 08. pdf.

② 参见彭秀坤：《从自律到他律——我国信评机构改革的法律进路》，载《西北大学学报（哲学社会科学版）》2012年第6期。

要以其核查验证行为作为判断依据。然而，投资人具体应达到何种举证程度，对信用评级机构的核查验证行为和勤勉尽责的标准细则等依然不明确。美国属于判例法国家，其对于注意义务的判断标准、责任划分的确定因素等裁判标准需要在大量关于信用评级机构民事责任案件的诉讼实践中才能逐步形成和完善。同时，在对信用评级机构的诉讼环节中，也面临着证券欺诈和普通法欺诈中欺诈故意举证困难、过失虚假陈述因果关系缺乏、违约诉讼中对投资者的合同第三方受益人的地位不予支持等诸多困难。[①] 此外，对于信用评级机构的义务、评级报告的性质、评级造成损失的性质以及相应法律责任等基本要素如何确定也尚不清晰，故有必要对以上基础性问题展开进一步研究。

第二节　我国评级机构注意义务差异化带来的规则问题

除因评级机构注意义务本身自生的特殊性需要关注外，由于该种注意义务带有鲜明的预测性、垄断性、准监管性和商业参照性，其较之于其他类型的注意义务，又体现出多层次和区别性的特点。因此，具体到资本市场领域，信用评级机构的注意义务也并非完全一致，而是呈现出和而不同的总体样态。在此种差异化的背景下，对信用评级机构的注意义务应当遵循场景式的规范思路。然而，与我国资本市场"新兴加转轨"的历史进程相似，我国的信用评级行业尚处于发展初期，2020 年年底，由杭州中级人民法院一审审理的"五洋债"案即为规则失范下的典型例证。该案开创的"连坐式赔偿"判决在引起轩然大波的同时，也引发了人们对于信用评级机构违反注意义务的规范依据的广泛质疑和关注。

一、《证券法》第 163 条的立法论与解释论

（一）立法探究：《证券法》第 163 条的意旨

信用评级机构作为证券服务机构，是证券发行与上市中不可或缺的市场

① 参见聂飞舟：《信用评级机构法律监管研究——美国法的考察和中国借鉴》，华东政法大学 2011 年博士学位论文，第 197 页。

主体，其扮演着证券市场“看门人”的重要角色。证券服务机构对信息披露进行专业把关，克服证券市场的信息不对称，以此保护投资者权益。[①] 我国证券服务机构并未能妥善行使“看门人”的职责，评估形式化、核查验证不认真审慎等违反注意义务的情形屡见不鲜。更有甚者，还有证券服务机构与发行人共谋欺诈，粉饰财报、虚假记载等案例。证券服务机构不仅没有起到保护中小投资者的作用，反而成了损害中小投资者合法权益的帮凶。在此背景下，我国于2019年修订的《证券法》[②]完善了对于证券服务机构的民事责任制度，该法第163条对证券服务机构未勤勉尽责承担过错推定责任以及连带赔偿责任作出规定。[③] 该规定旨在强化中介机构作为资本市场“看门人”的作用，以保障上市公司信息披露的真实、准确、完整。[④]

《证券法》第163条的核心要义在于通过施加责任以监督证券服务机构尽到资本市场“看门人”应履行之职责，从法律的层级高度对证券服务机构的勤勉尽责提出了概括性要求。准确把握“看门人”的定位和职责，是理解探讨相应规范的前提。在实践中，虽然发行人付费模式下可能出现证券服务机构沦为发行人的服务者与代言人之怪象，但从本质来看，“看门人”的终极目的是尽量消减市场信息不对称，保护投资者利益。[⑤] 这就要求“看门人”必须保持独立性和中立性。同时，证券服务机构充当发行人与投资者间的市场信息媒介的基础是以其声誉资本为担保，[⑥]故其功能的实现要求其在每次提供服务中都勤勉尽责、恪尽职守，极力提升其核查、验证结果的可靠性与准确度。

---

① 参见郭锋等：《中华人民共和国证券法制度精义与条文评注》，中国法制出版社2020年版，第781页。

② 若未作特别说明，后文中提及的《证券法》均是指2019年修订、2020年实施的新《证券法》。

③ 《证券法》第163条规定：“证券服务机构为证券的发行、上市、交易等证券业务活动制作、出具审计报告及其他鉴证报告、资产评估报告、财务顾问报告、资信评级报告或者法律意见书等文件，应当勤勉尽责，对所依据的文件资料内容的真实性、准确性、完整性进行核查和验证。其制作、出具的文件有虚假记载、误导性陈述或者重大遗漏，给他人造成损失的，应当与委托人承担连带赔偿责任，但是能够证明自己没有过错的除外。”

④ 参见郭雳：《抓实“关键少数”强化中介职责》，载《证券日报》2020年4月29日，第A03版。

⑤ 参见郭锋等：《中华人民共和国证券法制度精义与条文评注》，中国法制出版社2020年版，第782页。

⑥ 参见[美]约翰·C.科菲：《看门人机制：市场中介与公司治理》，黄辉、王长河等译，北京大学出版社2011年版，第3页。

(二)条文解读:《证券法》第163条的释明

从字面语义来看,《证券法》第163条以立法形式明确提出包括信用评级机构在内的证券服务机构应当勤勉尽责,必须对其作出的文书报告所依据资料的真实性、准确性和完整性进行客观实际的检验核查,并对自己作出的文书报告负责,不得有虚假记载、误导性陈述或重大遗漏。

首先,该条文明确规定证券服务机构应具有"勤勉尽责"义务,主要包括谨慎核查和验证义务,其实质内容与本书前文所述之认真、审慎的"注意义务"基本契合。具体而言,证券服务机构在为市场主体提供专业核查与检验的服务过程中,应当遵循认真、勤勉、尽责、独立、诚实守信的原则,以严格的行业纪律与标准的职业道德为标准独立发表意见。[①]《证券法》第163条采取明确列举的立法模式对证券服务机构虚假陈述行为的表现方式作出规定,表现方式包括虚假记载、误导性陈述、重大遗漏。

其次,该条文明确规定证券服务机构虚假陈述责任的归责原则为过错推定,即只要证券服务机构存在虚假陈述行为,法律就推定其具有过错,只有证券服务机构可以举证证明自己无过错才可能使其免予承担法律责任。该条文所确定的过错推定之归责原则,作为过错责任的一种特殊形式,其较一般过错责任原则更为严格,较于严格的无过错责任又更为温和,是权衡证券服务机构与公众投资者间之利益关系以及证券市场持续稳定运行要求之后的折中选择。同时,将举证责任倒置于证券服务机构,可在一定程度上帮助投资者走出因缺乏专业能力与经验而陷入的举证困境。因此,在法律层面强化证券服务机构的责任,增强对投资者的保护力度,是遏制虚假陈述行为泛滥的有力措施。同时,需要注意的是,对于证券服务机构的过错责任归责原则应当把握适当的尺度,责任的过度严苛可能会导致证券服务机构的收益与风险不成比例,从而对证券服务机构市场产生人才流失、行业萎缩的挤出效应。[②]

最后,该条文还规定了证券服务机构承担责任的形式为连带责任。仅从

---

① 参见郭锋等:《中华人民共和国证券法制度精义与条文评注》,中国法制出版社2020年版,第781页。

② 参见彭海玮:《证券服务机构虚假陈述的民事责任》,北京大学2007年硕士学位论文,第56页。

文义以及民法上的连带责任角度理解，这意味着受害人既可直接向发行人、上市公司提出赔偿请求，也可以向证券服务机构提出损失赔偿请求。[①] 该规定强化了对于证券服务机构的责任追究，亦体现出监管趋严的显著倾向，但对于证券服务机构应当在何种范围内承担连带责任，即连带责任的边界问题却未在该条文中予以明确。

(三)《证券法》第163条的得与失

《证券法》第163条基本上直接延续了2005年《证券法》规定，仅在语句表述上作出细微调整。一方面，《证券法》第163条明确规定证券服务机构的勤勉义务，在趋严监管的基调下，其大力强调对证券服务机构的问责，并对其工作人员的勤勉义务、责任追究方式、违法处罚强度等规范内容均进行了调整与回应。另一方面，该条文是证券服务机构承担证券虚假陈述责任的主要法律依据，其对证券服务机构的勤勉义务、虚假陈述责任的归责原则、责任的承担方式均作出原则性规定，为证券服务机构虚假陈述责任之承担构建起基本框架。同时，《证券法》进一步通过加大违法处罚力度增大对证券服务机构的追责强度，并建立证券代表诉讼等制度以落实该法第163条中针对证券服务机构所应承担的责任。然而，《证券法》第163条规则表述的原则性过强，尚存有不尽合理与缺漏之处，配套措施亦有待完善，主要表现在以下几方面：

其一，该条文关于勤勉义务的判断标准阙如，责任构成要件尚需在司法实践中予以明确。[②] 证券服务机构因虚假陈述行为给他人造成损失承担的责任本质上是证券特别法上的侵权责任，需考量证券服务机构的不法行为、损害结果、因果关系和过错。不法行为即虚假陈述行为，《证券法》第163条已明确列举了虚假陈述的具体类型以及可涵盖该类行为主要的表现形式。关于损害结果，只要投资者可证明其因证券服务机构虚假陈述行为遭受到客观存在的损失即可。然而，对于因果关系和过错这两项要件的判定则在实践中争议不休，《证券法》却对此语焉不详，亟待予以明确。

---

① 参见郭锋等：《中华人民共和国证券法制度精义与条文评注》，中国法制出版社2020年版，第785页。

② 参见黄江东：《新〈证券法〉全面构建注册制相关法律责任体系》，载微信公众号"证券合规与法治研究"2020年4月22日，https://mp.weixin.qq.com/s/b7JuIr_BbCsjngBG1h7ICA。

其二,该条文亦未规定各证券服务机构之间的责任分担,一味地连坐只会造成集体行动困境。该问题涉及在证券服务机构承担连带责任之后如何继续进一步追偿的问题,主要表现为发行人与各服务机构之间应当如何确定各自的责任份额。总体而言,应以各证券服务机构的专业领域为责任划分的基础,因此在理论上,证券服务机构对其专业领域外的事项只须承担一般的注意义务,即会计师负责会计责任、律师负责法律责任以及信用评级机构负责信用评级责任等。此外,还需进一步将责任在证券服务机构内部予以落实,通过将形式与实质标准相结合的方法,按照以签字负责为主的一般原则,将实际主导人也列入主要责任人的范畴。

其三,该条文规定的"连带赔偿责任"有过度加重证券服务机构责任之嫌,且未对证券服务机构的过错进一步区分故意和过失。证券服务机构就投资者所遭受的全部损失承担连带责任的法理基础尚需释明和论证,也需考证其是否符合过错与责任相匹配的公平原则。在此类债券纠纷案件中,发行人往往无偿债能力,连带责任下存在证券服务机构对投资者无法追偿发行人时予以兜底的隐忧,形成了变相的"刚性兑付"。与较少的服务费用相比,证券服务机构分担了过多的风险,故应当在区分故意和过失的不同情形前提下,分别按照连带责任和补充责任的责任形式承担。《证券法》在立法上未对上述方面予以明确,监管部门应制定配套措施完善补充。

二、《公司债券发行与交易管理办法》第 49 条规定的法律适用难题

(一)《公司债券发行与交易管理办法》第 49 条规定解读

中国证监会于 2023 年 10 月 20 日所发布的修订后的《公司债券发行与交易管理办法》第 49 条对包括信用评级机构在内的证券服务机构之勤勉义务作出了明确规定。

第一,《公司债券发行与交易管理办法》第 49 条规定强调证券服务机构依法履职,包括法律法规、中国证监会制定的监管规则、执业准则、职业道德守则、证券交易场所制定的业务规则及其他相关规定。该条规定明确对证券服务机构的管理从法律法规到部门规章,再到行业自律规则,应当形成层次分明、系统完善的行政监管与自律管理相结合的管理体系。例如,2020 年 12 月 29 日,信用评级机构中诚信国际信用评级有限责任公司(以下简称中诚信

国际)受到交易商协会的行业处分,其因涉及"永煤控股债券违约案"而被交易商协会依据自律规定予以警告、暂停债务融资工具相关业务3个月等处罚,这也彰显了行业协会自律监管的监管力度。然而,从总体上看,目前我国有关信用评级机构的专门性立法不足,虽然有《信用评级业管理暂行办法》《关于促进债券市场信用评级行业健康发展的通知》等要求,但现有的规范法律效力层级整体偏低,法律法规及配套规则不够完善,难以为信用评级机构履职提供层次性、体系化的规范依据。

第二,《公司债券发行与交易管理办法》第49条对证券服务机构的勤勉尽责提出要求,证券服务机构应通过建立有效的质量控制体系和投资者保护机制等,切实担当起保障信息披露文件真实、准确、完整的"看门人"责任。[①]除外部监督外,信用评级机构内部也应完善其管理机制,保障信用评级机构的专业性、独立性,且强调了对投资者的保护。在目前我国严监管的大环境下,信用评级机构须强化对投资者负责的从业意识,建立投资者保护机制,如设立诉讼赔偿基金等。而该条规定明确了证券服务机构的实质目标以及其服务质量的评价标准离不开真实、准确、完整的披露信息。

第三,《公司债券发行与交易管理办法》第49条要求证券服务机构按照规定和约定履行义务,做好信息与资料的留存工作。一方面,信息与资料妥善保管的义务是证券服务机构与发行人间形成的合同义务,会计、审计、信用评级等证券中介服务中涉及的信息与资料既关涉被服务对象的商业秘密,同时又是证券市场的敏感信息,此类信息的不当流出还可能破坏证券市场秩序。另一方面,信息与资料是证券服务机构的工作底稿与工作依据,同时也会起到证据留存的作用,即可依据留存的信息与资料对证券服务机构的履职情况、专业能力进行判断。在事后发生纠纷之时,信息与资料还可作为有力证据还原事实。

(二)《公司债券发行与交易管理办法》第49条的法律适用难题

在我国,债券以公司信用为基础,通过认为标准的设置,被划分为公司债

---

① 《公司债券发行与交易管理办法》第49条第2款规定,"证券服务机构应当严格遵守法律法规、中国证监会制定的监管规则、执业准则、职业道德守则、证券交易场所制定的业务规则及其他相关规定,建立并保持有效的质量控制体系、独立性管理和投资者保护机制,审慎履行职责,作出专业判断与认定,并对募集说明书或者其他信息披露文件中与其专业职责有关的内容及其出具的文件的真实性、准确性、完整性负责"。

券、企业债券和非金融企业债务融资工具,形成"三套规则、二分市场"的割裂局面,[①]从而导致公司债券违约司法救济规则难以统一构建。而在多头监管的现实之下,《公司债券发行与交易管理办法》并非可适用于所有债券,其适用有限。无法因应债券市场的统一进程。

《公司债券发行与交易管理办法》第49条仅原则性地规定证券服务机构应尽勤勉义务,却未对相应的责任承担作出规定。该条规定指出证券服务机构应依据法律法规、部门规章、行业自律规定等履行职责,但在我国上述规范还未能完善的情形下,该条规定也只能是对未来进行描绘的美好蓝图,故需完善规范后方可予以实施。同时,《公司债券发行与交易管理办法》缺乏对事后监管及司法判断的规定,追责机制阙如,导致勤勉义务的规定无法落地而成为宣誓性条款。该管理办法第49条只是概括性地规定证券服务机构应承担相应的责任,并未明确证券服务机构在此处承担的究竟是民事责任或行政责任、是连带责任或补充责任、是侵权责任或合同责任,以及责任承担的范围大小、归责原则等具体问题,而这些细节的规定则恰恰决定了规范在适用时的作用力大小。

另外,在本次《公司债券发行与交易管理办法》中虽进步性地区分了特别注意义务与普通注意义务,但仍未对上述注意义务的内涵及内容差异进行区分,也未释明证券服务机构对专业内事项与专业外事项应尽注意义务的程度范围和评判标准。事实上,当违反特别注意义务和普通注意义务时,证券服务机构所承担的责任应当有所区别,需更细化的规定加以明确。综上所述,《公司债券发行与交易管理办法》第49条的泛泛表述更多是对监管态度与立法理念的表彰,缺乏具体内容作支撑,无法称为直接性的裁判依据,对纠纷有效处理的实践作用微乎其微。

三、《全国法院审理债券纠纷案件座谈会纪要》的突破和探索

(一)债券市场规制与债券纠纷救济之统一

我国因历史遗留等原因形成"三套规则、二分市场"的债券市场,没有统

---

① 参见洪艳蓉:《公司债券的多头监管、路径依赖与未来发展框架》,载《证券市场导报》2010年第4期。

一规则建立，导致债券纠纷案件大量出现后法院不敢审理、法官专业性欠缺等实践困境。[①] 2020年7月15日正式发布的《全国法院审理债券纠纷案件座谈会纪要》是我国第一部审理债券纠纷案件的系统性司法文件，其实现了各大债券市场法律适用的统一，可广泛适用于企业债券、非金融企业债务融资工具、公司债券，[②]有力弥补了前述《公司债券发行与交易管理办法》之适用范围之缺陷。

《全国法院审理债券纠纷案件座谈会纪要》虽非正式的法律渊源，但其仍具有较强的司法指引与解释功能，有利于各地法院形成统一的裁判思路和判定尺度，对指导各级人民法院正确审理债券纠纷案件、统一法律适用具有突出意义。[③] 易言之，《全国法院审理债券纠纷案件座谈会纪要》非司法解释，亦不能在法院裁判时作为法律依据直接援引，但其内容仍可起到规范法官说理以及统一裁判思路的作用，并可增强债券纠纷审判的透明度和可预期性。《全国法院审理债券纠纷案件座谈会纪要》对于债券纠纷案件审判实践的指导，有效地回应了我国法律制度对债券虚假陈述纠纷的严重供给不足以及债券纠纷案件缺乏可操作审判依据的当务难题。[④]

《全国法院审理债券纠纷案件座谈会纪要》不仅对债券纠纷的司法审判具有重要意义，也体现了我国债券立法、司法、执法、监管的整体思路和政策方向。[⑤] 目前，我国债券市场违约处置模式正处于从刚性兑付模式转变为成熟市场国家普遍采用的市场化、法治化模式的关键时期。市场参与主体需要适应新的市场环境，立法、执法和司法机关也需进一步探索法治化模式下的履职观念与履职方式，《全国法院审理债券纠纷案件座谈会纪要》有利于为各方提供指引，为统一立法、执法与司法的基本方向提供有益

---

① 参见李曙光：《审理债券纠纷案件座谈会纪要的意义与突破》，载《人民法院报》2020年7月23日，第5版。

② 参见孙航：《保护债券投资人的合法权益依法打击债券市场违法违规行为——最高人民法院民二庭负责人就〈全国法院审理债券纠纷案件座谈会纪要〉答记者问》，载《人民法院报》2020年7月16日，第3版。

③ 参见蒋敏：《协调与指导：上下级法院审判监督关系探究》，载《法律适用》2018年第17期。

④ 参见欧阳振远、肖忆雪：《对最高院〈全国法院审理债券纠纷案件座谈会纪要〉的几点探讨》，载微信公众号"金杜研究院"2020年8月17日，https://mp.weixin.qq.com/s/cNp4F-8nBCRz_StLE2B2jQ。

⑤ 参见何海锋：《理解和把握〈审理债券纠纷案件座谈会纪要〉的十四条主线》，载《金融市场研究》2020年第7期。

探索。

（二）注意义务及责任承担范围与专业领域及过错程度之匹配

《全国法院审理债券纠纷案件座谈会纪要》第六部分“关于其他责任主体的责任”明确提出关于债券服务机构的过错认定问题，一方面，指出对于债券服务机构对自身已尽到勤勉审慎执业义务，即已尽到注意义务承担举证责任；另一方面，则指出注意义务和责任承担的范围仅限于债券服务机构各自的工作范围和专业领域。

《全国法院审理债券纠纷案件座谈会纪要》第31条[①]明确提出，信用评级机构注意义务和责任承担的范围应当限于其工作范围和专业领域，此处在专业领域中的“注意义务”，应当理解为本书第一章语境下的“特别注意义务”，而对于其专业知识和经验范畴之外的其他事项，该规定并不苛求其尽到与该领域专业机构相同程度的注意义务，即对于非本专业领域，中介服务机构尽到“一般注意义务”即可。另外，该规定明确区分了不同中介服务机构的专业职能范围，其以规则形式强调了中介服务机构的专家地位和专业职责，亦是对实践中不区分中介服务机构专业领域的机械性责任“连坐”和责任边界的模糊或无限扩大倾向的遏制与修正。同时，该座谈会纪要第31条还指出债券服务机构的责任承担应当与其过错程度相结合，而未沿用《证券法》中关于债券服务机构与发行人承担连带责任的表述。由此，有学者指出《全国法院审理债券纠纷案件座谈会纪要》的该项规定突破了《证券法》第85条、第163条对证券承销机构、证券服务机构与发行人承担连带赔偿责任的规定，将连带责任转变为比例责任，并对此种突破是否具有法律效力以及法理基础展开讨论。单从文义理解，较难认定《全国法院审理债券纠纷案件座谈会纪要》中“责任承担与过错程度相结合”的表述否定了《证券法》规定的

---

① 《全国法院审理债券纠纷案件座谈会纪要》第六部分“关于其他责任主体的责任”规定：“债券服务机构的过错认定。信息披露文件中关于发行人偿付能力的相关内容存在虚假记载、误导性陈述或者重大遗漏，足以影响投资人对发行人偿付能力的判断的，会计师事务所、律师事务所、信用评级机构、资产评估机构等债券服务机构不能证明其已经按照法律、行政法规、部门规章、行业执业规范和职业道德等规定的勤勉义务谨慎执业的，人民法院应当认定其存在过错。会计师事务所、律师事务所、信用评级机构、资产评估机构等债券服务机构的注意义务和应负责任范围，限于各自的工作范围和专业领域，其制作、出具的文件有虚假记载、误导性陈述或者重大遗漏，应当按照证券法及相关司法解释的规定，考量其是否尽到勤勉尽责义务，区分故意、过失等不同情况，分别确定其应当承担的法律责任。”

连带责任,该表述也并未指明该种责任是比例责任,且比例责任与连带责任本身界分不明,可理解为对比例责任的判定是认定证券中介机构在多大范围内承担连带责任。

在“五洋债”案中,一审判决评级机构大公国际就债券持有人全部损失在10%范围内承担连带责任,也对证券服务机构承担责任的比例进行认定,可将其理解为证券服务机构承担连带责任的范围是在债券持有人损失的10%的范围内。但目前在审判实践中仍然存在诸多疑惑:一是责任承担方式究竟是传统民法意义上的连带责任还是一定比例来承担;二是对于证券中介机构与发行人是否承担连带责任,以及何种情况下承担连带责任。这些都需在司法裁判中加以厘清和述明。

《全国法院审理债券纠纷案件座谈会纪要》指出,需区分故意与过失来认定证券服务机构承担相应责任,但却未进一步明确在故意、过失情形下证券服务机构承担责任的方式有何区别,这使该表述沦为具文。针对该问题,有学者主张若债券服务机构故意或者直接参与造假,依据民事共同侵权理论需与发行人承担连带责任,若债券服务机构存在过失包括重大过失,则根据过失程度承担相应的比例责任或者补充责任。① 然而,在《证券法》已经明确规定连带责任的情况下,故意和过失如何影响责任有待司法实践明确。实际上,在承担连带赔偿责任的比例上予以考虑似乎更符合条文内涵和立法者意图。

第三节 实践考察:我国评级机构注意义务立法与司法的困境检视

一、立法衔接有待顺畅:规则设计尚存不足

通过梳理我国关于证券服务机构债券虚假陈述侵权责任的法律法规,可以看到目前规范包括信用评级机构在内的中介服务机构行为的相关规则不足,各法律法规之间衔接不畅,对于评级机构注意义务的认定和对注意义务

① 参见李有星、潘政、刘佳玮:《债券纠纷案件法律适用问题研究》,载《法律适用》2020年第19期。

违反的追责更不存在具体、明确的较高位阶的法律或规则。

首先，债券侵权纠纷司法救济规则缺乏统一的法律规范基础。[①] 对于债券侵权纠纷的救济规则散见于《证券法》、《民法典》、最高人民法院《关于审理证券市场因虚假陈述引发的民事赔偿案件的若干规定》（已废止）（以下简称《证券市场因虚假陈述的若干规定》）、《公司债券发行与交易管理办法》、《全国法院审理债券纠纷案件座谈会纪要》等不同层级的规范中。各规范间存在重复规定、规范间不统一的弊病，立法倒挂的现象时有发生。例如，关于证券服务机构承担虚假陈述侵权责任的方式，《证券法》明文规定为连带赔偿责任，而《全国法院审理债券纠纷案件座谈会纪要》未明文规定连带赔偿责任，而是明确为责任承担与过错相结合，从而引发规范之间的冲突和争议。此外，不同债券种类应适用哪一法律法规也较为混乱。

其次，现有法律及规则对包括信用评级机构在内的中介服务机构注意义务的内容和范围规定笼统，且缺乏针对评级机构的专门规定。[②] 结合当前司法案例，在此前行政处罚作为前置程序的规则下，裁判机关一般以证监会作出的行政处罚决定为依据判定中介机构违反注意义务而需承担民事赔偿责任。[③] 尽管证监会对"勤勉尽责"等问题的阐释显示出一定的"准司法化"趋势[④]，但行政责任与民事责任在责任来源、构成要件、审查标准上均不同，二者并无关联性，故对民事责任的司法裁判应保持其独立性，避免过度依赖行政处罚。当前，司法裁判能力不足的主要原因是制度供给不足，就注意义务的判定而言，现有规范无法提供实质性、可操作的裁判规则。

再次，责任范围规定过于宽泛且立法有过严之嫌。自 2005 年《证券法》修订以来，证券服务机构的责任范围由"就其负有责任的部分承担连带责任"扩大至"承担连带赔偿责任"，并延续至 2019 年《证券法》。对于中介机

---

① 参见冯果、段丙华：《债券违约处置的法治逻辑》，载《法律适用》2017 年第 7 期。

② 参见冯果、刘怿：《债券投资者司法救济规则建构论纲》，载《财经法学》2020 年第 3 期。

③ 参见上海市高级人民法院民事判决书，(2019) 沪民终 220 号；成都市中级人民法院民事判决书，(2019) 川 01 民初 3673 号；云南省高级人民法院民事判决书，(2019) 云民终 324 号。

④ 参见程金华、叶乔：《中国证券律师行政处罚研究——以"勤勉尽责"为核心》，载《证券法苑》2017 年第 5 期。

构承担责任的方式即连带责任、补充责任、比例责任，是否需要设定最高责任限额，[①]虽《证券法》有连带责任之表述，但下位法与审判实践都对其有所突破。例如，《最高人民法院关于审理涉及会计师事务所在审计业务活动中民事侵权赔偿案件的若干规定》规定，会计师事务所在主观过失情形下只需依据过失情况承担有限的补充赔偿责任。[②] 而现有规定也未对故意与过失进行区分，免责事由不明确。因此，衡量现有规定是否过于严苛，需从是否符合责任与过错相匹配、风险与收益相衡平的原则等角度进一步考量。

最后，不同主体间责任区分度低，不利于各归其位，从而影响了中介服务机构应有作用的有效发挥。目前，相关立法仅规定了发行人、证券承销主体、证券服务主体等对外承担连带责任，而其内部责任的划分与追偿规则尚付阙如。因此，应明确划分不同中介机构的责任，确立各自的责任边界，形成相互制约和监督的局面。[③] 在划分中介机构责任时，应尊重专业判断和社会分工，考虑不同中介机构角色地位和职责的特殊性，[④]以及在具体案件中其行为对损失的原因力大小等因素，保证其公平性。

二、司法说理不足：案件裁判仍有留白

以备受瞩目的“五洋债”案为例，一审法院作出了全部中介机构担责的宣判结果，引发社会巨大反响。该案判决虽具有强化中介机构勤勉尽责之注意义务的积极意义，但同时也显示出司法裁判的众多不完善之处，以及“看门人”责任泛化可能带来的变相刚性兑付弊端等，给债券违约常态化的市场化进程带来不少疑虑。下文将针对“五洋债”案一审判决展开分析，以考察目前司法裁判的倾向以及存在的问题。

首先，一审判决未明确区分案件的性质。判定其为合同责任纠纷抑或侵

---

① 参见杨志国、李阿敏：《会计师事务所虚假陈述民事赔偿责任承担方式研究》，载《中国注册会计师》2019 年第 9 期。

② 参见《最高人民法院关于审理涉及会计师事务所在审计业务活动中民事侵权赔偿案件的若干规定》第 6 条。

③ 参见赵梓轩、杜明鸣：《改革开放四十年与中介机构的法律责任研究》，载郭锋主编：《金融服务法评论》第 10 卷，中国法制出版社 2019 年版。

④ 参见冯果、刘怿：《债券投资者司法救济规则建构论纲》，载《财经法学》2020 年第 3 期。

权责任纠纷对规范适用和裁判说理都具有显著影响。投资者诉五洋建设及其实控人、中介机构证券虚假陈述责任纠纷是债券到期未按约定偿付本息导致,但该案的性质为侵权之诉。投资者(原告)在主张侵权责任的同时要求兑付。一审法院对此案的处理思路为基于合同关系确认发行人对持有人的债务数额,再基于侵权关系判决实控人、中介机构承担对发行人的全部合同债务的连带责任。[①] 以合同债额锚定侵权责任范围的做法是否具有合理性与合法性,该种侵权责任与担保责任有何区别,法院判决书并未论述,因此法理依据不足。

其次,一审判决对侵权构成要件认定不充分。本案中律所和评级机构未受到行政处罚,在没有前置处罚的支持下,只能在普通侵权责任的四要件框架下予以判定。[②] 但一审法院并未详细地依次论证侵权行为、因果关系等侵权责任构成要件,说理的核心内容是对中介机构过错的判定。[③] 似乎中介机构是否要担责的关键仅是该机构是否存在过错,而并未根据个案具体案情详细分析是否具有侵权行为,基于该侵权行为究竟给投资者带来多少损失等。就评级机构而言,追究其欺诈责任需建立于其在评级依据的基础事实方面的核查失误。[④] 评级机构负有对自行收集的基础事实的专业注意义务,以及对审计机构等提供的基础事实的一般注意义务。而本案一审判决书未明确表述评级机构大公国际在哪些事实核查方面违反了注意义务。证监会 2019 年对德邦证券进行处罚,并以此认定的事实来判定大公国际 2015 年出具的评级报告依据为虚假事实,该种做法并不公允,应以评级之时的事实予以考量,而不可以"事后诸葛亮"逆推。综上所述,一审判决对评级机构大公国际责任的认定依据事实需进一步明晰。

更重要的是,本案中评级机构是以违反"一般注意义务"而承担侵权责

---

① 参见老秦、古三:《从"五洋债"案看中介机构的责任承担——以律师事务所责任为例》,载微信公众号"IPO 上市号"2021 年 1 月 6 日,https://mp.weixin.qq.com/s/ZNETseApvNxc8xlMQIh9jA。

② 参见浙江省杭州市中级人民法院民事判决书,(2020)浙 01 民初 1691 号。

③ 参见老秦、古三:《从"五洋债"案看中介机构的责任承担——以律师事务所责任为例》,载微信公众号"IPO 上市号"2021 年 1 月 6 日,https://mp.weixin.qq.com/s/ZNETseApvNxc8xlMQIh9jA。

④ 参见清澄君:《莫让证券诉讼成为变相刚性兑付:对五洋债券案的几点私见》,载微信公众号"比较公司治理"2021 年 1 月 3 日,https://mp.weixin.qq.com/s/hTSptAug3L4WeV9gdGQF0w。

任，一审法院多次使用红旗原则（Red Flag）逻辑[①]来论证中介机构过错，其重视评级机构产生合理怀疑后的调查、复核义务，[②]贯彻了《全国法院审理债券纠纷案件座谈会纪要》第29条[③]对过错的判断依据。在本案一审判决书中，法院认为评级机构大公国际"对项目核查中提出的'关于沈阳五洲出售事项公司的会计处理'之修改意见，未进一步核实关注""在大公国际《2015年公司债券信用评级报告》已提示五洋建设控股子公司出售投资性房产事项的情况下，未见锦天城律所对该重大合同及所涉重大资产变化事项关注核查"[④]的论述，似乎都循此逻辑。因此，中介机构注意义务在司法实践中的扩张趋势应当引起信用评级机构在风险控制方面的高度注意。

最后，法院对于责任的范围及承担方式的判定也显不足。本案一审判决评级机构就债券持有人全部损失在10%范围内承担连带责任。[⑤] 一方面，该判决将评级机构的责任限定在5%～10%突破了"连带责任"的一般理解，初步遵照了《证券法》《全国法院审理债券纠纷案件座谈会纪要》中责任承担与过错相匹配的原则。[⑥] 另一方面，该判决对于评级机构故意、过失的判定以及其行为对债券持有人损失形成的原因力大小判定不足，责任的比例确定没有详细论证，且本案中债券投资者的损失并非完全由虚假陈述造成，还受宏观经济、五洋公司本身情况的影响。[⑦] 此外，虚假陈述事项不在评级机构的专业范畴，其是在未受到行政处罚情况下认定的赔偿比例，不应认为该比例

---

① 有关规则的逻辑架构可追溯美国判例法中的Red Flag规则：中介机构对于非自身专业范围事项仍具有一般注意义务。如果中介机构在工作过程中对某事项产生了合理怀疑，即亮起"Red Flag"时，即使有关事项不属于该中介机构专业范畴，出于职业操守与对投资者负责的态度，其也应进一步调查核实，否则构成专业过失。

② 参见邓晓明：《构建框架、有待充实的重要判决——评杭州中院五洋债案》，载微信公众号"天同诉讼圈"2021年1月5日，https://mp.weixin.qq.com/s/9qNM2vgX6hEGA1TERTmndQ。

③ 《全国法院审理债券纠纷案件座谈会纪要》第29条规定："债券承销机构的过错认定。债券承销机构存在下列行为之一，导致信息披露文件中的关于发行人偿付能力相关的重要内容存在虚假记载、误导性陈述或者重大遗漏，足以影响投资人对发行人偿债能力判断的，人民法院应当认定其存在过错。"其中该条规定的第四种情形为"对信息披露文件中相关债券服务机构出具专业意见的重要内容已经产生了合理怀疑，但未进行审慎核查和必要的调查、复核工作"。

④ 浙江省杭州市中级人民法院民事判决书，（2020）浙01民初1691号。

⑤ 参见浙江省杭州市中级人民法院民事判决书，（2020）浙01民初1691号。

⑥ 参见邓晓明：《构建框架、有待充实的重要判决——评杭州中院五洋债案》，载微信公众号"天同诉讼圈"2021年1月5日，https://mp.weixin.qq.com/s/9qNM2vgX6hEGA1TERTmndQ。

⑦ 参见缪因知：《债券违约案频发：中介机构该担何责》，载《经济观察报》2021年1月11日，第23版。

具有抽象参考意义。因此,在今后的司法实践中,仍然需根据个案中中介机构扮演的角色及其具体行为来判定其过错程度,再施以相应的责任。此外,法院对于中介机构承担的究竟是补充赔偿责任还是连带责任的判定不明。实际上,若不存在中介服务机构与发行人共谋之情形,中介服务机构宜以承担部分责任、补充责任为主。

综上所述,通过对杭州市中级人民法院"五洋债"案一审判决的分析可以看出,其作为首例债券发行欺诈案无疑会在资本市场、实务界以及学术界均引起巨大轰动。在纷繁复杂的争论声中,需要引起注意的不仅是强力打击虚假陈述等扰乱市场秩序的非诚信行为的政策倾向,更多的还要如何科学合理地落地各项规则,以免顾此失彼而偏向一端,造成责任边界的非理性扩张。债券诉讼一味地让中介服务机构承担过重责任,基于目前的法律法规却无法详细论证其承担责任的事实与法律依据,与司法审判公正原则相悖。且对中介机构的追责不当会造成中介机构服务成本的增加进而提高融资成本、中介机构市场的逆向选择,也会导致债券诉讼成为变相刚性兑付机制、阻碍理性投资者的培育,更会影响公司治理水准与企业生产效率。[①] 故合理谨慎地配置中介机构的责任、提升信息披露质量、强调合理范围内的明确的注意义务才是保护投资者之关键。

此外,交易商协会对信用评级机构的有关处罚,也能从说理上为司法审理提供有益参考。在"永煤控股债券违约案"中,交易商协会依据自律规定,对中诚信国际信用评级机构采取警告、暂停相关业务、责令整改的处罚措施。可见,行业自律监管也对评级机构注意义务提出更高的要求,当前对信用评级机构监管趋严,对信用评级机构问责不断。在交易商协会作出的处罚说明中,列明了中诚信国际在为永煤控股、河南能化提供信用评级服务过程中,存在以下违反银行间债券市场相关自律管理规则的行为:一是中诚信国际未对永煤控股开展实地调查访谈,自律规则未得到严格遵守;二是中诚信国际对了解的现实中两家公司偿债异常等情况,未及时采取措施调查核实,未能及时向市场揭示风险;三是中诚信国际的内部治理体系不健全,其质量控制、风

---

① 参见清澄君:《勿枉勿纵,妥善定责:再谈五洋债中介责任》,载微信公众号"比较公司治理"2021年1月10日,https://mp.weixin.qq.com/s/KOu-IoXfs4sobzclKqY8uw。

险控制、制度合规等执行不力。因此,关于信用评级机构未能履行审慎核查的注意义务、内控机制不健全的合规义务等诸多问题,自律组织与司法机关的判断思路不谋而合,后者可适当采纳借鉴。

第三章　信用评级机构违反注意义务的场景式界分思路

资本市场信用评级既有一般证券信用评级的组织特性，又因股债属性殊异及产品构成多元而兼具其自身的品类特性，从而给信用评级机构违反注意义务的认定带来了全新的类型化视角。本章立足于信用评级机构注意义务的差异化特征，构建“过程—对象—结果”这一贯通式场景，试图为信用评级机构违反注意义务的认定提供可行的认定思路。

第一节　注意义务的差异化与场景式界分思路

在社会分工逐渐细化的背景之下，注意义务概念从一般侵权法领域逐步向特殊专业领域拓展适用。注意义务因不同义务主体的知识、经验、能力与智力水平的差异而在审慎程度、避险行为等方面对行为人的要求不同，法律对于不同主体的注意义务设定也结合主体个性与职业特征进行了差异化安排。而此种差异化具体表现为主体的差异化、客体的差异化、规则的差异化以及法律性质的差异化。

首先，主体的差异化。评级机构将评级结果向资本市场公众公开，可能对投资者的投资决策产生实质性的影响，评级结果对于第三人的影响已超出了评级机构和受评主体双方合同的可控范围，评级结果涵摄的主体呈现多元化、差异化特征。在一定程度上，评级机构存在的最直接原因并不在于被评级对象，而在于资本市场不特定第三人，正是由于第三人对评级结果的重视与依赖,评级才具有持续进行的市场空间。虽然评级机构与被评级对象签订了评级服务合同,但是合同双方当事人并非重要的主体,评级结果的受众才是最重要的主体。被评级对象之所以愿意签订评级合同,主要激励在于希望通过评级机构的高等级评级达到其向资本市场宣传自身的目的。易言之,虽然评级服务合同的双方当事人是评级机构与被评级对象,但是合同双方的焦点均在资本市场上不特定的第三人,资本市场与投资者是信用评级的核心。然而,对于投资者因参考评级机构违反注意义务而得出的评级结果所产生的损失,因投资者与评级机构不存在合同关系,投资者的权益无法通过合同法路径予以主张。由此可见,合同法解释路径下信用评级的事实关系与法律关系出现了严重的脱节。若从注意义务的规范属性以及法律规则的利益平衡功能的角度出发,评级机构注意义务的侵权法解释路径更具有法律适用上的统一性和便利性,即侵权法解释路径可以消弭关于第三人损害赔偿诉请是否突破合同相对性的争论。对注意义务的违反解释为侵权责任,有利于法律适用的统一及便利,对投资者诉请信用评级机构对其违反注意义务而导致的损失承担侵权责任更具有切实的法理基础。

其次,客体的差异化。信用评级的客体包括经济实体和金融工具,但对评级机构所评级的标的涵盖何种金融实体或金融工具,并未达成统一意见。以信用评级最初的债券业务为例,其一开始主要针对市政债券和公用事业债券进行评级,用于确定其违约可能性以及一旦出现违约后可能面临的违约损失和资产回收率。但随着信用交易的发展,市场内金融产品种类不断更新,债券评级不再囿于传统的债券等范围。因此,债券评级的方法适用、债券品种划分及债券纠纷生成存在较大的现实差异,需对于不同阶段、不同内容及不同方式的注意义务违反认定加以场景化的审视,以便厘清表象差异背后的实质分野,明确关键要素的影响认定。通过归纳现有信用评级机构违反注意义务的主要场景,有助于为后续具体制度进路的完善寻求精准方向。

再次,规则的差异化。信用评级机构的注意义务并非统一的规则体系,更多地表现为差异化的规范要求,带有极强的领域色彩。因此,在信用评级的具体行为中,评级机构只有充分了解被评级对象的行业特点或主体特性,并谨慎地选择符合被评级对象的信用评级方法和模型,才能保证评级质量,从而得出最佳的评级结果。具体表现为:一是对于主体盈利能力、偿债能力等重要因素应当进行细化评估；二是对于基础数据，如资产收益率、利润率、利息保障倍数等应形成真实客观、简洁直观的指标数据；三是对于突发或特殊事件应当予以特别注意和及时跟进；四是对于被评级对象的较大指标变动应当予以特别处理并及时呈现。综上所述，评级过程的不同，评级机构在其中充任的角色和责任也并非一成不变。因此，应当在相同理念、相同原则指导下构建一组体系框架，并按照各个领域的独有特征，创设差异规则，赋予其灵活性和能动性。

最后，法律性质的差异化。信用评级机构的注意义务并非传统民法上的注意义务，其难以通过合同法解释路径和侵权法解释路径予以合理解读，应当将其视为证券法上的特殊责任，这是公法与私法结合的特殊责任构造。基于评级机构的专家责任性质，信用评级机构的注意义务实质上是一种证券法上的义务，同传统民事法律框架中的注意义务存在一定的区别，其带有极强的资本市场意涵。只有通过证券法规范评级机构注意义务，并具体设计评级机构证券民事责任的具体制度和适用规则，将信用评级注意义务视为证券法上的特别法义务才存在可行性与合理性。信用评级机构的评级行为并非一种抽象的民事行为，其实际为一种证券法上的安排，若通过纯粹意义上的私法（合同法或侵权法）规则予以规范，则难以很好地契合评级的具体情境。作为证券市场的基础性法律，证券法非一般意义上的民法，亦非完全的私权规范，其带有金融公法的性质。以私法与公法兼具的证券法律规制回应评级机构的注意义务，可以弥补前文所述传统合同法与侵权法的不足。另外，证券法作为资本市场的基本法，可以创设出规范资本市场所需要的责任类型并定位其责任性质，将评级机构注意义务视为由证券法所创制的特别的义务，更加符合评级机构注意义务的适用语境和规范实质。

正是由于信用评级机构注意义务的主体、客体、规则与法律性质的差异化构造，因此通过统一的制度予以共性化规制的传统思路难以为继。然而，差异化的制度构造并非无章可循，其规范结构与逻辑共性体现在不同的评级类型之中。为了能够探查信用评级机构注意义务的内部结构，需要在把握注意义务实质的基础上分场景探讨，因此，场景式的规制思路当属必要。在信用评级的具体实践中，按照“事前—事中—事后”的贯穿式思路，信用评级的场景相应地表现为“评级对象场景—评级过程场景—评级结果场景”。本书立足于对信用评级机构注意义务的特殊性与差异化属性，按照评级可能涉及的进程构建贯穿式的封闭路径，最终揭示对信用评级机构违反注意义务的场景式规制思路。

第二节 评级对象场景下的债券品种差异化

针对我国债券市场种类繁多的债券产品设计，债券品种差异化的内部权利义务安排也对如何认定信用评级机构违反注意义务提供了多元化的标准调适。本节以债券品种差异化为切入视角，围绕公募债与私募债、普通债券与衍生品以及产业债打分模型与城投债打分模型等现实债券品种分类，并基于证券法场域中股债融合的学理考量，尝试厘清债券品种差异化对注意义务违反之认定的影响。

一、公募债与私募债区分下的注意义务违反之认定

立足于公募债与私募债在投资者类别、发行条件及审核方式等方面的差异，可辨析大公募、小公募以及私募债三种债券品种的设定对于违反注意义务的行为认定可能带来的事实影响，从而为进一步认识评级机构注意义务提供实证化支撑。

以投资者类型为切入点，在公募债与私募债的二元区分下，大公募、小公募以及私募债的投资者均存在事实上的差异性。从投资者特性角度出发，因三种债券品种所面向的投资者在投资博弈能力、风险承受能力以及损害救济能力等方面各有不同，因此，针对信用评级语境下不同债券品种的注意义务设定各有侧重。具体而言，所谓大公募，是指面向公众投资者公开发行的债券类别，其主要产品包括短期融资券、中期票据、企业债券以及公募公司债券等，所面向的投资者主体为广大的未经投资者适当性区分的公众投资者。从理论上来看，任何具备完整民事权利能力与民事行为能力的投资主体，无论自身投资实力及投资经验如何，均能够在二级市场中参与该类债券的交易。虽然较之于其他债券品种，大公募无论是在主体实力还是信用等级的层面上均居于市场顶尖位置，但我国证券市场中仍然存在众多非机构投资主体，其

在投资博弈能力、风险承受能力和损害救济能力方面均存在事实不足,以及较为严重的投资盲目性、投机性等投资不理性行为。因此,从信用评级的市场角度观察,针对该类投资者所交易的大公募债券,信用评级机构所对应的注意义务标准将更为严苛,需要其充分遵守信用评级的真实性、准确性以及完整性标准,对于受评对象的风险刻画应当更为标准细致,注意评级报告的专业性水准与可理解性的协同提升,尽力为投资者提供全面翔实且便于理解的评级结果。所谓小公募,是指面向合格投资者公开发行的债券品种,其与大公募的最大区别在于合格投资者的主体区分。遵循投资者适当性原则,小公募并非对全体公共投资者开放,而是根据该类债券的风险程度将投资者范围限制在了具有一定风险承受能力和投资知识的适格投资者范围内。对于投资者类型的限制,使具备合格投资能力的投资者准入市场,但其仍然具备公开发行的市场属性,而对于信用评级机构的注意义务而言,内容重心在于专业化的评级解读。在小公募情形下,注意义务的履行标准可能有所降低,其市场投资者保护特质不需过多彰显,合格投资者更加期待评级指标更为专业、评级信息更为翔实、评级结果更为具备导向性的评级报告。因此,相应注意义务更应当以专业指导性为基础要求。所谓私募债,又称非公开发行债券,其只能向合格投资者发行,无法在证券市场上公开交易。关于私募债背景下的注意义务内涵,因为私募债在涉众性上受到明显限制,但由于其自主协商交易的特质,在维持合格投资者的评级专业性要求的同时,其还应严格注意信用评级的独立性要求,防止发行人付费模式对于信用评级可能的利益俘获,[①]警惕由此给投资者带来利益损失。现有私募债的发行条件并未对财务指标做出明确要求,多数仅需符合证券业协会颁布的负面清单要求即可,因此对于信用评级也不存在具体要求。由此看来,私募债的信用评级市场更类似于合同法项下的注意义务内涵,权利义务更多地来自缔约双方的协议设定。基于发行人付费模式的现实考量,出于对交易相对方的利益保护,对信用评级机构与受评对象的权利义务设定,成为判定评级独立性的重要标尺。因此,需要充分重视信用评级机构在利益俘获背景下予以不当评级结果的事实危害,更多考虑投资者付费模式对于受评对象评级控制能力的削弱,切实

---

① See Paul Krugman, *Berating the Raters*, New York Times, 25 April 2010, at A23.

维护信用评级机构、受评对象及投资者之间的利益平衡,避免潜在的注意义务违反风险。

现阶段债券注册制的改革及推行,更多的是围绕以企业债、公司债为核心的制度构建,其立足于打破原有行政监管权力对于债券市场分割的不利影响,塑造全新的债券发行审核路径。对于信用评级机构注意义务的观察视角而言,与其简单套用三套监管规则下的债券品种划分(实则难以区分注意义务视角下利益主体范围及权利义务设定的区别),不如选取以发行方式为区别的分类方法,以求更加准确地区分不同审核方式下信用评级机构注意义务所受的切实影响。需注意的是,现有债券注册制的落地施行给公募债的发行审核方式带来了重大变革。监管机构出具监管文件规定,在注册制实施后,“大小公募”债券将不再被区别对待,所有拟在交易所上市的债券将被统一管理。由此,大小公募的审核方式差别即行消失,仅存在公募债与私募债的审核区别。[①] 因此,继划分标准的必要性阐释及现实制度改革的变化影响之后,应回归公募债与私募债审核方式的具体分析,明确二者在违反注意义务行为认定上的具体区别。以公募债的审核方式为突破口,可知虽然现阶段交易所对于公募债的审核方式多沿袭原有规定,但在债券注册制改革的宏观背景下,可以预见,交易所审核必将更加注重信息披露质量,优化提升现有审核流程及时限,充分将价值发现功能归还市场。此种审核方式的变化,扩展了原有注意义务的内容和范围,提升了自主性标准。由于信用评级的强制性监管要求,以往信用评级机构在实质审核的协助下,能够较好地完成对受评对象的信用观察,但伴随着注册制对信息披露质量的重视程度提升,身为“看门人”之一的信用评级机构的注意义务履职标准也将进一步提高。在此背景下,信用评级机构将面临更为严峻的市场压力、监管标准以及惩戒力度,这将倒逼评级机构在注意义务履行领域更为尽心竭力。在私募债层面,由于债券注册制改革并未切实涉及私募债的审核调整,依据原有私募债审核标准分析其注意义务,私募债的审核方式仍为将非公开资料递交交易所预先沟通,后由证券业协会事后备案即可。在此审核流程中,私募债的审核方式仍较为开

① 需注意,虽然现阶段债券注册制改革事实取消了大小公募的审核方式差异,但并非意味着发行条件也随之被取消,因此,对于发行条件的影响论述仍具有实践指导性意义。

放便利，这符合私募债的市场化本质特征。因此，对于信用评级机构而言，注意义务的遵守标准应坚持独立性原则，当在审核方式上并不具备强制信用评级时，需在市场化标准下保持自身独立性，充分揭示受评对象的信用风险，给出公平公正的信用评级。如此，即可视为注意义务已被适当履行。

二、普通债券与衍生品区分下的注意义务违反之认定

债券的法律关系看似纯粹，其实在现代资本市场勃勃涌动的金融创新大潮面前，其内置的主客体关系以及权利义务配置也在逐步异化，进而催生了新的债券类产品，即债券衍生品。债券衍生品是金融衍生品的一种，与此相对应的还有证券衍生品、期货衍生品以及外汇衍生品等诸多产品种类。[①] 通过梳理现有关于债券衍生品的研究，不难发现，其关注点多集中于衍生品的定价层面，而对于债券衍生品的信用评级方面却研究甚少，且关注债券衍生品视角下注意义务的研究成果更是寥寥。债券衍生品源于普通债券，但其与普通债券仍存在实质区别，厘清二者区分下的违反注意义务的行为认定影响，对于规范普通债券和债券衍生品的评级流程，以及明晰信用评级机构的权责边界具有重要意义。

所谓债券衍生品，是指投融资双方约定的一种以转移风险为目的而互易现金流量的双务合同。[②] 具体而言，债券衍生品是指合同双方在约定期限届满时，以债券基础资产为测算依据参考利率或指数的价格来决定债权实现的数额大小，并根据缔约时权利归属及适用情形，以确定债权的具体实现方式的合同约定。[③] 结合债券市场的具体实践观察，现有债券衍生品主要分为可转换债券、可交换债券以及附认股权债券三种类别，上述三种衍生品类别既具备债权债务关系的本质属性，又因其独特的权利义务配置及实现方式差异而各具特质。信用评级机构要想准确把握普通债券与债券衍生品区分度下违反注意义务认定的行为边界，关键在于有效厘清普通债券与三类债券衍生品的核心差异，以及通过其产品差异表象，归纳在具体信用评级实践中需要

---

① 参见[美]迈尔斯·利文斯顿：《债券与债券衍生产品》，周琼琼、李成军译，上海财经大学出版社 2015 年版，第 229 页。

② 参见范伟丽：《金融衍生品法律监管探究》，载《河北法学》2009 年第 10 期。

③ See Charles Smithson, *Managing Financial Risk*, McGraw – Hill, 1998, p. 235 – 246.

注意的行为侧重,从而有效刺破债券衍生品的合同面纱,为信用评级机构筑立起一道坚实明晰的行为防火墙。

（一）可转换债券与违反注意义务的行为认定

可转换债券(convertible bonds),本质上是一种由市场主体发行、能够在二级市场上交易的信用类债券,其与众不同之处在于,在债券确定的履行期间或约定的特定期间届满时,该债券持有人能够根据事先约定的条件将该债券按照发行时约定的价格转换为该市场主体的普通股票。[①] 一般而言,债券持有人享有是否将可转换债券予以转换的选择权利。倘若债券持有人并不打算持有普通股票,其可以选择继续持有该可转换债券,直到偿还期满时收取本金和利息,或者在流通市场出售变现。如果债券持有人看好发行主体的增值潜力并愿意持有其普通股票而扩大收益可能,则可以在约定的宽限期后行使该可转换债券的转换权,按照发行时的约定价格将债券转换为普通股票,而且无论持有人作何选择,发行主体均不得拒绝。从行为属性而言,可转换债券兼具股权与债权的双重属性,能够在特定时间及条件下触发产品属性的转换。因此,可转换债券的内在价值及信用风险在于债券基础资产以及看涨期权的双重范畴。

信用评级的一大核心功能在于揭示受评对象风险,可转换债券亦如此。较之于普通债券安排,可转换债券因其股债转换能力的事实存在,对于其信用风险的揭示除传统的偿债能力及偿债意愿分析外,还需特别注重对该类债券附随的股权投资性判别,即该类债券在向股票转换的过程中可能面临的转换能力与转换风险问题,此乃评级实践中注意义务难以有效监测覆盖的关键“短板”。一般而言,可转换债券的核心条款包括可转换条款、回售条款以及赎回条款等规则设定,因此对于其在信用评级过程中需要履行的注意义务范围,也应以上述三类条款所代表的履约能力为观察切入点。具体而言,判定信用评级机构是否未尽注意义务,应当结合可转换公司债券的股本扩张能力、综合转股能力以及回收保障能力三大方面,对注意义务履行程度进行综合考量。股本扩张能力主要要求信用评级机构应当立足分析受评对象的净

① 参见《什么是可转换债券?》,载中国证券监督管理委员会官网,http://www.csrc.gov.cn/xinjiang/xxfw/tzzsyd/200710/t20071023_88768.htm。

利润、市盈率及股本扩张倍数等经营性指标，充分评估受评对象将可转换债券转换吸收为普通股票的能力。从理论上而言，在股票价格不变的前提下，股本扩张倍数与利润扩张倍数、市盈率扩张倍数呈正相关。利润扩张倍数和市盈率扩张倍数越大，意味着受评对象的股本扩张能力越强，与此相对应的债券转化为股票的吸收能力也越强。另外，债券能够更为顺畅安全地转换为股票，从而保障债务能够得到有效清偿。综合转股能力一项，更为注重对可转换债券属性的分析，从可转换债券自身权利义务的设定构架出发，评估其转化为股票的难易程度。在现有信用评级框架下，转股能力可划分为较强、一般以及较弱三个水平，可以此来衡量可转换债券的内部信用风险。至于回售保障能力一项，相应注意义务的履行需要充分评估可转债回售对于债务人未来现金流可能产生的影响。因此，在评级策略方面，需要注意对回售条件、回售准备率及回售保障系数等指标予以综合分析，从而对受评对象的回售保障能力得出可靠性结论。

（二）可交换债券与违反注意义务的行为认定

可交换债券（exchangeable bond）是债券市场中存在已久的固定收益类证券品种。所谓“可交换”，是指债券持有人能够在一定期限内将该债券按照约定的条件转换为发行人持有的其他公司有价证券，通常是指该公司持有的其他上市公司的股票。① 可交换债券事实上可被视为可转换债券的一种限定性模式，二者的主要区别在于债券持有人所能够转换的股票类型不同。可转换债券可转换为发行人自身的股票，而可交换债券只能转换为发行人持有的其他公司的股票，而非自身股票。从评级要求看，目前监管层要求公募可交换债须经资信评级机构评级且债券信用级别良好，对私募可交换债则无强制性评级要求。② 目前，标准普尔、穆迪、惠誉三大评级机构均未专门发布针对可转换债券的评级方法，其评级规则也大多散见于已发布的评级准则及专项评级方法中。通过归纳三家评级机构对于可转换债券的评级要素，可知其关注的重点均在于围绕换股可能性及质押条款担保能力展开评估，因此，信用评级机构注意义务的履行也应跟进。具体而言，在换股可能性方面，相

① 参见方重：《可交换公司债——降低股票质押风险的“避雷针”》，载《清华金融评论》2020 年第 6 期。

② 参见何苗苗：《可交换债的评级实践研究》，载《债券》2018 年第 8 期。

较于可转换债券发行人明显的转股意图,可交换债券发行人的融资意图相对复杂,其既包括低成本融资的偏债交换情形,也存在溢价减持的偏股交换情形。现实中,公募可交换债券中具有溢价减持意向的数量占比明显高于私募可交换债。因此,需注意高换股可能性虽然能够减少债券违约的可能性及投资受损风险,但这并不意味着评级结果也应当随之提高,还需充分考虑减持对于发行人主体信用的影响程度以及质押股票的担保能力等多种因素。在质押股票担保能力方面,该类债券增信措施的实际效果取决于质押股票价值及流动性、质押覆盖倍数、受评主体的经营关联度等交易因素。立足于评级角度,毫无疑问,质押股票价值越高,流动性越强,质押保护条款越充分,交易关联程度越低,越能够有效保障可转换债券的交易安全,降低该类债券的违约风险。① 因此,信用评级机构应当充分注重定性及定量观察分析上述指标,对于担保比例高、流动性强、交易关联度小及市值稳定的质押增信措施可对其评级结果予以正向调整,反之,则应当予以警惕。与此同时,在现有债券市场产品结果创新不断、权利配置日趋灵活,且债券违约事件频发、信用环境愈加严峻的时代背景下,还应当时刻注意保持对可交换债券评级政策的优化调整,②综合评估主体风险与债项风险,强化对质押覆盖倍数的重视程度,从而切实履行好信用评级机构的关键性、基础性职能。

(三)附认股权证债券与违反注意义务的行为认定

附认股权证债券(warrant bond),又称分离式交易可转换债券,特指债券发行人在发行债券的同时附有认股权证,可视为普通债券与认股权证的组合产品(普通债券 + 认股权证),其具备可分离的独特优势。③ 其中,该认股权证表现为认购权证,权证持有者有权在未来特定时间以事先确定的价格(行权价)购买特定数量普通股票。与前述可转换债券及可交换公司债券相同,三者均属于债券衍生品的产品类别,同时又兼具股权与债券的双重属性。认股权证可能触发未来不确定条件下的股权融资,此时与可转换债券所具有的

---

① 参见张学平、孙国浩、杨欣臻:《公司应对风险能力对可交换债券发行公告效应的影响——基于公司治理的调节作用》,载《财会通讯》2020 年第 18 期。

② 每年国际三大评级机构会根据监管环境、市场形势变化定期更新评级方法,国内评级机构亦会不定期调整评级标准。

③ 参见附认股权证公司债券课题组:《附认股权证公司债券:产品创新切入点》,载《证券市场导报》2004 年第 1 期。

不确定转换性有相似之处。具体而言,发行人发行债券时所筹得的资金始终属于债务资金,到期仍需按时还本付息;而认股权证的存在使该类债券兼具了股本特性,在后续特定情形触发时,发行主体因认股权证行权所获的资金则属于股本资金,相当于发行人在约定行权期限内按约定股价增发新股而实现的股权融资。契合债券信用评级的风险揭示,由于附认股权证债券项下认股权证与普通债权是分离上市交易的,还需注意附认股权证债券实际上对发行人还本付息的能力提出了更为刚性且严格的考验。[①] 其一,就债券偿付渠道而言,附认股权证债券对于发行人到期偿还本息,事实上具有硬性资本约束。当该类债券偿付期限届满,无论是选择以债券模式偿还本息,还是以认股权证形式予以股权融资,发行人均需拿出真实资金或股权予以偿付,而不存在任何替代可能。相较之下,可转换债券及可交换债券均可利用合同条款设计规避资金偿付,从而减轻自身债券偿付阶段的现金流压力,以此有效降低其评级信用风险。其二,由于认股权证与普通债权的可分离交易属性,虽然该债券的单位价值一般处于较低水平,但其在实际交易中的资金杠杆作用却更加显著,因此,市场资本对于该债券的炒作难度相对较小且杠杆性较强,该债券所面临市场的炒作风险也更为显著,存在明显的过度投机倾向。有鉴于此,对于附认股权证债券的信用风险需要更为透明的信息披露规则以及信用评级的风险揭示,以确保该类债券的基础交易安全。

在分析附认股权证债券的属性特征及行为风险的基础上,信用评级机构注意义务履行领域需进一步考虑该类债券评级注意义务的行为边界究竟为何,在何种情况下信用评级机构方可被认定为违反注意义务。从附认股权证债券股权权证与债券固收的双重特质来看,注意义务的履行核心在于对受评对象现金流状况的合理评估。具体而言,因附认股权证债券的偿付履行短期内会对发行人现金流产生较大压力,能否保持稳健的现金流是判定该债券能否得到可靠偿付的关键。因此,该类债券信用评级的观察重点应当是对发行人近5年及未来5年的现金流状况进行准确分析。较之于一般的3年现金流状况分析,针对附认股权证债券,笔者建议,将相应期限拓展至5年予以综

---

① 参见附认股权证公司债券课题组:《附认股权证公司债券可行性研究》,载《证券市场导报》2005年第1期。

合观察,具体针对发行人前5年内因经营活动、投资活动及筹资活动的现金流入流出、流量净额及其构成、变化趋势与对应原因等现实情况,并结合5年内现金收入比率、现金利润比率等指标变化情况予以综合评价。同时,参考近5年的现金流状况,并结合发行人所作出的经营预测、投资计划、负债预测及筹资计划,对其现金流量预测表的合理性予以评价。其中,应当重点关注未来5年内发行人的产能变化、市场销售价格及原材料价格的变化趋势,对其存货、应收款项等变化趋势予以审慎评价。与此同时,基于该类证券的低价值与高杠杆的属性并存,针对其可能面临的剧烈市场价格波动,除监管层面的交易规则限定外,还应当在信用评级报告中就此予以特别的风险分析说明,重点就其债券发行面值、最小发行数量、交易分散程度、信息披露标准以及债券增信措施等关键要素进行风险揭示。可于信用评级报告的显著位置,明确提示投资者投资该类债券可能面临的市场交易风险,从而有效履行信用评级机构应尽的注意义务。

三、产业债打分模型与城投债打分模型区分下的注意义务违反之认定

利用打分模型的制定对受评对象进行具体的风险预测、评估以及计算,是现代信用评级机构常用的方法。① 置于产业债与城投债的二分语境下,以不同指标选取及运行模式为应用基础的打分模型区分,亦会对注意义务的违反认定造成不同的制度影响。在我国债券发行的特定市场环境下,城投债与产业债均属于企业债的品种范畴,事先是由国家发展和改革委员会对该类债券发行予以具体审核。其中,所谓城投债,又被称为“准市政债”,是指地方融资平台设立的地方城投公司发行募集资金,并由城投公司负责到期偿还本息的信用类债券,主要用于地方公共基础设施建设项目或公益性项目;而所谓产业债,可视为除城投债外,由一般工商业企业所发行的信用类债券,多用于房地产、能源、钢铁及电力等重点行业的项目投资。产业债与城投债的品类差异主要体现在发行主体、作用目的以及信用基础等方面。就发行主体方面,二者区别核心在于城投公司与一般工商业企业的区别。身为城投债发行

---

① 国际三大评级机构均通过打分表的形式进行主体信用评级,打分表主要由多个评级要素及其相应细化的多个定性和定量指标所组成。参见李丹、伦杭、聂逆等:《国际三大评级机构信用评级定义及方法研究》,载《征信》2013年第8期。

主体的城投公司，实则发挥着为地方政府间接募集资金的融资功能，并且以地方财政注资及补贴为主要资金来源，发行债券也具备地方政府的隐性担保功能，其对地方政府的财政状况及补贴政策存在事实依赖。产业债的发行主体，多为非城投融资平台的一般工商业企业，具备较强的自主经营能力、盈利能力以及现金流产生能力，其对于地方政府财政状况及补贴政策的依赖性较弱。就作用目的而言，城投债因资金来源主要为财政资金，因此其所支持的项目多为公益性项目，包括但不限于基础设施建设。而土地开发以及公益性事业等具体项目类型，项目自身市场化程度较低且无法产生相应收益及现金流。产业债则仍旧坚持以投资营利性为目标，其将所募集资金投向房地产、钢铁、能源及电力等现实产业，因此具备事实上的盈利能力与现金流产生能力。就信用基础而言，城投债的信用基础多与地方政府的财政状况相关联，城投公司的设立属于地方政府间接融资目的需要，以往基于我国地方治理的特殊应用情形，城投债实施具备地方政府财政的隐性信用担保，其信用基础呈现突出的行政化特征，其信用风险分析也更为复杂多元。[①] 但随着城投债规模的扩大以及地方政府刚兑神话的打破，城投债信用基础开始动摇。相较而言，产业债更具备市场灵活性，因行政权力对于该类债券的保本付息影响较弱，其债券违约可能性的判断也更为市场化及可预测化，因此，也更为贴合市场化的信用评级指标选取。

对于城投债与产业债的概念内涵及联系差异的理论厘清，实质上为后续打分模型的区分适用作了有效铺垫，进而对违反注意义务行为认定的影响因素予以层层释义，明确了其注意义务履行要义及违反风险的双向内容。现有国际信用评级市场的信用打分模型构建，多围绕以“character（品德）、capacity（能力）、capital（资本）、collateral（抵押品）、condition（经济环境）”为核心的5C原则为基础参考，[②]并根据具体受评对象的风险特质进行进一步的标准细化和行为设定。置于产业债打分模型与城投债打分模型的区分下，违反注意义务的行为认定主要在于信用评级的指标选取以及实际应用，即以何种标准选取评级指标，如何切实适用评级指标。在评级指标选取方面，能够准确描

---

① 参见《中债资信：如何评估中国地方政府信用风险》，载中国经济网，http://finance.ce.cn/rolling/201404/09/t20140409_2627446.shtml。

② 参见王进：《信用管理基础教程》，中国金融出版社2008年版，第52页。

绘刻画两种债券产品的风险差异,是判定注意义务是否得以履行的关键性要素。具体而言,对评级指标的选取始终应当坚持科学性、系统性及可操作性三个原则,主要表现在:一是单一指标的设定应当保证概念定义科学清晰、口径统一、计算准确;二是多项指标之间的衔接应当保持评价互补,易于模型化完整评估受评对象的风险属性;三是实际指标的可操作性,应当注重现实财务报告的数据兼容及现实可获得,从而保障评级指标的宏观安排。上述三个原则的适用,仅是对城投债与产业债评价模型的类型化要求,且无论二者模型之间有何种细致区分,坚持科学性、系统性以及可操作性的规则标准是一贯的。

遵循上述评级指标选取的三原则,进一步细化注意义务视角下产业债与城投债的模型区分,应当着眼于通过指标选取明确刻画城投债和产业债的市场风险属性差异。具体而言,正如前文所述,城投债对于地方政府隐性信用支持存在依赖,对于财务数据(主要分为公司层面数据与区域经济层面数据)的关注更显弱化,其区域经济综合权重更高。[①] 城投债指标主要包括地方经济发展状况、城投企业自身盈利能力与偿债能力变化以及城投企业资产质量与再融资环境等关键性要素评价。对于城投债而言,其信用评级上升的主要原因包括但不限于地区经济发展、政府支持、营业收入或利润增长、占有地区垄断地位、主体偿债能力强、担保人资本实力雄厚、公司经营现金流增多、地方政府债务置换及土地储备丰富等诸多因素,特别是地方宏观经济上行及地方政府大力支持是受评对象评级上升的重要原因。但在金融监管政策趋严、地方政府对城投公司的外部支持减弱的背景下,城投企业市场化转型,信用资质发生明显变化,资金链进一步承压的市场趋势需要得到进一步反映,相关评级指标的权重赋值需及时调整。[②] 对于产业债指标的选取,因其市场化程度与城投债相比仍处于较高水平,需要以企业属性与行业指标为具体切入点。产业债的打分模型应当是对公司竞争地位与经营能力的定性

---

① 参见吕品:《基于投资视角的信用研究:从评级到策略》,中国金融出版社2019年版,第6页。

② 国际三大评级机构对于各评级要素在打分表里的权重设置方法有所不同。穆迪对于不同行业主体的评级,均在打分表中明确设定了各类评级要素的权重;标准普尔和惠誉认为,各评级要素在打分表中所占的权重将随主体的差异、时间的变化而变动,其没有在打分表中事先确定各评级要素的权重,而是由分析师根据具体情况具体设定。参见李丹、伦杭、聂逆等:《国际三大评级机构信用评级定义及方法研究》,载《征信》2013年第8期。

判断，并加以经营数据与财务质量结合的交叉检验，[①]评级指标的选取应当围绕行业经营风险、期间经营风险、财务风险以及外部支持的核心要素。结合现有产业债发展趋势，从企业属性出发，国有企业仍为评级上调的主要市场主体，民营企业因受国内外市场剧烈波动影响，其更容易面临评级下调的现实困境，反映到评级指标的选取上，更需注重对民营企业市场风险的揭示。从具体产业出发，受新冠疫情及中美贸易摩擦影响，医疗行业、钢铁行业及高新技术行业等新旧传统强势行业的信用资质较优，其评级上调的主要原因可概括为项目储备充足、企业业绩增长、业务规模扩张、业务结构优化、资本实力增强等。反观机械制造等行业评级下调较多的原因，大致可归结为债务逾期或兑付存在不确定性、股权或资产划转导致负面影响、经营业绩下滑等。因此，对特定产业债的评级指标选取，更应注重反映宏观层面的产业发展趋势以及微观层面的个体经营状况，从而有效满足评级机构注意义务的履行要求。

针对注意义务背景下的城投债与产业债的评级模型设定，除评级指标选取这一组成要素外，还进一步关涉评级模型的更新义务以及信息披露义务的有效履行。评级模型对于评估上述两类债券风险的积极意义，或许唯有通过复杂精密的数字模型计算方能给予有效风险揭示与定价依据。评级模型虽然固定，但并非一成不变，其包含动态的模型更新义务与必要的信息披露义务。但基于成本控制以及数据利用的现实考量，信用评级机构对于评级模型的更新往往缺乏有效动力，美国次贷危机的现实操作已然证明该类现象，特别是在资本市场失控的情况下。[②] 需注意的是，信用评级机构的评级模型更新义务并非强制要求信用评级机构在固定期间内予以更新，其注意义务的判断标准不宜也不应以特定的时间段为限，而应当以该评级模型是否能够有效揭示特定时期债券风险为动态判断。理论上来讲，当整体市场环境处于相对稳定阶段，且现有模型能够有效揭示受评对象的信用风险时，该评级模型的

---

① 参见吕品：《基于投资视角的信用研究：从评级到策略》，中国金融出版社 2019 年版，第 4 页。

② 在美国众议院的听证会上，标准普尔的住房抵押债券评级部总监弗兰克·赖特（Frank Raiter）承认，标准普尔没有及时更新债券的评估模型。其核心原因之一是这样做的成本很高，要取得增长中的数据库，完成 IT 编码的修正及推广模型需要额外的人员等，这都意味着成本的增加。参见王彦鹏：《管控的失语与权力的高歌——美国信用评级机构助推次贷危机根源论》，载《金融法苑》2009 年第 1 期。

更新频率可予以适当放缓。当然,信用评级机构可主动推进评级模型的更新,以获取更为有利的"声誉资本"以及市场竞争地位。[①] 反之,当市场处于较为关键的波动时期,[②]评级机构应当及时准确地通过对评级模型的调整来顺应市场风险的异动。结合现阶段城投债信用转型及产业债整体波动的双重背景,出于充分履行注意义务的需要,信用评级机构宜积极开展评级模型的更新优化,针对受评对象的风险情况,在指标设置、流程调整以及结果反馈等相关阶段加快更新节奏,以避免产生不必要的更新义务争议。

与此同时,围绕评级模型的透明度要求,作为现代金融与数据理性的产物,评级模型自设定之日起,就具备相应的技术理解门槛与商业秘密属性。因此,即使信用评级机构并未及时更新评级模型,沿用过时的评价模型并对投资者造成了现实损失,普通投资者也难以充分了解和发现评级模型的风险过失,其评估缺陷仅有信用评级机构的专业人员知晓。立足于信用评级机构的注意义务视角,评级模型透明度要求实则包括两个层面:一是立足专业透明视角,信用评级机构所属的专业人员以自身所具备的专业知识,能够而且应当发现或预见评估模型的评估缺陷,却违背专业精神而未能及时发现(或预见)的,应视为未能有效履行必要的注意义务。二是立足一般透明视角,投资者或受评对象应当能够获取与其知识结构相匹配的评级模型信息。虽然在特定情形下,评级模型的设定可能涉及信用评级机构的特定商业秘密,但因信用评级在现代金融体系中已具备相应的公共属性,故信用评级机构不得以商业秘密为由,对投资者及受评对象封锁全部评级模型信息,其需保障且配合前述对象获取与其一般认知水平相匹配的模型信息,以确保评级模型的适度透明度要求得到满足。

第三节　评级过程场景下的评级方法差异化

正如法哲学视角下方法论的差异化选择往往推演出不同的规则适用结

---

① 参见马本江:《信用、契约与市场交易机制设计》,中国经济出版社 2011 年版,第 13～14 页。

② 例如,一旦房价、利率发生大幅变化,模型原有的假设条件便不复存在,而根据该模型推演得出的评级结果,也将大幅失真。

果那样,不同评级情形下的方法选择也将给注意义务违反之认定带来多元影响。对于评级方法的差异化区分,并非人为割裂各评级场景下的规则共性设定,而是希望能够在共性与特性的博弈对比之中,凸显不同评级方法的选择对于信用评级机构注意义务判定的效果差异。本节以主动评级与委托评级、债务人评级与债项评级、短期评级与长期评级为三重场域区分,来梳理评级方法差异化适用的规则异同,明确注意义务违反认定的影响侧重,由表及里地剖释信用评级机构在上述情境下的注意义务履行要义。

一、主动评级与委托评级区分下的注意义务违反之认定

信用评级产生和发展的根源,是金融市场中相关公司比投资者更加清楚公司本身的经营状况,并由此产生投融资双方之间的信息不对称困局。① 信用评级机构的存在意义,在于发挥信息规模获取的规模效应,以最低成本有效降低市场信息不对称。② 主动评级与委托评级以信用评级发起的主被动方式不同为核心差异,围绕是否存在被评级机构的委托关系为行权基础,从而设定的两种不同的评级方法。所谓主动评级,是指信用评级机构未经委托,主要通过公开渠道收集受评对象相关资料,并以此为依据对受评对象开展的评级。③ 与此相对应的委托评级,则是指经受评对象委托,多由被评级机构提供相关资料,并以此为依据对受评对象展开的评级。梳理主动评级与委托评级的逻辑关联可知,二者并非天然对立,而是信用评级市场中共生并存的两种评级方法,并且先后经历了由主动评级向委托评级转变的历史演进过程。自 20 世纪初信用评级机构产生至 20 世纪 70 年代,信用评级机构的主要经营模式是向投资者出售评级报告以获取收入。自 20 世纪 70 年代开始,信用评级机构的收费对象发生了供需端口的改变,由以往向投资者收费的模式转变为向受评对象收费的模式,并且在随后数十年发展中,被动信用

---

① See Sanford J. Grossman & Joseph E. Stiglitz, *On the Impossibility of Informationally Efficient Markets*, The American Economic Review, Vol. 70, p. 393 – 408 (1980).

② 参见郭敬华:《信用评级》,中国人民大学出版社 2004 年版,第 7 页。

③ 参见鹏元评级:《主动评级业务操作规范》第 2 条,载中证鹏元官网,https://www.cspengyuan.com/static/clientlibs/pengyuancmscn/pdf/InformationDisclosure/InternalControlAndOperationalSystems/OperationalSystem/%E4%B8%BB%E5%8A%A8%E8%AF%84%E7%BA%A7%E4%B8%9A%E5%8A%A1%E6%93%8D%E4%BD%9C%E8%A7%84%E8%8C%83.pdf,2020 年 9 月 27 日访问。

评级已然成为债券信用评级市场的主流模式。[①]

针对此种信用评级收费模式的转变,不同的利益主体有着不同的理论解释。立足于信用评级机构的利益场域,交易信息的非排他性及传播性,决定了信用评级结果必然会面临着交易"搭便车"行为。当信用评级机构将一份信用评级报告向投资者出售之时,它就面临着评级报告可能在其他投资者间违规传播的信息安全风险,其潜在评级收益亦会受到显著冲击。为避免此种"搭便车"行为导致的评级报告泄露风险,信用评级机构由此转向对受评对象收费的模式。[②] 随着资本市场发展的日渐成熟,市场交易的信息流动速率越发加快,发行人也越发注重向投资者传递自身积极的信息,以吸引投资者的资金注入。因此,受评对象更加愿意直接向信用评级机构支付评级费用,从而获得源于信用评级机构的"隐性市场宣传"。[③] 然而,投资者的投资活动随着市场波动而越发谨慎,证券的投资风险颇受监管主体关注,二者均希望证券发行交易能够获得信用评级的"显性市场认定"与"隐性市场担保"。为顺应此种利益诉求,监管主体也逐渐要求特定证券必须达到强制性的信用评级要求方可发行,而受评对象在某种情况下为换取信用评级的达标,也愿意支付费用以换取信用评级机构的"评价庇护"。[④] 置于主动评级与委托评级的模式选择下,收费模式的转变也给信用评级机构违反注意义务的行为认定带来了异于以往的考量。考虑主动评级与委托评级的运行区别,可基于沿循信用评级的流程实施及要素构成,从项目启动、信息来源以及评级结果三重维度,对违反注意义务的行为认定进行概念的界分和权责的判定。

在项目启动阶段,主动评级与委托评级的最大区别在于项目启动的权利不同,一是基于付费委托的被动触发,二是基于自主决策的主动开启。就项目启动的权利正当性考察来看,现阶段主动评级的启动事由多为评级机构市

---

① See Abby Schultz, *Wake-up Call for the Ratings Agencies*, The Investment Dealers' Digest, Vol. 57, p. 18 – 21 (1991).

② See Hayne E. Lenland & David H. Pyle, *Informational Asymmetries, Financial Structure, and Financial Intermediation*, The Journal of Finance, Vol. 32, p. 371 – 387 (1997).

③ See Richard Cantor & Frank Packer, *The Credit Rating Industry*, Federal Reserve Bank of New York Quarterly Review, Vol. 19(2), p. 1 – 26 (1994).

④ See Lawrence J. White, *Markets: The Credit Rating Agencies*, Journal of Economic Perspectives, Vol. 24, p. 211 – 226 (2010).

场拓展自主决定或为回应投资者及监管者需要而予以启动，委托评级则是基于信用评级机构与受评对象间协商一致、签订信用评级合同并支付相应价款后予以启动。评级机构在缺乏受评对象明确同意的意思表示基础的情况下，主动对其进行信用评级，这是否就意味着构成了对受评对象的注意义务承担？具体而言，倘若信用评级机构对受评对象给出相对消极的主动评级，受评对象是否可以要求信用评级机构承担相应责任？对此，回归前文所述对于信用评级注意义务的内涵界定，需注意，信用评级机构的主动评级行为与受评机构的利益之间具备天然关联，并且后续商业信誉减损及诽谤之诉也真实存在。鉴于主动评级市场份额争夺及后续信用评级敲诈的现实隐忧，[①]应当对主动评级的注意义务予以肯定，但就具体违反注意义务的行为认定标准还应进一步推敲。就信息来源而言，主动评级与委托评级的评级信息来源在真实性、完整性及关联性等信息特质上仍然存在较大区别。因委托评级已然事实取得了受评对象的合约同意，得以获得源于受评对象内部的具体信息，并可对信息来源的真实性予以切实核查，可用于信用评级的信息关联性也更能够反映受评对象的基本画像信息。而主动评级并不具备上述的诸多信息获取优势，仅能够收集且依据受评对象公开的有限信息推进信用评价，其真实性、完整性以及关联性也均有瑕疵，[②]相应的评级结果也会随之偏低。[③]针对主动评级与委托评级的信息获取差异，违反注意义务的行为认定亦将有所不同。就评级结果而言，主动评级与委托评级对评级结果的处理方式也存在事实差异。围绕委托评级的行为流程，该评级结果在向公众公布之前，往往会提前告知受评对象，并可征求受评对象的评价意见，在特定情形下还可能触发评级复议程序，对于初步的评级结果予以修正。主动评级则缺少告知环节，在缺少受评对象对评价结果的有效反馈基础上，单方面径行公布，并且对

---

① 因为主动评级的结果都较为悲观，多数给公司以“降评”（downgrades），所以评级机构能够与公司进行协商，暗示公司如果付费就可以取得更好的级别。因此，评级机构通过主动评级的方式迫使发行方委托其进行评级来获取评级收入。See Henry Harington, *Not Moody-just Angry*, The Bank-er, p. 22 – 23 (1997).

② 参见钱聪：《主动评级的发展研究》，载《金融法苑》2013 年第 2 期。

③ See Lisa M. Fairchild, SusanM. Flaherty & Yoon S. Shin, *Analysis Unsolicited Credit Ratings in Japan: New Evidence from Moody's*, Review of Pacific Basin Financial Markets and Policies, Vol. 12, p. 103 – 123 (2009).

于因评价结果而产生的纠纷仍然缺乏事实对话途径。与此同时,无论是主动评级或是委托评级,其对于后续信用评级的定期、不定期更新义务亦未完全明确,仍存在较大操作空间。因此,就是否需要将被评价结果提前告知受评对象,是否需要商定后续评级复议程序,以及是否具有后续评级更新义务等事项,亦可观察成为评级结果环节判定注意义务的违反。

那么,具体在何种情形、何种行为下可能会构成对信用评级机构注意义务的违反呢?以项目启动为切入点,违反注意义务的认定前提,是需要明确信用评级机构在主动评级与委托评级情形下,均对受评对象负担有特定的注意义务,但不同情形下的认定标准应有不同。根据传统民法理论中合同相对性原则,委托评级情形下的信用评级机构对受评对象负有注意义务自不待言,关键是主动评级情形下的标准设定。① 需注意的是,在商业联结日趋紧密及资本信息全球流动的今天,无论主动评级的动机为何,其评价结果对于受评对象的有形或无形利益,都必然会产生一定的影响,基于一般的公平原则抑或侵权责任法中的因果判定,受评对象已然符合利益相关者的定义构成。同时,主动评级利益绑架以及诽谤诉讼的现实存在,也给主动评级的注意义务认定提供了实证基础。然而,赋予主动评级的注意义务承担,并非意味着在主动评级与委托评级中判断信用评级机构违反注意义务的标准是一致的。显然,在委托评级的语境下,违反注意义务的判定标准将严于主动评级的判定标准,信用评级机构将承担更为严苛的注意义务。②

回到委托评级的项目启动环节,信用评级机构需依据委托合同而严格履行合同义务,并且基于对信用评级机构的专业信赖,③合同义务与注意义务形成了认定标准的叠加,对于其标准的认定也超出了前文所述一般注意义务的范畴,应当进一步将其设定为特殊的注意义务。如此一来,应要求信用评级机构能够充分运用自身的专业能力,勤勉严谨地完成项目启动阶段的信息收集工作,对能否启动该评级项目予以审慎判断,并在后续依据可获得信息

① 参见封红梅:《信用评级存在的正当性之辩——信用评级质疑论的缘起与评判》,载《云南大学学报(法学版)》2013 年第 3 期。

② 参见窦鹏娟:《后危机时代评级机构的监管改革、评价与未来趋势——兼对我国评级监管的启示与借鉴》,载《人大法律评论》2017 年第 3 期。

③ 参见黄润源、刘迎霜:《公司债券信用评级法律关系解析——以美国债券评级制度为模本》,载《学术论坛》2008 年第 1 期。

而综合判定受评对象的信用风险，不得以事前信息不充分或是信息存在重大缺漏为由，对后续信用评价结果予以单方面的推翻。然而，在主动评级情境下，评级项目的启动往往取决于市场主体的主动申请或自身发展的商业意图。在缺乏明确的评级委托法律关系时，评级项目的启动均是由评级机构自主确定内容进展，只要基于现有可评价信息及标准规程，并符合评级市场的一般行为规范，该评级项目的启动行为便无须受到受评对象的过多约束，因此，与此相对应的注意义务标准也缺乏深入的空间。至于后续因评级结果而引发的争议，需要结合信息来源及结果事实加以综合确定，项目启动阶段的自主权限决定了该阶段注意义务的有限性。

检视两种评级模式下的信息来源环节，主动评级与委托评级在信息获取方式、真实性检验能力以及关联性判定标准上无疑存在事实上的便利程度的优劣之分，并且主动评级在可应用评级程序及方法上也存在对应限制。[①] 与委托评级可以直接通过向受评对象发出《评估调查资料清单》而获取相关评级信息不同，主动评级的信息来源主要为通过公开渠道收集的受评对象的资料，其包括但不限于受评对象公开披露的信息、专业资讯和数据提供商、研究机构报告，以及与受评对象存在业务管理、监督等关系的相关组织或机构正式对外提供的信息。[②] 对于主动评级可收集的该类信息而言，其背后所应当承担的注意义务无疑会因消息来源验证的不可苛责性而有所减损，其所承担的更多体现为对于无法验证信息真实性的提示注意义务。具体而言，信用评级机构收到主动信用评级申请时，需要对现有受评对象公开资料的充足性进行相应的评估，以确保能够进一步开展后续的评估工作。在该阶段内，因信用评级机构无法要求受评对象提供相应资料以及开展现场核查，对于信息来源的真实性无法做出专业审慎的行为判断，故前文所述对于真实性审查的特别注意义务也就无法适用，因而应以一般注意义务为适用标准。信用评级机构对所收集资料进行审慎核查时，需要对现有可收集到的资料予以最大化的

① 参见刘乐平：《信用评级原理》，中国金融出版社 2012 年版，第 16 页。

② 参见鹏元评级：《主动评级业务操作规范》，载中证鹏元官网，https://www.cspengyuan.com/static/clientlibs/pengyuancmscn/pdf/InformationDisclosure/InternalControlAndOperationalSystems/OperationalSystem/%E4%B8%BB%E5%8A%A8%E8%AF%84%E7%BA%A7%E4%B8%9A%E5%8A%A1%E6%93%8D%E4%BD%9C%E8%A7%84%E8%8C%83.pdf，2020 年 9 月 30 日访问。

归纳,不可因故意或是重大过失,[①]遗漏已公开的足以影响后续风险评估的重大信息,此即为信息充足性标准。信用评级机构就已收集信息展开分析评估时,仍需在其能力允许的范围之内,尽可能地确保信息的一致性和准确性,勤勉审慎地判断受评对象的信用风险。倘若多渠道获取的信息差异过大,且出现无法查验真实性的情况时,则应当在评级报告的显著位置注明相应信息来源、不同渠道获取信息的差异及对本次评级的影响程度,此即为真实性的提示注意义务。就主动评级所收集信息的关联性而言,评级机构需要在评级报告中注明该信用评级为主动评级及其信息关联性局限,并且需要在评级报告标题、评级符号标识及报告声明等方面做出关键性提示,以便与委托评级做出明显区分。[②]

是否提前告知受评对象、是否存在后续评级复议程序以及是否具有后续更新义务,均为影响信用评级机构注意义务认定的重要标尺。[③] 正如前文所述,委托评级通常在评级结果公布之前,预先与受评对象就评级结果展开沟通,在委托评级导致信用评级机构独立性减损的市场现实面前,就评级结果开展的沟通饱受市场诟病。但从另一角度出发,提前沟通作为评级合同的约定事项,在合同有效及程序规范的前提之下,能够有效降低注意义务的违反触发风险,有助于原有评级漏洞的事前性修复,也有助于督促评级机构勤勉尽责。然而,在主动评级背景下,评级结果的公布多为评级机构的单方行为,在缺乏受评对象有效制约的情况下,时常引起受评对象对主体权利正当性、评级结果公正性以及适用程序规范性产生怀疑,评级机构可能被指控违反了适当的注意义务而对受评对象自身的实际权益产生了损害。并且,一旦主动评级结果对整个市场予以公开,就意味着该评级结果的实际效用生成,倘若受评对象对于该评级结果存在异议,因缺乏有效的评级结果复议或修补程序,仅得以通过司法途径予以解决。鉴于上述由评级结果及复议程序可能引起的事实纠纷,立足于违反注意义务的认定视角,在坚持信用评级实体正义

---

① 参见邹海林:《专家责任的构造机理与适用——以会计师民事责任为中心》,载中国法学网,http://iolaw.cssn.cn/zxzp/200610/t20061015_4598874.shtml。

② 实践中,主动评级结果适用公司公布的评级符号体系,并在相应的评级符号后加"pi"下标进行标识,以区别于委托评级。

③ 参见黎四奇、李时琼:《后危机时代信用评级机构监管法律制度创新研究》,载《国际经济法学刊》2014年第3期。

与程序正义的基础上，无论是主动评级抑或委托评级，构建起评级机构与受评对象良好的事前沟通机制，对于评级结果的市场认可，以及降低违反注意义务的风险性均具有重要意义。

目前，就委托评级而言，依据评级合同的权利义务约定，在评级报告的有效期内（债务人评级一般为两年，债项评级一般依据债券期限确定），跟踪评级通常能够依据相应制度进行展开，而主动评级则多为单方行为，尚缺少对于跟踪评级的确定性规定。实践中，主动评级多为信用评级机构自主决定是否开展跟踪评级，[①]因此产生了两大讨论议题：其一，就受评主体的信用状况首次发布评级结果，是否意味着需承担后续的跟踪评级义务；其二，倘若需要承担该跟踪评级义务，则该跟踪评级义务的权责范围为何，又是否具备免责事由。对于此，基于主动评级主动性的根本特质，并且在缺乏有效合同义务设定及稳定利益获取的情形下，强制要求评级机构继续承担后续的跟踪评级义务，实则违背了资本市场的基本价值规律。笔者认为，主动评级的注意义务范畴应当仅限于信用评级机构出具的该份评级报告，仅需对该份评级报告的实体内容及程序性事项予以关注。但需注意的是，注意义务的限缩仍是有条件的，在特定情形下可能面对义务群的扩张。假设该评级报告的特定内容涉及对今后特定事实的关键性预测，且该预测缺乏明确的投资注意提示及商业判断规则的基础支撑，对资本市场的投资行为造成了巨大的导向性影响，则信用评级机构需对原评级结果展开跟踪评价，以后续事实性的评级反馈，回应或纠正原评级结果的正当性。

二、债务人评级与债项评级区分下的注意义务违反之认定

债务人评级又称主体评级，其受评对象为债券发行主体（通常以企业或经济主体为对象），主要评价内容包括但不限于关涉受评对象的宏观及区域经济环境、行业发展趋势、产业政策与监管措施等外部市场环境因素，以及企业基本经营风险、管理能力、发展战略、财务实力（财务政策、现金流情况、流

---

① 一般情形下，评级机构认为主动评级因市场覆盖面广而有利于投资者；对规模较小或者新建立的评级机构来说，可以向市场展示其能力从而增强市场竞争力。See Bappaditya Mukhopadhyay, *Existence of Unsolicited Ratings*, Aisa－Pacific Fi-nan Market, Vol. 13, p. 207－233 (2006).

动性、营利性、财务弹性)等主体内部能力因素。[①] 与此相对应,债项评级的受评对象则并非落脚于债券发行主体这一宏观层面,而是具体关注该发行主体发行的某只特定有价债券。通过对该债券交易本身的违约概率及违约损失率予以评估计量,[②]从而揭示该债券可能面临的潜在违约风险以及损失大小,其涉及的风险主要包括偿债能力、能否按期付息、发行的费用、投资人承担的风险程度等。[③] 显然,债务人评级与债项评级存在受评对象及评价指标方面的天然差异,由此而引发评级方式、评级结果的不同,进而对违反注意义务的行为认定带来差异化的影响。

现阶段,我国债券市场信用评级侧重于服务债券发行的债项评级与债务人评级,从而形成了债项评级带动债务人评级的运行机制。[④] 但需注意的是,债务人评级与债项评级的核心关注点并非一致。具体而言,债务人评级更注重评估受评对象的偿债能力及偿债意愿,对于偿债主体特定时间段内的持续经营能力做出综合判断。而债项评级则更多关注对特定债券的偿付可能性判断,发行主体的实际经营状况仅是反映偿付风险的对应指标。即使发行主体出现特定经营波动,只要仍然存在关键资产足以覆盖本只债券的偿付金额,该偿债能力测试亦可能获得通过。因此,对于债券评级机构的注意义务承担而言,债项评级的注意义务标准低于债务人信用评级的注意义务标准。相较于债项评级的单一关注度而言,债务人评级需要面对受评对象更为丰富多元的评价影响因素,其所承担的注意义务覆盖范围及要求程度也更进

---

① 标准普尔和惠誉的债务人评级含义较为相似,其主要反映了主体的违约可能性,不反映违约时债务的回收程度;穆迪的短期债务人评级也只反映债务人违约可能性,不反映债务的回收程度。但长期债务人评级不仅反映主体违约的可能性,同时反映债务的回收程度。参见李丹、伦杭、聂逆等:《国际三大评级机构信用评级定义及方法研究》,载《征信》2013 年第 8 期。

② 违约损失率(Lost Given Default,LGD)是度量预期损失的重要参数,指债务人一旦发生违约将给债权人带来的损失数额,即预期违约的损失占风险暴露的百分比。参见冯光华等:《信用评级原理与实务》,中国金融出版社 2019 年版,第 84 页。

③ 对于一般债券,国际三大评级机构的长期债项评级含义较为相似,均同时反映债券的违约可能性及违约时债券的回收程度,尤其对于信用等级为投机级主体发行的债券,债项评级更加重视对回收程度的分析。穆迪和惠誉的短期债项评级含义较为相似,均主要反映债券的违约可能性,不反映违约时债券的回收程度;而标准普尔的短期债项评级不仅反映债券的违约可能性,同时也反映违约时债券的回收程度。参见李丹、伦杭、聂逆等:《国际三大评级机构信用评级定义及方法研究》,载《征信》2013 年第 8 期。

④ 参见朱荣恩、丁豪樑、郭继丰:《基于主体信用评级的中国社会信用体系建设——兼论中国信用评级业的发展战略》,载《征信》2014 年第 12 期。

一步。具体而言,应当从可操作性细化、债券规则要素梳理以及评级结果差异化处理,对信用评级机构的注意义务履职方式予以重点性明确,从而明辨债务人评级与债项评级之间的规则侧重。

在可操作程度应对上,债项评级多以债券期限为评级期间,无论是长期债券抑或短期债券,在相对固定的阶段及相对固定的发行金额内,分析单只债券可能发生的偿付风险,其可操作性及评估准确性均较为容易判定。债务人评级通常采用"穿越周期"(through the cycle)的方法,①其更关注特定时段内受评对象的持续偿债能力及偿债意愿。就偿债能力而言,能够有效评估受评对象的商业经营能力及组织治理能力尚属不易,加之宏观经济环境与地区产业发展态势的不确定性,希望通过单次信用评级报告而完整刻画受评对象的信用风险,存在事实上的操作难度。就偿债意愿而言,债务人的偿债意愿本属于主观范畴,通过相对固定的客观指标实则难以有效确定。② 通过对我国债券违约案件的实际操作观察可知,偿债意愿通常与偿债能力具备某种正向关系,偿债能力越高的受评对象往往具备更强的偿债意愿,反之亦然。鉴于此,关于对债务人评级是否违反注意义务的认定,应当坚持在债务人评级过程中对主体核心与行业细化的关键性判定。在考察偿债主体核心层面,需对偿债主体的资产流动性、核心子公司经营状况、内部公司治理规范程度以及或有事项等各类可能会对主体信用产生重大影响的风险因子进行有效核查评估,从而针对受评主体的内部属性得出基础性的评价结论。内部主体结论是判定前提,随后亦应当综合考虑宏观市场环境及政策支持因素等外部支持对受评对象的主体评价影响,进而达到内外环境的评级审慎性要求。除此之外,因对身处不同行业领域的债务人所适用的具体评级影响因子仍存在较大差异,故在对债务人主体进行内外考察时,还应当充分结合其所在行业领域的技术性细分要素,依据其所处行业领域及交易习惯进行有重点的风险考察,从而满足特别注意义务项下的专业性要求。

关于债务人评级与债项评级的可操作性难度存在事实差异,已如前文所述。而从债券规则层面分析,二者之间评级内容的侧重亦存在值得厘清之

---

① 周俊杰:《信用评级机构监管法律问题研究》,武汉大学出版社 2018 年版,第 19 页。

② 参见冯光华等:《信用评级原理与实务》,中国金融出版社 2019 年版,第 92 页。

处,尤以债券构造要素对于认定注意义务违反行为的重大影响为最。在摆脱了约定义务与法定义务的思维限制之后,证券法视角下的注意义务设定,实则更为关注债券构造条款对于市场各利益主体的影响关系,并由此进一步确定注意义务的实现范围。立足于债权人视角,信用评级机构注意义务是否完备地履行,关涉该债券投资风险是否被完全评价揭示。因此,置于债项评级的语境中,信用评级机构履行注意义务的关键,应落脚于对关乎债权人核心利益的债券偿付条款、债券增信条款以及债券期限条款进行审慎风险判别,具体表现在:其一,就债券偿付条款而言,不同类型的债券在发行过程中,因偿付顺序的设定不同往往给投资者带来的债券风险上的明显差异。通过对现有债券履约实践的观察可知,债权人对于不同债券的主观偿付意愿存在明显区别,呈现明显的"重公募、轻私募"的偿债氛围,并且随着自身偿债能力的恶化,其偿债意愿会出现阶段式的下跌。[①] 与此同时,部分债券产品亦会在合同条款中明确规定偿债顺序的优先劣后。债务人主观意愿与债券客观规则的叠加,事实上增加了债券违约风险的关注必要性。因此,信用评级机构需要充分注意债券规则项下的偿债规则设定,时刻加强对同一债务人不同债券偿付顺序的关注,以评估级别的调整及时准确反映债项评级的可靠性,从而避免陷入违反注意义务的泥淖。其二,就债券增信条款而言,通常债券增信措施包括但不限于第三方信用担保、债务人资产抵押以及以交叉违约、指标维持为代表的投资者保护条款。不同债券增信条款的措施选择,对于债券增信效果事实上会产生较大差异。因此,信用评级机构需要结合债券增信条款的具体内容,仔细甄别评估不同债券增信条款的实际效能,不得因债券增信条款的机械性存在,而忽视了背后可能引致的债券违约风险。其三,就债券期限条款而言,基于宏观市场变化及微观主体债券偿付期限越长潜在的偿付风险越大这一点,在针对债项信用的评级过程中,信用评级机构尤其需要结合对债务人主体评级的持续经营能力判断之后,重视评估债券期限长短背后可能引致的投资风险,并通过后续评估报告予以有效揭示,从而避免注意义务履行得不完备。

---

① 参见《中债资信:影响企业偿债意愿的三大因素》,载搜狐网 2016 年 5 月 31 日,https://www.sohu.com/a/78875346_114984。

如何化解债务人评级及债项评级出现的结果差异,也是信用评级机构注意义务履行的关键一环。我国债券市场实践中实行的多为双评级公开制度,该制度规定债券发行时必须同时公布该债券的债务人评级与债项评级。这引发了关于在债权人评级与债项评级不一致情形下,是否能够认定信用评级机构违反了应然注意义务,以及又该如何判断评级机构是否违反注意义务的治理问题。有学者通过实证分析认为,债项评级对债券信用溢价的影响力更显著,更能够向二级市场投资者传递积极信息。但学者也注意到,债项评级的强势并不意味着主体评级信息失去价值,反而是主体评级对债券评级起到一种“锦上添花”的作用。[①] 在债券市场的运行实践中,根据受评估债券种类的情形不同,可能发生的债务人评级与债项评级存在差异的情况主要有以下四种情况:一是债务人评级高于债项评级的,此种情况多出现于金融机构次级债的评级过程中;二是债项评级高于债务人评级的,此种情况多出现于特定债券附随有抵押物增信或第三方增信以及中小企业集合债券的评级过程中;三是有且仅有债务人评级而缺少债项评级的,此种情况多出现于超短期融资券(Super & Short-term Commercial Paper,SCP)的评级过程中;四是有且仅有债项评级而缺少债务人评级的,此种情况多出现于地方政府小微企业专项债、部分资产证券化产品(Asset-backed Securities,ABS)的评级过程中。需要说明的是,虽然债务人评级与债项评级通常情况下需要同时发布,但这并不意味着存在评级结果冲突即出现了评级混同,或者信用评级机构需要对此承担过于严苛的注意义务。因受评对象本质上不同,虽然彼此存在相互影响的逻辑关联,但这两种评级结果之间仍然保持着事实上的评级独立性。针对上述情况,信用评级机构的注意义务履行范围,仍然应当坚持以债务人评级及债项评级彼此的基础规范为核心准则,但更需要注意将债务人的信用风险与特定债券的信用风险予以综合考量,特别是在债务人评级与债项评级出现较大差距时,需要对评级过程中的关键信息进行查验,追溯可能造成上述差距的事实情况,并且在评级报告中明确提醒投资者需注意相应债券投资风

---

① “当债券评级对区分债券质量力量不足时,通过主体评级对债券评级进行补充,债券中的更多信息得以披露,可以更为有效地为投资者指示不同品质的债券,从而提高债券市场的效率。”参见张奕、艾春荣、洪占卿:《债券评级和主体评级:“并行不悖”还是“锦上添花”?——基于中国债券市场的实证研究》,第九届中国金融学 2012 年年会论文。

险,适当说明存在评级差异的影响因素。另外,就前文所述有且仅有债务人评级或债项评级的特定债券种类,相较于双评级公开的披露设定而言,单一信用评级无疑需要肩负更为关键的风险揭示功能。因此,信用评级机构在单一信用评级过程中,更需注意评级信息的真实性和完整性,对收集到的公开披露信息以及由受评对象提供的信息来源需要予以审慎性验证采纳,对特定评级指标的选取也应当尽力贴合受评对象的经营特征,以静态评估及动态预测为双重考量,稳步推进评级过程中的注意义务履行。

三、短期评级与长期评级区分下的注意义务违反之认定

前文所述以启动方式、受评对象为标准的划分,更多关注的是债券信用评级的静态制度层面,而对于债券信用评级中短期评级与长期评级的分类考量,则对注意义务的范围判定和内容履行提出了动态运行的要求。按照信用评级覆盖期限的长短不同,现有信用评级方式可分为长期评级与短期评级,其中,长期评级是指评级覆盖期限超过一年的信用评级,短期信用评级是指评级覆盖期限为一年或更短的信用评级。[①] 在长期评级与短期评级项下,也存在长期债务人评级与长期债项评级,以及短期债务人评级与短期债项评级。在债券市场投资实践中,面对瞬息万变的市场波动及主体变更,兑付期限长短往往预示着投资风险的大小。以债项评级为切入点,针对长期债券与短期债券的投资属性,二者在投资目的、流动性需求以及风险敏感程度等方面均存在事实差异。相较于长期债券投资者意在持有长期、稳定及可观的资产收益而言,短期债券投资者更多是出于短期内对资金优化配置的市场化需求,其投机属性与风险属性更为凸显,故对于长期稳定的债券收益并无过多偏好,而是对及时兑付的流动性需求更为关注。[②] 并且对于短期债券而言,投资者的投资预期是在确保短期债券期限届满后,能够足额得到债务人偿付即可,而对于债务人的主体状况抑或市场风险均无须过多考量。基于此,短期评级的侧重点即在于揭示评价债券期限届满后能否足额偿付的可能性,对

---

① 参见周俊杰:《信用评级机构监管法律问题研究》,武汉大学出版社 2018 年版,第 21 页。

② 参见朱荣恩、丁豪樑、袁敏:《资信评级》,中国时代经济出版社 2006 年版,第 39 ~ 46 页。

于该债券潜在的违约概率予以核心评估。[①] 与此相对应,信用评级机构的违反注意义务的认定,也是围绕着上述内容展开的。

置于短期评级与长期评级的区分语境下,对于信用评级机构注意义务的履行,应当围绕评级方法基础性选择、短期资产流动性分析以及风险调整及时性评价三重维度展开分析,从而综合判定信用评级机构是否存在违反注意义务的事实行为。就上述三重维度的关系而言,首先,评级方法的基础性选择是判定注意义务是否得以基本履行的前置性要件,其能够确保长期评级与短期评级在评级方法适用上的稳定性与兼容性。其次,短期资产流动性分析则更多是着眼于长期评级与短期评级的市场偏好差异,其是检验特别注意义务履行的个体性要求,明确对于短期债券投资中更为注重的流动性进行特别分析,以阐释长短期对流动性概念的不同侧重。最后,能够对长短期评级采取及时的结果调整,是顺应债券市场动态变化、履行风险揭示职能的必要措施,也是衡量是否达到注意义务履行完成度中及时性要求的重要标尺。对于短期评级和长期评级而言,已公布的信用评级并非一成不变,随着市场波动与主体变更,只有及时调整方能准确刻画不同时期受评对象的风险等级。特别是对于短期评级而言,因其自身风险偏好的投机特性对于评级风险的敏感程度更高,通过评级结果的调整而及时有效地向投资者传递出风险信号,是信用评级机构注意义务履行的重要体现。设置上述三重认定维度,既综合考虑短期评级与长期评级在静态基础制度的应用不同,也重点关注短期评级与长期评级在动态风险变化中的应对差异,从而为信用评级机构履行注意义务提供有益指引,适时降低违反注意义务的行为发生可能性。

从评级方法基础性选择方面观察可知,短期评级与长期评级并非毫无关联的两种评级体系,它们之间存在彼此相互印证、相互支撑、相互补充的“协作关系”。债务人评级和债项评级是受评对象不同,而短期评级与长期评级的核心差异则主要在于评级覆盖时间的长短。一般而言,无论是债务人评级还是债项评级,短期评级的评级结果在本质上都可以视为长期评级的评级结果在特定时段内的片段性映射,在多数情况下仍需要与长期评级的评级结果

---

① 所谓违约概率,是指债务人在未来一段时间内不能偿还到期债务的可能性。不同信用等级的债务人历史违约率的统计值可作为未来违约概率预测值的参考。参见冯光华等:《信用评级原理与实务》,中国金融出版社2019年版,第84页。

保持基础性契合。立足于偿债能力与偿债意愿的主客观分析,长期评级的违约风险分析无疑也包括了特定阶段内短期评级可能发生的风险因素。并且在债券市场实践中,长期信用评级较高的受评对象,往往具备雄厚的经济实力或居于市场领导地位,其短期内的违约风险会随之有效降低。因此,长短期信用评级语境下的注意义务,需要充分注意长期评级给短期评级带来的基础共性,应依据长期评级与短期评级间的结果关联,初步拟定短期评级结果可能给出的大致区间,随后再结合短期流动性指标及风险因素评定等内容,进行短期评级结果的具体调整。在此过程中,割裂长期评级的结果影响而将评级视野仅仅限于短期内的结果判定,虽然可能在具体评级行为过程中得出如前文所述评级方法的一致结果,但从治理逻辑推演来看,其在评级思路上存在重大漏洞。如果缺乏长期评级结果的基础性指引,一方面,人为限制了短期评级的范围覆盖视角,只关注特定阶段的风险因素而忽视了受评对象风险存在的持续性要件,给评级结果的真实准确性带来了诸多不确定风险。因为就长期评级与短期评级的区分标准而言,覆盖范围的长短不一致并不能够切断受评对象风险的连续存在。另一方面,信用评级机构难以有效证明其完备恰当地履行了自身注意义务。脱离了长期评级方法的结果支撑,评级调查行为无疑在完整程度上会有所减损,由此容易引发受评对象和投资者对于信用评级机构产生违反注意义务的行为质疑,其认为信用评级机构在此期间未能够审慎分析揭示受评对象的交易风险,这为后续注意义务纠纷的生成埋下事实隐患。

从短期资产流动性方面分析来看,在坚持长期评级结果的基础方法指引的前提下,短期资产流动性指标是对短期评级结果进行具体微调的关键性因素。所谓资产流动性指标,是指评价受评对象能否在特定时间内获得充足资金以满足当期债务偿付需求的标准,其反映出受评对象就短期内债务的偿还能力。以短期评级受评对象的特征来分析,资产配置的投机属性决定了流动性为其重要偏好,具备充足流动性的受评对象往往更能够降低市场交易风险,这有助于提升债务人的短期偿债能力,从而有效提升该受评对象的信用品质。具体而言,虽然该受评对象的长期评级处于较低位阶,但由于其短期内资产流动性较好,能够有效保障短期内特定债券的偿付能力,那么对其短期内评级结果可考虑予以上调。因此,问题的关键在于如何合理评估受评对象的资产流动性,如何准确测量资产流动性因素对评级结果带来的事实影响,这也为判定信用评级机构是否正当履行注意义务的核心要件。具体而言,应当结合资本市场常见的融资渠道,对受评对象流动性的生成源头进行合理性审查。现阶段,市场主体融资渠道已然形成内外循环的双重渠道,将证券法视角下的注意义务与一般财务分析方法相结合,信用评级机构的注意义务履行对内外渠道的判断均提出了更为清晰的要求。其一,对内筹资能力的流动性考量,应注重对自身现金流储备、持续盈利能力以及固定资产变现能力三方面的指标观察,其主要评价指标包括但不限于存贷款比率、流动资产比率、流动资产及流动负债比率、税息折旧及摊销前利润(Earings Before Interest, Taxes, Depreciation and Amortization,EBITDA)等具体内容,尤其要着重分析债务人现实资金需求与现有经营资本、货币性资产与货币性负债以及短期投资压力情况,从而对受评对象短期内的主动偿付能力做出合理评定。其二,对外融资能力的流动性考量,应注重对受评对象运用信贷、租赁、股票、债券等渠道获取外部金融机构资金支持的能力评估,其主要评价指标包括但不限于资产负债率、收入现金比率以及现金流量比率等具体内容。[①]除对债务人的日常盈利能力分析外,还应着重对其收现能力、付息能力以及自担保能力进行综合考察。与此同时,还需注意内外流动性评价存在主次影响之分。相对于外部融资渠道的资金获批不确定性以及担保变动的非显著性,内部筹资能力更能够凭借其主观行为能力和客观财产价值来反映受评对象的流动性特征。因此,资产流动性评价也应当以内部筹资能力作为主要定级标准,至于外部融资能力,可以更多地将其设定为上调与否的调整项予以观察。

从风险调整及时性方面进行对比来看,因长期评级与短期评级间覆盖期限长短及风险承受强弱不同,二者风险调整的及时性要求亦有所差异。需要明确的是,强调长期评级与短期评级间存在风险调整及时性的不同要求,并不意味着否认及时准确的风险调整对于信用评级的积极意义,而仅是在注意义务语境下对于二者及时性要求的细化思考,从而为注意义务的差异化履行提供翔实指引。正如前文所述,就同一债务人主体发行的债券产品而言,债

① 参见冯光华等:《信用评级原理与实务》,中国金融出版社 2019 年版,第 358 页。

券期限越短,意味着债券风险越低。因此,长期评级需要将评级覆盖期限内的多元风险因素加以考量,其风险包容性以及可调整范围也会相应提高,从而确保评级结果具备现实的可操作性。然而,就短期评级的受评对象而言,因其评价覆盖期限较短,短期内持有风险相对较低,但这并不意味着其对于市场波动的风险敏感度小,该类受评对象对于评价覆盖期间内可能发生的风险因素反而更为敏感,因自身的投机属性对评级风险及时揭示提出了更高的要求。鉴于此,基于风险调整及时性视角下的注意义务履行,应当对短期评级的结果反映进行更为及时准确的调整,并且其评级结果调整的判断标准也应有效降低。一旦发生可能对短期评级结果产生较大影响的市场事件(理论上无须达到长期评级所要求的严苛的重大性标准),需及时启动评级调整的相关程序,针对特定情况的发生及时公告,提醒市场及投资者注意受评对象可能面临的评级风险,从而达到自身注意义务语境下的专业审慎要求,避免投资者以此为追责事由而提起相应赔偿诉讼。

第四节　评级结果场景下的债券纠纷差异化

对于信用评级机构注意义务违反的行为认定,不仅存在于静态产品特性的类别剖析之中,还存在于动态纠纷解决的经验总结之中。本节审视差异化债券纠纷中最常见的三种诉讼情形,将围绕债券违约诉讼、欺诈发行诉讼以及虚假披露诉讼的认定差异,分析现有规则体系下注意义务违反认定的行为标准,明确不同类型诉讼案件中影响注意义务违反行为认定的侧重因素,以便有效归纳现有司法裁判实践中对注意义务违反认定的经验逻辑,从而为信用评级机构有效履行注意义务提供可靠的现实制度指引。

一、债券违约诉讼中的评级机构注意义务违反之认定

信用评级对于投资者与债券市场具有重要意义。[①] 然而,随着债券违约

① 参见美国证券交易委员会:《信用评级机构在证券市场中的作用和功能的报告》。See SEC, *Report on the Role and Func-tion of Credit Rating Agencies in the Operation of the Securities Markets as Required by Section* 702 (*b*) *of the Sarbanes - Oxley Aet of* 2002, January 2003.

事件的日益增多，[①]关涉债券违约诉讼中信用评级机构责任认定与分配问题的讨论与思考也越发热烈，其中关于信用评级机构“看门人”作用发挥的有效性评价，成为司法诉讼中判断评级机构是否担责的重中之重。针对信用评级机构的专业职责，其注意义务的认定准则应进一步结合债券违约诉讼中受评对象的现实状况，围绕独立性、合规性与及时性三方面综合展开，从而勾画出债券违约诉讼中评级机构注意义务违反的边界。

遵循正常的商业逻辑，债券违约的市场本质是债券信用风险得到了市场定价充分的反馈与分担的合理结果，也是债券市场合理且正常的健康现象，尤其是个体的违约事件有利于形成债券市场信用风险的定价机制。但在我国，一旦发行主体出现实质性债券违约，不仅发行主体会面临诸多困境，个别信用评级机构乃至整个信用评级行业也往往会招致衍生非议。利益受损投资者会认为评级机构未能有效履行其注意义务、提示市场风险，从而影响其投资决策，故评级机构应当对债券违约后的投资损失承担相应责任。需明确的是，就信用评级机构的注意义务而言，其注意义务是否违反与债券违约是否发生并无必然联系，要求信用评级机构担责的依据是评级机构未能依规合理履行自身专业职责，未能有效揭示受评对象的信用风险。现阶段我国债券市场违约事件频发的根本原因并非评级机构的结果误导，更多的则在于宏观动荡及信用收缩大背景下的再融资困难。因此，在关涉债券违约诉讼中，应充分厘清市场因素与评级机构主体因素，不应过度放大主体因素而掩盖原有市场因素，将市场因素作为主体因素的免责托词，而应就其注意义务是否违反予以综合性认定。

回顾以往关于信用评级机构侵权之诉或违约之诉的争论，不难发现，无论是以何为诉因，其案件关注的焦点均在于信用评级机构的履职行为。因此，在债券违约诉讼语境下，最为常见且有效的分析进路是依据评级启动、评级运行及评级结果三方面的全流程推进，来判定信用评级机构是否有效揭示了特定时刻受评对象的信用风险。就评级启动而言，注意义务的判定核心在于评级独立与职业精神的判断。评级独立是发行人付费模式下保障评级结

---

① 随着我国供给侧结构性改革的推进，以及我国宏观经济下行风险的影响，债券违约日益成为一种市场“常态化”的经济现象。参见李安安：《公司债券违约的司法救济：规范分析与体系建构》，载《中国应用法学》2019 年第 5 期。

果公正可靠的首要前提,也是投资者付费模式下防止信用评级机构被俘获的履职基础。[①] 在美国次贷危机中,评级机构失效的重要原因之一就在于其丧失独立性,进而对结构性金融产品产生畸形的评级膨胀。[②] 现实中,评级机构与受评对象之间存在的"甲方乙方"关系,决定了其在业务获取上的天然利益捆绑;随着结构化金融的迅猛发展,其对信用评级结果存在严重的市场依赖,而且评级机构在进行信用评级过程中,还往往为其提供相应的产品设计与咨询等非评级服务,最终导致结构化金融产品出现了严重的"评级购买"现象。[③] 除此之外,我国现有评级市场存在的不正当竞争严重损害了评级独立性的有效落实,部分评级机构采用降低评级标准、评级膨胀等方式来抢占市场份额,导致以级定价、评级虚高等问题更加突出。[④] 在债券违约诉讼过程中,前述评级市场的环境危机将被作为审查信用评级机构独立性的核心参考,并进而判断其是否有效履行评级过程中的注意义务。因此,立足发行人付费模式,采取举证责任倒置模式,由评级机构充分证明自身与受评对象不存在不正当的利益关联。证明内容包括但不限于评级机构是否同时为同一受评对象及其发行人提供多项服务、评级机构与受评对象的发行人及其股东是否存在股权等利益关系[⑤]、评级机构连续为同一受评对象或其发行人提供信用评级服务的期限、评级机构人员回避及定期轮换等自律性措施。与此同时,针对现实中结构化金融产品的复杂设计,评级机构的注意义务履行标准亦需被更为严格谨慎地证明,需结合多方信用评级结果或基础资料予以综合佐证,以支撑自身信用评级结果的独立性与公正性。

确保评级行为能够独立开展,是债券违约诉讼中信用评级机构证明自身已有效履行注意义务的初始性要件。然而,就后续评级过程的推进而言,更

① 参见孟翔韬:《欧盟信用评级机构监管的最新发展及其对我国的启示》,载《金融法苑》2014 年第 1 期。

② 参见刘迎霜:《"发行方付费"模式下的信用评级法律迷局解析》,载《法律科学(西北政法大学学报)》2011 年第 6 期。

③ See Deryn Darcy, *Credit Rating Agencies and the Credit Crisis: How the "Issuer Pays" Conflict Contributed and What Regulators might do about It*, Columbia Business Law Review, Vol. 29, p. 605 (2009).

④ 参见孙飞、韩韬:《中诚信的尴尬》,载《金融世界》2012 年第 8 期。

⑤ 例如,欧盟《信用评级机构条例》要求评级机构的股东不能在一个以上的评级机构同时持有 5% 或以上的投资,禁止对任何其他评级机构行使或有权行使控制权等决定性影响。

为重要的是评级流程与评级行为的合规性审查。信用评级机构需充分证明自身在评级过程中严格遵循了标准规范的评级流程,充分收集了现有可提供的全部评级资料,对评级资料进行了专业准确的分析处理,并且在数据收集、分析、计算到报告的编写等过程中均不存在故意和重大过失等情形。[①] 在此过程中,首先,围绕项目立项和项目准备,信用评级机构应当就主动评级与委托评级的差异化要求,细化、明确评级双方的权利义务,符合人员组成专业性与公正性的基础性要求,并且对评级资料收集充分做到重要性、时效性及差异性的甄别选择,充分压实尽职调查过程中的责任分配。其次,围绕信用风险分析及报告撰写等环节,对已收集的基础信息进行标准化处理,进一步增强对评级方法和流程的检查评估;[②]就数据模型构建与定量定性分析进行常态化效果评估,密切关注数据模型中指标之间的关系及变动规律,准确核实无法合理解读的指标背后的原因,以及能够支撑受评对象现有实力的基础性原因,从而对评级观点的形成开展全方位的论证支撑,确保评级报告的撰写质量。最后,围绕等级评定与跟踪评级,评级机构的注意义务体现在评审委员会的组织活动、评级结果的反馈修订以及后续跟踪评级开展等方面。评审委员会应由机构内部专业资深的人员组成,其需有效评价分析评级小组提供的各项支撑材料,对涉及评级结果的关键因素部分进行充分质疑答辩,并且合理处置结果反馈之后的复议申请,及时向社会公布最终评级结果。除此之外,倘若双方事前协商约定跟踪评级的内容与方式,在特定期间内信用评级机构需充分履行后续跟踪评级义务,以确保风险揭示功能的有效发挥。

检视我国债券市场的发展现状,其始终存在评级符号失真、评级区分度不明显以及市场生态不良等问题,高评级已然成为我国债券评级的一大特色。基于债券市场的普遍共识,所谓 AAA 评级,意味着该受评对象偿债能力极强,基本不受不利经济环境波动影响,违约风险极低。但与此不相符合的是,自 2020 年以来,AAA 评级债券的违约数量却呈现激增趋势,并且从违约率来看,高等级债券的违约率也在进一步提高。根据 Wind 数据库统计,2018

---

① 参见杨光:《角色定位与功能实现:信用评级机构的"看门人"机制探究》,载《经济法研究》2017 年第 2 期。

② 参见窦鹏娟:《后危机时代评级机构的监管改革、评价与未来趋势》,载《人大法律评论》2017 年第 3 期。

年度仅有4只AAA债违约,AA+评级的债券违约率为9.8%;2019年度有10只AAA债违约,AA+以上评级的债券违约率为25.85%;而2020年至今,已有华晨汽车、永煤控股、紫光集团等19只AAA债发生违约,AA+以上评级的债券违约率高达48%。[①] 高等级债券的爆雷频发,意味着债券违约过程中信用评级机构的风险正在被逐步放大,信用评级的价值信仰发生动摇。在此情形下,信用评级及时性的关键意义进一步凸显。及时性标准强调信用评级机构自作出评级结果之后,应对跟踪评级期可能影响受评对象信用评级的重大事件需要时刻保持密切关注,对必要事件的发展予以及时的风险预警提示,并对评级结果予以及时准确的动态调整。以2020年永煤控股的"20永煤SCP003"债券违约事件为例,中诚信国际作为该债券产品的信用评级机构,在该债券产品11月10日违约的前一天,仍对该产品作AAA评级,直至发生实际违约之后,中诚信国际才将永煤控股主体信用等级由AAA调降至BB,并列入可能降级的观察名单。与此相类似,2020年10月,紫光集团多只存续债券出现暴跌,而紫光集团的"17紫光PPN005"违约债券的发行评级仍为AAA,直至"17紫光PPN005"发生实质违约后,相关机构才将紫光集团主体信用等级由AA调降至BBB,并继续列入可能降级的观察名单。[②] 诚然,信用评级机构依据发行时的受评对象状况给出相应评级本无可厚非,但其轻视甚至无视跟踪评价的更新提示义务,不符合信用评级机构有效履行注意义务的要求。信用评级机构的评级行为并非自评级结果公布之日起结束,特别是在附有跟踪评级要求的评级行为中,后续跟踪评级的时效性与准确性是判断是否能够正确揭示债券风险的重要试金石,也是债券信用评级存在的意义所在。目前,我国信用评级市场中普遍存在预警信息滞后的问题,当债券发生实质违约之后,评级机构才对发行主体或特定债项的信用评级予以降级。这至少说明信用评级机构在债券违约发展过程中未能及时有效地揭示风险,未能尽到合理的注意义务,由此给后续债券违约诉讼中的追责启动埋下了隐患。

---

① 数据来源:Wind数据库,https://www.wind.com.cn,2020年10月15日访问。

② 参见《中诚信国际关于调降紫光集团有限公司主体及相关债项信用等级的公告》,载上海证券交易所官网,http://www.sse.com.cn/disclosure/bond/announcement/company/c/2020-11-16/4029616224185232424035l9.pdf。

二、欺诈发行诉讼中的评级机构注意义务违反之认定

与债券违约诉讼不同，欺诈发行诉讼有其独特的法律要件构成与行为性质判别，二者在法律属性与主观程度上亦存在差异之处。欺诈发行诉讼主要围绕债券发行过程中的信息披露义务展开，其核心聚焦于包括信用评级机构在内的中介机构“看门人”的责任认定与分配问题，具体包括发行人责任与中介机构的责任区分、中介机构内部各主体的责任区分以及如何进一步提炼出适用于信用评级机构责任区分的规则三大问题，此乃欺诈发行诉讼中认定信用评级机构是否存在违反注意义务行为且如何担责的关键问题。

沿循法学视角中权利与义务的生成机理，探讨责任承担的前提是必须存在职责的划分，信用评级机构是否担责，如何担责，均取决于其所承担职责的范围与程度。① 中介机构“看门人”作用存在的实质意义，在于资本市场投资者期待以专业化机构的力量介入，从而有力减少资本市场中的信息不对称，②但为了平衡委托人与公众、监管者之间的利益，监管者也对中介机构施加外部职责规范并科以相应的责任。③ 因此，包括信用评级机构在内的中介机构职责的生成，源于市场自发与监管约束的双重控制。依照权利义务相适应的基本法理，中介机构是在特定的专业领域发表专业意见的机构，需要且仅需要在相应领域内承担相应责任即可，其责任范围的确定与划分应以自身专业为主要依据，以具体工作内容的专业性强弱进行义务的增减，视情况赋予一般理性人的注意义务或者高度注意义务等。④ 上述中介机构责任来源的前置性论述，为后续厘清欺诈发行诉讼中信用评级机构注意义务范围提供了必要的理论基础。

在欺诈发行诉讼中，判断信用评级机构是否有效履行注意义务的首要标尺是严格界分发行人责任与中介机构责任，这是认定信用评级机构违反注意

① 参见郭雳、李逸斯：《IPO中各中介机构的职责分配探析——从欣泰电气案议起》，载《证券法苑》2017年第4期。

② 参见[美]约翰·C.科菲：《看门人机制：市场中介与公司治理》，黄辉等译，北京大学出版社2011年版，第4页。

③ 参见郭雳：《证券律师的行业发展与制度规范》，法律出版社2013年版，第64页。

④ 参见陈洁：《评级机构侵权责任之构造——以公众投资者因评级错误导致投资受损为视角》，载《法律适用》2012年第3期。

义务的责任前提。观察五洋债、欣泰电气及振隆特产等典型案例可以看出，发行人对外进行信息披露的申报材料需要事前交由保荐人、会计师事务所、律师事务所及信用评级机构予以审核评估，发行人欺诈发行的成功实施则意味着上述中介机构未能有效发挥质量控制作用，从某种程度上而言，存在未能勤勉履责的行为可能。虽然在现有欺诈发行的监管实践中，证券监管机构往往倾向于对发行人与中介机构同时作出处罚，但在严格的司法程序视角下，发行人责任与中介机构责任实则存在天然差异，并不存在必然的关联，因此也给信用评级机构违反注意义务的行为认定提供了制度空间。需认识到，任何中介机构的存在都无法绝对消除市场中的信息不对称及欺诈发行行为的产生，其效能发挥的目的是尽力抑制或降低不当行为的发生可能性。而以结果为导向的归责原则是对中介机构的过度苛求，正确的价值视角应是关注履职行为的正当与否。在目前缺乏关涉欺诈发行案件中信用评级机构担责的具体案例情形下，梳理现阶段证券监管机构的处罚依据发现，处罚中介机构或要求其承担责任均是以其“未能勤勉尽责”为主要事由，但在具体认定注意义务的违反与否时，监管机构则十分注重判别中介机构对程序性事项的履行情况。基于现有的监管立场，倘若中介机构能够依据正规标准行为规程，以符合业内专业的判断标准，充分尽自身所能完成相关工作，并出具最终的专业意见，则可视为已有效履行了自身的注意义务。例如，证券监管机构认为在前文所述的欣泰电气案中，涉案会计师事务所在发现发行人财务状况存在明显异常后，未能及时予以审慎关注，且未能及时实施替代程序获取充分适当的审计证据，故而判定该会计师事务所未能有效履行自身注意义务。

责任制度的有效性取决于其边界清晰度，评级机构专业意见是一种预测性意见，具有天然的局限性，因此，其责任也应当具有边界。若一味地扩大责任的适用范围，不仅无益于发挥不利后果承担的约束作用，而且存在限制主体能动性的消极影响。鉴于此，对于判断信用评级机构注意义务履行的审查标准，应当以客观适度的适用原则来确定，不应以欺诈发行后的结果导向去判别其注意义务违反与否，应回归评级进行时的客观公正的行业标准予以衡量裁定。① 事

① 参见阎维博：《金融对外开放中信用评级监管挑战与制度因应》，载《中国流通经济》2019 年第 12 期。

实上,对于欺诈发行诉讼中信用评级机构履行注意义务的效果审查,应充分坚持现有规则设定与实际操作运行的双重检视,着重于信用评级机构应该"做什么"与具体"怎么做"的行为判断。[①] 具体而言,其一,对于信用评级机构应该"做什么"的考察,应坚持以既有的有效规章制度,对比审查信用评级机构的自身规则设定得正当与否,借助信用评级相关管理办法及执业规则等设定,明确信用评级机构的评级行为内容,审查信用评级机构的"做什么"是否能够达到制度设定的专业标准;[②]其二,对于信用评级机构应该"怎么做"的考察,其核心是要求查验信用评级机构在出具信用评级意见的过程中使用何种方法、是否遵循程序,判断其评级行为是否与现有制度设定相符,是否满足程序的合法性与适当性的要求。这两种行为判断,尤其是后者"怎么做",已成为判断信用评级机构是否存在违反注意义务行为的核心。也可逆向推知,信用评级机构在今后欺诈发行诉讼中主张免责抗辩,应强调自身已经遵循现有制度规定并设计了完整有效的评级程序,并依照既定程序进行了充分彻底的信息核验与评级分析工作,在依据自身收集能力和判断能力的基础上,已持续性、多方面地充分验证了信息的真实性、准确性和完整性。

评级报告作为信用评级机构专业意见的客观载体,是判断信用评级机构是否违反注意义务的责任基础。但在实践中,由于各中介机构存在职责重叠与分工配合,评级报告的内容并非仅仅源于信用评级机构一方,其中存在大量的相互引用与相互担保之处。因此,在有效区分发行人责任与中介机构责任之后,信用评级机构的注意义务履行判别还应当充分厘清信用评级机构与其他中介机构之间交叉引用情况下的责任主次关系。以正常的信用评级行为推进为例,评级意见的出具必然要基于会计师事务所出具的审计报告,并且评级报告的撰写过程也必然涉及对审计报告中具体数据的引用。显然,出于对各中介机构专业能力及实践效率的考量,要求各中介机构对引用其他中介机构出具的非本专业意见承担完全保证责任,有违资本市场运行规律且不

---

① 参见郭雳、李逸斯:《IPO 中各中介机构的职责分配探析——从欣泰电气案议起》,载《证券法苑》2017 年第 4 期。

② 证监会发布的《资信评级机构出具证券公司债券信用评级报告准则》明确要求,"资信评级机构应建立健全统一的内部信用评级标准和程序,并在出具评级报告时保持所依据的标准和程序的一致性"。

符合权责一致的法律原则。而借鉴成熟资本市场的做法，赋予中介机构"合理信赖"其他专家出具的专业意见而免责的权利是现行普遍的选择。[①] 就信用评级机构而言，信用评级机构在引用会计师事务所的审计报告时，无须就审计报告的真实性承担专业性的保证责任，也无须关注相关交易事项是否计入有关会计科目，其只需要基于自身一般性认识，对相关会计科目形成初步了解，对该报告的真实性予以一般性审查即可。信用评级机构在没有发现该报告存在明显且重大问题时，履行了"普通人一般的注意义务"后，有充足的理由相信该审计意见，可以选择将其引用于评级报告之中。但需注意，上述一般性注意义务的免责事由，仅是针对信用评级机构涉及非本专业意见的引用免责，其目的在于保护各中介机构间合理的信赖利益，[②]以免扩大专业责任的承担范围。而对于信用评级机构基于自身专业能力而得出的专业性意见，如运用评级模型对受评对象的盈利能力与偿债能力进行分析论证、关注解读地区经济发展对于受评对象的潜在影响等情形，这些属于本专业范畴之内的特定事项，因此不得以引用其他机构意见所需的一般性注意义务为抗辩事由，而应以特别注意义务为衡量标准，判断信用评级机构自身的履职情况。[③] 关于欺诈发行诉讼中信用评级机构与其他中介机构的责任划分，在现有规则缺乏明确区分的情形下，可考虑鼓励各中介机构事先就各自专业意见中交叉引用的权利义务以及责任承担予以明确协商约定，并附于债券募集说明书中一并披露。

三、虚假陈述诉讼中的评级机构注意义务违反之认定

虚假陈述（虚假披露）往往与前文所述欺诈发行等债券违法行为相伴相行，但因其具备自身独特的行为构成与规则适用而成为证券法治关注的焦点。契合信用评级机构的运行实质，虚假披露诉讼中的评级机构注意义务违反之认定可以归结为构成要件、归责原则与责任承担三重要素。以新《证券

---

① 参见郭雳：《证券律师的职责规范与业务拓展》，载《证券市场导报》2011 年第 4 期。

② See Nicholas Rafferty, *The Tortious Liability of Professionals to Their Contractual Clients*, *Issues in Tort Law*, The Carswell Company Limited Toronto, 1983, p. 246.

③ 参见《清华大学教授汤欣解读〈证券公司保荐业务规则〉中的勤勉尽责标准》，载中国证券业协会官网，https://www.sac.net.cn/hyfw/hydt/202012/t20201215_145016.html，2020 年 12 月 15 日访问。

法》第 56 条为主旨统领，坚持以《证券市场因虚假陈述的若干规定》第 17 条为认定核心，并明确《全国法院审理债券纠纷案件座谈会纪要》第 30 条的归责原则，从而合理厘清虚假披露诉讼中信用评级机构注意义务的内容边界与合规要点。

与“买者自负”的投资者理念相对应，“卖者尽责”也必然是资本市场对于发行人以及中介机构提出的要求。“卖者尽责”的核心要义是要求融资方充分保证所披露信息的真实性、准确性与完整性，为投资者做出正当投资决策提供必要信息基础，而虚假披露的行为无疑有违前述规定。[①] 认定信用评级机构在虚假披露诉讼中的注意义务违反行为，需要明确何谓虚假披露以及其评级行为是否受虚假陈述的规则约束。立足于狭义的文义解释，《证券市场因虚假陈述的若干规定》所规制的虚假陈述行为并未明确适用于债券市场，[②]但虚假陈述的实质是以扭曲的信息披露扰乱正当的投资决策，从而获取不正当的市场收益，该类行为无论置于股票市场还是债券市场，都具有相同的市场危害。因此，在“11 超日债”虚假陈述案件中，虽然被告协鑫集成公司辩称债券产品不应当适用《证券市场因虚假陈述的若干规定》，但法院以体系解释的视角，认为《证券市场因虚假陈述的若干规定》是对《证券法》的完善与补充，并且其法律调整范围与损害因果关系均不能排除债券产品的适用，故而认定涉案债券应受《证券市场因虚假陈述的若干规定》的调整约束。同理，既然相应规定可扩张至债券领域，信用评级机构亦应当遵守。具体而言，在虚假陈述诉讼中，信用评级机构的注意义务应分为内部注意义务与外部注意义务。所谓内部注意义务，是指信用评级机构自身的评级行为不得有虚假陈述的行为，不得出于服务费收取、市场份额争夺以及与发行人关系等原因，不当扭曲正常的评级原则与模型设定，故意隐瞒可能影响受评对象信

---

① 《中华人民共和国证券法》（2019 年修订）第 56 条规定：“禁止证券交易场所、证券公司、证券登记结算机构、证券服务机构及其从业人员，证券业协会、证券监督管理机构及其工作人员，在证券交易活动中作出虚假陈述或者信息误导。”除此之外，《证券市场资信评级业务管理暂行办法》亦明确规定，证券评级机构及其从业人员未勤勉尽责，其出具的文件有虚假记载、误导性陈述或者重大遗漏的，应当承担相应法律责任。

② 有观点认为，该司法解释从文义上看仅提到与股票有关的股款，而未提及与债券有关的债款概念，并且从法律关系上看，基于股债性质的不同，债券发行人无法按照约定支付本息，其救济方式与股票投资者完全不同，因此，该司法解释仅适用于股票投资者。

用评级的不利因素，从而无法独立、客观准确地作出反映受评对象投资风险的评级意见。信用评级机构的评级结果带有明显的预测属性，但其注意义务的专业性要求并不能因此减弱。所谓外部注意义务，是指信用评级机构在审查核验受评对象信息时，不得参与或隐瞒受评对象的虚假陈述行为，其就受评对象可能存在的虚假记载、误导性陈述、重大遗漏或不正当披露，均应尽到一般性注意义务，应进行审慎核查和必要的调查、复核工作，以确保自身在后续虚假陈述诉讼中具备合理免责事由。

明确在虚假陈述诉讼中注意义务履行的行为要求，仅为阻隔信用评级机构责任承担的第一步，而有效把握诉讼中归责原则的设定，方为厘清注意义务履行效果的关键。随着《全国法院审理债券纠纷案件座谈会纪要》的出台，过错推定原则作为中介机构在债券虚假陈述诉讼案件中的归责原则得以确立。值得注意的是，《全国法院审理债券纠纷案件座谈会纪要》取消了《证券市场因虚假陈述的若干规定》第 9 条要求的所诉虚假陈述行为已经有关机关行政处罚或生效刑事裁判文书认定的前置程序要求。除此之外，《全国法院审理债券纠纷案件座谈会纪要》也围绕债券特性，进一步明确了适用于债券市场虚假陈述民事责任追究的裁判思路与分析框架。以《全国法院审理债券纠纷案件座谈会纪要》第 22 条、第 29 条为例，以往证券法规制的虚假陈述指的是"可能影响上市交易的公司债券的交易价格产生较大影响的重大事件"，虽然有重大性标准但涵盖范围广，《全国法院审理债券纠纷案件座谈会纪要》则进一步规定为"与发行人偿付能力相关的重要内容"，这契合了债券还本付息的设计实质，密切了虚假陈述与投资损失之间的因果关系。回归纪要的规则文本不难发现，《全国法院审理债券纠纷案件座谈会纪要》实则汲取了以往《证券法》、债券监管规则以及行业自律规则的积极经验，主要在其第 31 条规定了信用评级机构等债券服务机构的过错推定原则，规定以虚假陈述行为是否足以影响投资者对于发行人偿付能力判断为标准，且信用评级机构无法证明自身已按照相关要求充分履行应有的注意义务的，应认定存在过错。在实践中，由于信用评级具备高度的专业技术属性，一般投资者只能被动接受评级结果，无法主动证明评级机构存在主观过错，投资者与信用评级机构存在事实上的地位失衡。[①] 鉴于此,过错推定原则的引入适用,使投资者只需要证实评级机构的评级报告存在错误或虚假陈述,除非评级机构能够证明自己没有过错,否则其就应当承担相应的过错责任。但过错推定责任的适用并非意味着信用评级机构注意义务的无限制扩张,《全国法院审理债券纠纷案件座谈会纪要》明确规定了信用评级机构的注意义务应当以自身工作范围与专业领域为限,同时还应当充分考虑评级过程中注意义务的履行情况,区分故意与过失的主观差异,从而减少过错程度与责任承担的失衡。从某种程度出发,在我国当前信用评级行业尚不发达的情况下,如果径行忽略评级机构的主观过错因素,强制其承担无过错责任,这无异于将大部分市场风险转嫁由评级机构承担,而让投资者享受稳定的投资收益。如此权利与义务的错配,不仅不利于整个信用评级行业的发展,恐怕还有倒蚀社会信用基础的潜在危害。因此,对于中介机构的问责需要予以审慎对待,应进一步明确虚假陈述诉讼案件中注意义务的判别标准,切忌矫枉过正而挫伤中介机构的市场积极性,避免其因过高的从业风险而选择黯然离场。[②]

另外,在虚假陈述诉讼中,信用评级机构的注意义务是否应当存在公募债与私募债的债券属性界分,也存在相关认定争议。有学者认为,《证券市场因虚假陈述的若干规定》的债券规制范围仅仅限于公募债,故该司法解释对信用评级机构的责任认定也仅能适用于公募债的情形。究其原因,在公募债券的情形下,由于公众投资者的市场博弈能力和风险承担能力存在事实上的弱势地位,信用评级机构的专业认可以及选择依赖决定了其责任承担的范围理应较大;而在私募债市场中,由于交易相对方通常是具备相应风险识别和承担能力的合格投资者,投资主体的不同将直接影响到信用评级机构过错的判断,其理由为,“虚假信息是否会导致投资者的误认,使投资者在误信的基础上做出投资决策,需要考虑具体投资者的知识和能力,判断具有相应知识并具备相应判断力的投资者是否陷入错误,将虚假信息当作了真实信息,从而得出结论”。在虚假陈述诉讼中,是否应当区别公募债与私募债的投资者

---

① 参见陈洁:《评级机构侵权责任之构造——以公众投资者因评级错误导致投资受损为视角》,载《法律适用》2012 年第 3 期。

② 参见洪艳蓉:《债券市场化改革下半场 投资者权益保护新篇章——〈全国法院审理债券纠纷案件座谈会纪要〉解读》,载《人民法院报》2020 年 7 月 23 日,第 5 版。

而对信用评级机构的注意义务予以差别化认定，要求加重公募债情形下虚假陈述的注意义务标准，这或许并不必要。从《证券市场因虚假陈述的若干规定》的立法源流来看，出台于2003年的《证券市场因虚假陈述的若干规定》实则依据的是1998年《证券法》第63条内容而制定，[①]而1998年《证券法》并未将非公开发行的证券纳入规制范围。但就新《证券法》来看，其已将非公开发行的证券纳入了规制范围。因此，《证券市场因虚假陈述的若干规定》是依据《证券法》等相关法律法规为正确审理证券市场因虚假陈述引发的民事赔偿案件制定的司法解释，是对《证券法》的完善和补充；对证券虚假陈述民事赔偿司法解释的解释应当结合《证券法》的相关规定，私募债为该司法解释发布后因《证券法》修订而补充添加，并不能以该司法解释来否定非公开发行证券的适用。并且，该适用范围也得到了《全国法院审理债券纠纷案件座谈会纪要》的确认，该纪要将公司债券、企业债券等一并纳入适用，并强调，"人民法院在审理此类案件中，要根据法律和行政法规规定的基本原理，对具有还本付息这一共同属性的公司债券、企业债券、非金融企业债务融资工具适用相同的法律标准"。[②]

---

① 1998年《证券法》第63条规定："发行人、承销的证券公司公告招股说明书、公司债券募集办法、财务会计报告、上市报告文件、年度报告、中期报告、临时报告，存在虚假记载、误导性陈述或者有重大遗漏，致使投资者在证券交易中遭受损失的，发行人、承销的证券公司应当承担赔偿责任，发行人、承销的证券公司的负有责任的董事、监事、经理应当承担连带赔偿责任。"

② 《全国法院审理债券纠纷案件座谈会纪要》第2条。

第四章 信用评级机构违反注意义务的规制体系

场景式思路对评级机构违反注意义务的类型化研究,只能为信用评级机构违反注意义务的认定提供一个可行的思路,而深层次的认定标准与规制体系尚需进一步推导。具体可供参考的认定标准,尚需发掘司法实践中诉因转变背后的裁判要义转向,从而为后续认定信用评级机构注意义务的司法规则创制更为积极有效的实践指引。不同的认定标准将导致不同的认定结果,不同的结果亦将触发不同的诉因,环环相扣,密不可分。对评级机构违反注意义务的诉因以及认定标准的考察,奠定了信用评级机构违反注意义务的规制基础。而一个体系化的规制框架,还需将评级机构违反注意义务的责任承担纳入进来,才能圆融完整。否则,评级机构违反注意义务的认定标准就成了形同虚设,不足以有效威慑评级机构认真、审慎地履职尽责。

第一节 评级机构违反注意义务的诉因解构

注意义务并非理论上单一法律关系的点对点交互,在现实情形中往往引起多重法律关系的交织,因同一信用评级机构违反注意义务的行为,同一当事人可以提出不同的诉讼请求,也可以选择不同的诉讼策略。与此相对应,对信用评级的法律责任也应当基于不同的法律关系选择而进行差异化判断,即注意义务责任追究诉因面临多样化选择。诉因并非一成不变,而是伴随债券市场对于信用评级机构的认识深入以及投资者利益诉求的多元选择而不断发生着改变。欲实现诉因的周延总结,势必应当建立在丰富的案例基础上,考量市场主体缘何化身诉讼主体的动机。诚如前文所述,我国关于信用评级机构的既有案件较少,如果仅局限于这些少量样本,疏漏极易产生,更无法因时而变地扩容目前司法实践中尚未出现的诉因类型。自20世纪初信用评级行业在美国诞生以来,历经百年,诉因先后经历了从诽谤之诉到产品责任之诉、从故意干扰他人预期商业关系之诉到反垄断之诉,以及《公平信用报告法》(Fair Credit Reporting Act, FCRA)法下失职性违规规则在信用评级机构法律责任中的适用和专业人士失职之诉的兴起三重阶段。通过对诉因变迁背后资本力量与利益博弈的准确把握,有助于进一步指导信用评级机构注意义务标准的有效构建,清晰界分信用评级机构担责与否的应然界限。

一、诉因的起源:从诽谤之诉到产品责任之诉的变迁

前文所述的美国橙县诉标准普尔案,积极意义在于明确了当时作为金融信息出版机构的信用评级机构,因其违反了具备普适性法律的行为将无法受到美国《宪法第一修正案》的保护这一基础性原则,也为受损投资者明确指出了两种可以援引的诉讼诉因:一是以信用评级合同违约之诉,二是专业人员失职的侵权之诉。然而,该案在诉因方面也存有无法避免的时代局限性,以合同违约而提起诉讼很容易被信用评级机构设立在格式合同中的免责条款所驳回。该案过多强调合同违约的判断识别,对后续专业人员失职的侵权之诉无形中设置了应用阻碍,且其并未有效解决该案中的合同权利与义务的实体纠纷,也实际阻塞了违约之诉的进路疏通。该种情形使受损投资者迫切需要找到全新的诉因突破口。在此背景下,侵权法项下的诽谤之诉逐渐进入受损投资者的选择视野。

基于信用评级机构的社会外部性影响,不正确的评级报告可能会给受评对象带来不正当的商业声誉减损,特别是当严重低估受评对象信用能力的报告在资本市场上广为流传时,势必会对受评对象的融资渠道及融资机会带来负面影响。[①] 纵观债券信用评级机构发展的百年历程,因债券信用评级受到利益损失而以诽谤之诉向信用评级机构请求赔偿的司法案例并不多见,而以

① 参见龙俊:《商业诋毁构成要件研究——兼评新〈反不正当竞争法〉第11条》,载《河北法学》2019年第4期。

错误的资信评估为由而状告企业资信评估机构以及个人信用评估机构的案例居多,其中尤为著名的是邓恩与布拉德斯特里特公司诉格林莫斯建筑公司案(以下简称 D&B 公司诉格林公司案)。[①] 在该案中,一个出具信贷报告的机构邓恩与布拉德斯特里特公司(以下简称 D&B 公司)因其职员的疏忽而错误地出具了一份报告,该报告含有格林莫斯建筑公司(以下简称格林公司)正在申请破产的错误信息,格林公司提起诉讼要求赔付 35 万美元。法官在该案审理过程中查明了被告 D&B 公司所涉及的不当行为:原告格林公司的一名前雇员曾提出过破产申请,此后,D&B 公司的一名年轻雇员以每年花费 200 美元的代价查阅该州的破产申请档案。由于粗心,该年轻雇员将关于原告前雇员的破产申请当作原告的破产申请,并将这一错误信息报告给了 D&B 公司。D&B 公司的代表后来在诉讼中表示,按照 D&B 公司的标准规程,其在信用报告涉及一个破产企业时,D&B 公司本来应向该企业进行核实破产信息的真实性,但是出于种种原因,被告 D&B 公司并未在信用报告出版前进行核查。在诉讼过程中,原被告双方的争议焦点主要集中于信用报告机构是否属于新闻媒体,是否得以适用美国《宪法第一修正案》对于新闻自由的保护上。因为根据美国判例法规定,新闻媒体与非新闻媒体的划分对于诽谤之诉的成立与否至关重要。对此,佛蒙特州最高法院认为:(1)该信用报告的服务对象是经过信用评估报告机构自身选定的,且通过与订阅者之间的合同条款,订阅者负有对该金融信息的保密义务,其服务对象均非新闻媒体的一般公众,具备明显的特定性;(2)信用报告机构所提供的金融消息并非一般新闻媒体所提供的由公众消费的大众信息,而是具备特定专业属性的专业化信息;(3)被告相对传播特权的抗辩虽然在佛蒙特州以外的地区有过先例,但在该州境内并未有先例支持,并且本案中被告错误行为的性质十分严重,对原告产生了极大的负面影响;(4)基于 D&B 公司与格林公司间的力量对比差异,以及信用时代对于信用信息的尤为重视,法院应当做出有利于受害者个人的解释。最终,法院以信息对象的特定性以及信息种类的专业性为由,遵循了前文所述美国法院的司法判例规则,拒绝承认信用报告机构的新闻媒体资格和出版机构地位,驳回了被告关于非新闻媒体的扩大适用以及相

① See Dun & Bradstreet INC. v. Green Moss Builders, 472 U. S. 749 (1985).

对传播特权的抗辩理由，判令 D&B 公司向格林公司支付赔偿金额。

D&B 公司诉格林公司案是美国资信评级历史上第一次受评对象对信用评级机构提起诽谤之诉且获得胜诉的重要案例，其给当时的受损投资者提供了一种全新的可行通道。然而，以诽谤为诉因起诉信用评级机构在美国的司法语境下存在很大的局限性，并非当然能获得司法力量的绝对支持。[①] 具体而言，该局限性主要体现为三点：(1)各州法律的不一致给原告对于信用报告机构或者证券评级机构提出诽谤之诉形成了很大的不可预见性。美国法院在审理关涉诽谤案件时适用的是各州的法律，即使由于原被告双方并不在同一州而由联邦法院行使管辖权，其适用的法律也仍为各州的法律。现实中，对于由信用报告机构或证券评级机构的不当行为而引起的诽谤诉讼，往往牵涉诸多争论较大的法律问题，因各州法律对此的规定不尽相同，由此诽谤诉因的案件获胜率并不具备可预见性。(2)对于信用报告机构或信用评级机构提起诽谤诉讼，仍然需要越过美国宪法修正案对新闻机构传播特权的保护性限制。正如前文所述，这需要推翻信用评级机构对新闻媒体的保护特权，需要证明被告的错误信用评价行为是出于切实的恶意，然而在实践过程中，原告对此需要达到有效证明程度，这有着很大难度。[②] 除此之外，信用评级机构还可以受到美国各州普通法上的相对传播特权保护，如上文所述 D&B 公司诉格林公司案中法院是基于该州并未存在承认相对传播特权的先例考量而拒绝该规则的法律约束力，但对于其他认可相对特权传播的州而言，无疑将阻碍诽谤之诉的胜诉可能。(3)美国各州对于提起诽谤之诉的诉讼时效规定均较短，这不利于以诽谤为诉因提起诉讼。现实中，美国各州法律规定的诽谤之诉的时效多为一年或两年，而实践中，受评对象很难在短期内发现评级报告的评估错误，即使在发现之后也较少在第一时间提起诽谤之诉。因此，诽谤之诉固然为评级机构受诉提供了全新的救济渠道，但存在的应用局限性使其难以被大规模推广适用。在此情形下，对信用评级机构的产品责任之诉逐步登上司法实践的历史舞台，开始发挥其指引信用评级机构注

① 参见盛世平：《美国证券评级机构的法律责任》，南京大学出版社 2005 年版，第 77 ~ 80 页。

② 从理论上来讲，切实恶意包括明知陈述内容错误或对陈述内容的正误全然不顾两种情况下的主观心理状态。参见方添智：《信用评级利益冲突规制研究——以美国为中心的研究与借鉴》，中国商务出版社 2012 年版，第 75 页。

意义务的独特效用。

对信用评级机构的产品责任之诉,其核心在于将传统侵权责任法中的产品责任标准引入了证券评级领域,从一定程度上跳出了原有违约之诉、专职人员过失之诉以及诽谤之诉的固定视野。基于对美国资本市场的实践观察发现,将产品责任与证券评级相结合,并非受损投资者的异想天开,而是由美国律师得以切实应用的制度创设。现实中,在丰厚律师服务费用的巨大激励下,美国律师已然率先将产品责任引入了出版领域。在布洛克尔斯拜诉美利坚合众国及杰斐逊公司案中,①所涉及的航空地图存在错误导致根据该航空地图飞行的飞机失事,造成了机毁人亡的悲剧。对此,原告律师第一次选择以产品责任为诉因,提起对该航空地图出版公司的诉讼,并且在最终的法院判决中,法院支持了原告依据产品责任而提起的诉讼请求,依据严格责任判定原告需要支付相应的赔偿金。本案的最大突破是将产品责任引入了出版领域,为出版物可否归为产品做出了司法认定。与一般的有形产品不同,出版物的核心价值并非在于其物质载体本身,而是在于其所承载、表达和传递的信息内容。依据该案判决的思路,既然作为航空地图的出版物可以被视为相应的产品,那么其缺陷造成了事实损害,可要求出版公司承担相应产品责任。由此类推至信用评级报告,当信用评级机构因未能有效履行自身注意义务而出具了"缺陷"的评级报告时,是否也可以要求信用评级机构承担相应的产品责任,这在外观层面上并不存在类推适用的障碍。但在信用评级机构的注意义务视角下,将信用评级报告归类为产品范畴,却存在事实上的限制性因素。与一般的出版物有所不同,信用评级报告应被归类为信用评级机构提供的"某种产品",还是应被认定为信用评级报告提供的"某种服务",目前对此尚无明确定论。与此同时,因产品缺陷造成的事实损害与因不当信用评级行为造成的事实损害也存在结果差异。一般而言,产品缺陷造成的损失多为人身损害或财产损害,但对于信用评级而言,受损的事实可以为受评对象的名誉损害,而由此引发的财产损害或者投资者基于错误评级信赖而造成的财产损害等,该类损害结果在因果关系触发上均与传统产品责任理论存在较大差异。为此,在司法审判实践中,对于信用评级领域中产品责任诉因的引

① See Brockelsby *v.* United States & Jepheson & Co. , 767 F. 2d 1288 (1985).

入虽然开阔了一条全新思路,但其具体应用应慎重,需要结合特定的案情予以具体化的认定。

二、诉因的演进:从故意干扰他人预期商业关系之诉到反垄断之诉

观察由诽谤之诉到产品责任之诉的选择变迁可见,虽然其在具体的应用过程中较为鲜见且理论可操作性也尚待考量,但置于对信用评级机构的民事责任认识角度而言,上述诉因的转变更多体现为一种对原有美国《宪法第一修正案》的突破性尝试,这打破了原有信用评级行业权利义务不均等的保护"金身",为原有信用评级机构的责任诉讼提供了另一种全新的应用思路及可能。与此同时,随着信用评级机构的发展步入 21 世纪,关于信用评机构法律责任的诉因探索也逐步延伸到从故意干扰他人预期商业关系之诉到反垄断之诉。在此阶段,信用评级机构诉因的理论专业化与要素多元化的水准,不仅为受损投资者提供了岗位丰富的诉因选择,也加深了司法实践对于信用评级机构注意义务与法律责任的理论了解,为后续信用评级机构法律责任的构建奠定了全新的思想基础。

总结前文所述诽谤之诉与产品责任之诉的适用局限性发现,其多是围绕美国《宪法第一修正案》以及产品责任的范围边界予以限定性约束,而故意干扰他人预期商业关系之诉的针对性选择,更加聚焦对于信用评级机构评级行为与因果关系的属性界分。因此,美国"故意干扰他人预期商业关系之诉"第一案——杰斐逊县学区诉穆迪投资者服务公司案予以说明。[①] 在本案中,原告杰斐逊县学区提出了三个诉因,除第一项"误性报道损害之诉"外,还另外创造性地提出了"故意干扰他人预期商业关系"(intentionally interfere with contractual relations)和"反垄断"两项诉因。这两项诉因的提出看似离奇偏执,但由此针对信用评级行为的性质认定与责任承担却能阐发全新的思考。本案发生在 1993 年,杰斐逊县学区决定通过发行再融资债券(refunding bonds)的方式来偿还部分债券融资债务。在之前 1985 年的债券发行过程中,杰斐逊县学区曾经聘请穆迪担任该次债券发行的信用评级机构,但在

---

① See Jefferson County Sch. Dist. *v.* Moody's Investor Services, Inc., 988 F. Supp. 2d 1341 ,1348 (D. Colo. 1997), aff d ,175 F. 3d 848(11 th Cir,1999).

1993 年的再融资债券发行过程中，由于多种因素的考量，杰斐逊学区并未继续聘请穆迪提供信用评级服务，而是重新选择了穆迪的两家竞争对手——标准普尔和惠誉。基于本次债券的信用评级安排，杰斐逊学区自然不必向穆迪支付信用评级的服务费用，并且也不必提供相应的能够反映学区财务状况以及为评级所需的会计信息和相关资料。在债券发行的前期过程中，本次拟发行债券认购十分顺利，但在债券申购正式开始前两个小时，穆迪却在其评论专栏发布了对于杰斐逊学区的主动评级意见，表示对此次杰斐逊县学区发行的再融资债券的资信状况持消极态度。消息一经发出，申购 1993 年再融资债券的订单立即减少，甚至有部分投资者还取消了之前的定购要约。为完成债券销售的后续工作，杰斐逊县学区不得不再次提高融资债券的利息，大大增加了发行成本。为此，杰斐逊学区针对穆迪的主动评级行为向科罗拉多地区法院提起了前述诉讼。

本案的争议焦点聚焦于以下三大议题：(1) 就事实而言，被告未经邀请而对原告债券作出的主动信用评级及行为属于意见，还是属于事实陈述；(2) 假如被告的主动评级行为属于意见而非事实陈述，那么该意见能否受到美国《宪法第一修正案》的保护；(3) 假如被告的主动评级行为属于美国《宪法第一修正案》的保护范围，那么该保护是否足以构成故意干扰他人合同关系之诉的抗辩。围绕第一个争议焦点，科罗拉多地区法院援引了美国全国广播公司(National Broadcasting Company, NBC)子公司利维恩威尔中心一案确立的判断标准，通过识别受到指控的言论是否含有"可被证伪的事实性内涵"，来判断其是否属于事实陈述或意见。[①] 法院认为，该案中穆迪的主动信用评级行为并不含有可以被证伪的事实性因素，并且穆迪在其评级报告中明确注明了自身的评级行为仅属于一种意见，而非相应的投资建议或事实陈述，因此穆迪的评级行为仍然属于特定的意见，而非事实陈述。围绕第二个争议焦点，科罗拉多地区法院采用了公众关注标准。所谓公众关注标准，是依照科罗拉多州最高法院在 NBC 子公司利维恩威尔中心一案中所确立的标

① 根据 NBC 子公司利维恩威尔中心一案所确立的判断标准，如果某种陈述具备可以被证明存在事实性错误内涵，即表明该陈述对事实内容存在特定的陈述行为，则不能将其视为意见性的陈述，而应当视为事实性的陈述；如果某种陈述无法被证明存在事实性的错误内涵，不具备对某人或某物的"事实性含义"，则可被视为一种意见的陈述。

准,在确定相关陈述是否应当受到宪法修正案保护时,法院应当确定该陈述是否属于针对公众关注的问题而发表的意见。科罗拉多地区法院认为,本案中穆迪的信用评级意见已然符合前述公众关注的事实标准,应认定其受到美国《宪法第一修正案》的特殊保护。围绕第三个争议焦点,即关于宪法保护是否有得以构成对故意干扰他人合同的有效抗辩。法院特别援引了 1987 年亨德逊诉时代明镜公司案①等相关案例,认为诽谤之诉与故意干扰他人合同关系之诉应当同属侵权行为类型。既然在上述案件中《宪法第一修正案》的保护足以对抗他人的诽谤之诉,那么由之推及《宪法第一修正案》的特别保护也构成对故意干扰他人合同关系之诉的有效抗辩。因此,科罗拉多地区法院认定原告对穆迪提起的故意干扰他人合同关系之诉不能成立。在后续的二审过程中,第十巡回区上诉法院维持了地区法院的判决,并对穆迪的主动信用评级报道对原告的合同关系干扰是否达到了不适当的程度进行了具体说明,进一步明确穆迪的主动评级报道属于合法且适当的范畴,将其视为故意干扰他人合同关系的行为是缺乏法律依据的。

归纳本案的案情发展和司法裁决过程可以看出,尽管在本案中原告所提出的故意干扰他人合同关系之诉的诉讼请求未能得到法院支持,但不可否认的是原告律师开创性地将故意干扰他人合同关系之诉引入信用评级领域,无疑为信用评级法律责任追究打开了一种新的观察视角。事实上,上述杰斐逊县学区诉穆迪公司案并非意味着故意干扰他人合同关系之诉的渠道彻底阻塞。基于上述案例情形,假如信用评级机构的评级意见符合事实性陈述,但该陈述含有可证伪的事实内涵且信用评级机构另行实施了其他的不当行为,那么原告仍有可能以故意干扰他人合同关系提起诉讼并获得法院的支持。当然,该诉因的局限性同样存在,上述杰斐逊县学区案即为该类诉因局限性的最好例证。具体而言,其局限性之一在于故意干扰他人合同关系之诉无法有效对抗《宪法第一修正案》的特权保护。尽管在前述橙县诉标准普尔一案中,法院确定了信用评级机构不得援引美国《宪法第一修正案》的特权保护来对抗原告的违约之诉,但在该案中,科罗拉多州地区法院和第十巡回区上诉法院均认为,在不含有可证伪的事实性内涵及无其他不适当行为的评级行

① See Henderson *v.* Times Mirror, 669 F. Supp. 356 (1987).

为应当归属于受特权保护的范围,其可视为特定的侵权行为。因此,只有在符合可证伪事实性内涵并且具备其他不适当行为的情形发生时,相应的陈述行为方可被认定为事实性陈述,其无法受到美国《宪法第一修正案》的特别保护。值得注意的是,上述法律逻辑推演的证明方式对于原告也存在事实上的不利。对于希望通过以故意干扰他人合同之诉为诉因而提起诉讼的原告当事人,其事实上需要证明被控诉的信用评级行为存在行为的不当性。根据上述判例,一般只有故意干扰他人合同关系的行为采用了非法手段,才能认定其达到了不适当的程度,但针对原告而言,试图证明被告的评级行为存在不适当,显然加重了其举证责任负担,所面临的败诉风险也进一步加大。

在本案中,原告在关于起诉状的第二次补充陈述指出,被告穆迪公司将未经邀请的主动评级报道加以公布,可视为特定的威胁,事实上已经构成《谢尔曼法》所规定的阻碍其他机构进行正当市场竞争的垄断行为。而在反垄断诉因的指控中,原告援引了 1990 年美国联邦贸易委员会诉高等法院出庭律师协会案①、全国专业工程师协会诉水电水平公司案②以及洛赖恩杂志公司诉美利坚合众国案③等相关案例,其认为,美国《宪法第一修正案》赋予的特权保护并不免除反垄断法项下的法律责任。具体而言,原告认为穆迪公司与援引洛赖恩杂志公司案例中的电视台类似,均为实力雄厚且具备巨大市场影响力的机构,其故意进行未经邀请的主动评级并发布消极的评级意见。该行为与援引案例中的电视台因某一客户在其竞争对手的广播电台播出广告,而拒绝该客户在本电视台播出广告的行为相似,二者目的均在于以威胁或利诱达到进一步的垄断以及限制竞争的目的,其法律性质构成了《谢尔曼法》所规制的垄断行为。对此,科罗拉多州地区法院援引了马萨诸塞州立法学院诉美国律师协会一案,其认为美国《宪法第一修正案》保护的是言论,而非行动。结合具体案情而言,在援引案例中,美国律师协会公布标准的言论受到美国《宪法第一修正案》的保护,而公布这一标准的相关行为却并不受到美

---

① See Federal Trade Commission *v.* Superior Court Trail Lawyer Association, 493 U. S. 411, 430 - 32, 110 S. Ct. 768, 107 L. Ed. 2d 851(1990).

② See Nation Society of Professional Engineer *v.* Water and Electricity Horizontal Inc., 55 L. Ed. 2d 637(1978).

③ See Lorain Journal Co., *v.* U. S., 96 L. Ed. 162(1951).

国《宪法第一修正案》的保护,需要进行反垄断法的检视,上述推理也是从《谢尔曼法》第1条中规定构成垄断行为的要素应当从存在不合理限制贸易的共同行为这一要求推导而来。因此,科罗拉多州地区法院认为,在杰斐逊县学区案件中,原告指控的依据是穆迪公司的言论意见表述本身,且该标准行为并不涉及违反反垄断法的限制性行为,因而驳回了其诉请。在后续的上诉过程中,第十巡回区上诉法院也进一步阐明,原告无法将其指控的被告所实施的行为与被告所表述的言论加以有效区分。具体而言,原告手中具有被告出具的相关评级报道作为诉讼证据,但未能充分举证被告已经实施了独立于美国《宪法第一修正案》保护且违反《谢尔曼法》的具体行为证据,由此无法凭借反垄断之诉的诉因而获得法院支持。

通过分析反垄断之诉的事实局限性不难发现,虽然法院事实上认可了违反反垄断法的评级行为不受美国《宪法第一修正案》的特殊保护,但问题的关键在于原告事实上难以证明被告的行为符合反垄断法的行为标准。具体而言,即原告事实上凭借自身力量无法对言论与行为加以区分,难以证明被告存在违反反垄断法的相关行为。被告发布的评级意见的确存在垄断市场的目的,但只要被告在发表评级意见之外并没有其他限制竞争的具体行为,原告就无法仅凭借相关信用评级意见而提出反垄断之诉,且过重的举证责任分配也导致原告难以采取有效手段证明信用评级行为的不适当性的存在。因此,对于希望以反垄断之诉为诉因获得法院支持的现实适用空间也在萎缩。

三、FCRA 法下失职性违规规则的适用与专业人士失职之诉的兴起

梳理前文所述针对信用评级机构的诉因选择发现,其多数情况下均为原被告双方当事人对于现有司法规则的多元化理解与创造性适用的结果,而对于全新的规则创造或者适应性的调整却略显乏力。当资本市场快速步入证券化形态,投资者与信用评级机构的实力对比在悄然改变,信用评级机构已然成为新晋的资本市场中的巨头,因此迫切需要引入司法规则对信用评级双方的力量对比予以平衡,在此情形下,FCRA 法下失职性违规规则应运而生。所谓 FCRA 法,是特指美国国会 1970 年颁布的《消费者贷款保护法》(Consumer Credit Protection Act,CCPA),由于其主要关涉信用报告领域的法

律规则，因此又被称为《公平信用报告法》，其后续进一步成为美国现代征信业的立法核心。[①] 正如前文所述，将 FCRA 法下的信用报告规则引入信用评级的责任规范领域实则并无不妥，其是基于对信用报告与信用评级二者的行为实质以及事实案例的深刻理解后得出的结论。[②] 信用报告的行为实质在于对意图获得特定信用的个人信用状况做出真实、准确且完整的评价，债券信用评级机构的行为实质则是对受评对象的资信状况与市场风险做出客观真实的评价意见。二者虽在受评对象、服务主体以及传播范围等方面存在差异，但从本质而言，其均是对特定主体的信用程度提供客观评价与事实判断，且评价结果均是以报告的形式向受评对象以外的人群公布。与此同时，在现实司法实践中，借用信用报告的现有规则认定信用评级机构的行为属性及责任承担均有先例，无论是扩大解释还是规则移植，FCRA 法对于信用评级机构的规则适用性已然具备现实必要性与可行性。

FCRA 法下失职性违规规则为信用评级机构法律责任的适用设定了全新的标准化的解决方案，具体体现为合理规程的标准确定以及失职性违规的法律构成两大方案。正如对信用评级机构注意义务的履行行为始终存在相应的要求一样，FCRA 法的核心内容在于试图确定一个合理的规程，用以判断信用评级机构是否存在相应的失职行为。就衡量信用评级机构行为合理性的判断标准而言，FCRA 法实则坚持了理性人的分析视角，明确信用评级机构合理性判断的前提是基于合理谨慎的行为人在相似情形下所应遵循的行为标尺（a reasonable prudent person would carry out under the circumstance in similar situations），并以此为基础提出了一种对原被告双方受到的实际损害与行为负担的平衡测试方法。在史帝华特诉信贷管理公司一案中，[③]法院指出，在判断某一案件中信用报告所采用的行为规程是否合理时，法官应当将该信用报告可能引起的损害后果，与信用报告机构确保信息准确无误的责任负担进行权衡比较，从而确定该信用报告的行为规程是否合理。在亚历山大

① FCRA 法主要规定了征信机构如何收集和共享有关个人消费者的信息，包括如何获取消费者的信用信息，如何保留消费者的信用信息以及如何与他人（包括消费者自己）共享信用信息。美国政府出版局网站，https://www. govinfo. gov/content/pkg/USCODE - 2011 - title15/pdf/USCODE - 2011 - title15 - chap41 - subchapIII. pdf，2020 年 10 月 21 日访问。

② 参见盛世平：《美国证券评级机构的法律责任》，南京大学出版社 2005 年版，第 111 ~ 120 页。

③ See Stewart v. Credit Bureau Inc. , 734 F. 2d (1984).

诉摩尔协会一案中,[①]法院也明确提出,只有在信用报告中所含信息可能产生误导性与损害后果,以及对获取信用报告所需准确完整信息的难易程度与成本高低进行综合衡量之后,方可判断信用报告机构在信用报告出具过程中所适用的行为规程是否合理。具体而言,依赖相关信息所进行信用评级行为产生误导的可能性越大,信用评级机构越发难以满足合理规程的相关标准要求。就放任具有误导性的信息以及因误导性信息而产生的损害后果而言,前期对相关信息的检查核验成本以及规程要求则显得更为轻微。反之,因错误信息产生的误导可能性越小则相关损害后果越小,检查核验信息真实、准确及完整的行为成本事实过高,信用评级机构则越发容易摆脱 FCRA 法下失职性违规规则的标准要求。[②] 总而言之,这体现了"两害相较取其轻"的功利主义哲学思维,在特定程度上谋求多数人的最大利益。[③]

在美国信用评级法律体系中,FCRA 法下失职性违规被视为一种法定的侵权行为,其行为构成需符合以下法律要件:(1)某一信用报告或者信用评级中包含有错误的信息;(2)错误的信息是由于信用报告机构或者信用评级机构未能遵循合理的规程所致;(3)消费者受到事实损害;(4)消费者受到的损害与信用报告或者信用评级的错误存有因果关系。具体而言,针对第一项包含有错误信息的要求,确定信用报告所依据的信息来源中是否存在错误是一个极为重要的前置性问题,按照错误信息的种类划分,可将其归纳为 4 种错误类型:(1)信息不完整及其具有误导性的信息错误;(2)过时型信息错误;(3)信息归类、合并及混淆的整理错误;(4)重复发生的同类信息错误。围绕信息存在错误的举证责任,FCRA 法下失职性违规规则应当遵循一般的侵权责任规则而无须采取举证责任倒置,由消费者负责证明信用评估报告的援引信息存在错误情形。与此同时,美国法院对信息存在误导性标准的认定更多倾向于对整体报告误导性的把握。具体而言,虽然单独分析信用报告每一个部分的陈述均符合案件事实且不存在任何技术性错误,但如果组合成整

---

① See Alexander v. Moor & Association, 553 F. Supp. 948 (D. Haw. 1892).

② 从法经济学的角度出发,让信用评级机构花费巨额行为成本去核实发生误导可能性极小或是损害后果极小的信息来源,实则是不经济的,也是很不公正合理的。

③ See Rameden D., *When the Database is Wrong: Do Consumers Have Any Effective Remedies against Credit Reporting Agencies or Information Providers*, Columbia Law Journal, Vol. 3, p. 390 - 435 (1995).

体信用报告仍造成了事实上的误导性陈述,也应承担相应的失职性违规责任。值得注意的是,FCRA 法下失职性违规还需要消费者存有真实且可证明的损害。如果消费者实际上没有受到损害,或者其声称受到损害而无法予以证明,即使信用报告机构存在相关的错误信息,也无须承担失职性的违约责任。

如果说 FCRA 法下失职性违规更多是针对信用评估机构,那么专业人士失职之诉更为贴合信用评级机构的专业本质。较之于信用报告的相对合理审慎的注意标准,信用评级机构的专业人士失职之诉的适用标准更为严格,具体构成要件包括:(1)信用报告中含有不准确的信息;(2)信用评级机构未能遵循合理规程,以确保其所提供评级服务信息的准确性;(3)投资者受到了事实损害;(4)投资者损害是由信用评级机构不准确的评级报告所致。以上 4 项要件需同时满足,方构成专业人士失职之诉的责任承担。对于专业人士失职之诉而言,其无疑具备更为专业复杂的操作属性,由自然人个体升级至现代企业组织及结构化的现代金融产品的对象转变,对信息准确性提出了更高的要求。但基于人类认识的有限性与信用评级的专业性,对于信息准确性的要求应当是第二位的,其并不是决定信用评级机构是否承担专业人士失职之诉的决定性因素,而是否遵循了符合现有规则的合理规程才是决定性因素。结合 FCRA 法下失职性违规规则,所谓信用评级机构应当遵循的合理规程,至少应当包括两重内涵。一是信用评级机构及其从业人员在进行评级活动的每一步骤中,均应当恪尽职守,尽到一个同行专业人士应尽的注意义务,以确保评级结果能够在最大限度上的准确无误。二是在信用评级机构或投资者发现评级报告中存在不准确信息时,评级机构有义务对其展开审核查验,立即主动纠正错误且修正相关评级结果,此亦为 FCRA 法项下对于合理规程的基础性要求。① 至于投资者受到损害自不待言,现有司法实践仍然偏向于由投资者证明自身所受到的损害存在。针对专业人士失职之诉下的因果关系,只有当不准确的信用评级报告是导致投资者损失的实质性因素(substantial factor)时,方可以确定由信用评级机构承担失职责任。实质性因素标准既不同于最低因果关系标准,又有别于唯一因果关系标准,其注重判

① 参见盛世平:《美国证券评级机构的法律责任》,南京大学出版社 2005 年版,第 119 ~ 131 页。

断损害后果与信用评级行为是否存在重大性的实质关联，当有且仅有受损投资者能够充分证明错误信用评级是导致自身遭受损失的实质性触发因素时，专业人士失职之诉的因果关系才得以成立。

四、诉因最新的动态发展：以两个经典案例为视角

随着金融创新和交易技术的不断深化突破，传统的债券及其衍生品的产品结构与交易形态也面临着深刻变革，加之2008年美国次贷危机爆发之后，宏观资本市场对于微观债券产品的影响加深，信用评级机构评级行为的合法性与正当性受到诸多挑战。[①] 本书以澳大利亚巴瑟斯特地方委员会诉地方政府金融服务有限公司案、美国司法部诉标准普尔案两个典型案例为引子，来检视信用评级机构的注意义务边界与责任分配要点。

澳大利亚巴瑟斯特地方委员会诉地方政府金融服务有限公司案是次贷危机后信用评级司法担责的全球第一案。[②] 该案首次"刺破"信用评级免责声明与言论自由背后的特殊保护面纱，以其"具有误导性和欺骗性"的评级结果，判令标准普尔公司对投资者承担损害赔偿责任。回顾本案具体案情，时间可以追溯至2006年，当时澳大利亚巴瑟斯特地方委员会所涉及的12个地方政府，通过当地政府金融服务有限公司购买了荷兰银行发行的一项名为"伦布兰特债券Ⅱ"的特殊固定比例债券。在此之前，标准普尔公司受到荷兰银行聘用，为这项金融衍生产品提供信用评级服务，并且最终给出了AAA的最高评级。荷兰银行在销售这款债券产品时，也在对投资者的销售文件中引用了标准普尔所给出的AAA评级。然而，在2008年的美国次贷危机爆发后，该"伦布兰特债券Ⅱ"债券发生了价值崩溃，投资损失高达1600万澳元，占上述主体先前投资总额的90%。为此，澳大利亚巴瑟斯特地方委员会所涉及的12个地方政府提起联合诉讼，将荷兰银行、标准普尔公司以及当年建议购买这项投资产品的金融服务机构全部告上法庭，并向上述3家机构提出

---

① See Efraim Benmelech & Jennifer Dlugosz, *The Credit Rating Crisis*, NBER Working Paper, June 2009, at No. w15045; Amadou N. R. Sy, *The Systemic Regulation of Credit Rating Agencies and Rated Markets*, IMF Working Paper, June 1, 2009, at 09/129.

② See Bathurst Regional Council v. Local Government Financial Service Pty Ltd. (No. 5) [2012] FCA 1200.

索赔。在法院审理过程中,主审法官杰恩·杰戈特(Jayne Jagot)认为,在2006年为荷兰银行“伦布兰特债券Ⅱ”固定比例债券发布的评级信息和声明中,标准普尔公司对这项金融衍生产品给出AAA的最高评级行为具备“误导性和欺骗性”,尤其是标准普尔是在发行人付费模式下受到荷兰银行的专门聘请而对这项产品进行评级,①因此判令标准普尔公司的行为构成“过失性虚假陈述”。②

不难发现,法院将标准普尔的评级行为最终认定为过失性的虚假陈述的判令,实质上仍然延续的是前文所述专业人士失职之诉的诉因分析路径,在此背后关键的担责差异在于对标准普尔的主观因素区分。信用评级机构因利益冲突而发布不实评级的行为在主观因素上分为故意、重大失职以及疏忽大意3种情形,其中故意和重大失职在利益冲突情形下往往构成欺诈发行,因疏忽大意而发布不实评级行为则被认定为过失性虚假陈述。在专业人士失职之诉的诉因框架下,过失性虚假陈述与故意或者重大过失欺诈的行为区别可以归结为以下两点:第一,被告行为的苛责性不同。过失性虚假陈述行为既不要求被告明知陈述的不实性,也不要求被告对陈述的不实性严重不负责任,仅要求被告的行为使他人承担了遭受损害的不合理风险;第二,过失性虚假陈述的第三人范围有限,限制了信用评级机构对不特定人承担不特定责任的诉讼风险。③ 对于一般侵权案件中就行为人是否存在过失的判断,法官多采用理性人标准,即假设在案件相同的条件下,一般合理审慎人(the ordinary reasonable prudent man)将会如何行为,然后将这种行为与被告的行为进行比较。④ 而在专业领域,理性人的判断标准会有更高的要求,主要包括以下两点:(1)专业人士提供专业服务时,应具有相应的技能和技术,只要其将自己置于某类专业人士位置上;(2)应将共同平均水平的专业合理行为

---

① See Harding - Farrenberg, R. & Donovan, K., Duty of care, rating agencies and the grotesquely complicated rembrandt: Bathurst regional council v. local government financial services pty ltd. (No. 5), 14 (2) Bus. L. Int'l 185 (2013).

② 参见《澳大利亚法院裁定标准普尔误导投资者应承担投资者损失》,载国际在线网,http://news.cri.cn/gb/27824/2012/11/07/5951s3915722.htm,2020年12月5日访问。

③ 参见[美]文森特·R.约翰逊(Wincent·R·Johnson):《美国侵权法》,赵秀文等译,中国人民大学出版社2004年版,第280页。

④ See Curran W. J., *Professional Negligence—Some General Comments.* Vand Law Review, Vol. 12: 3, p. 535 - 547 (1959).

作为客观标准。① 具体而言,在某些专业领域形成一整套特殊知识结构和公认行为标准的情况下,如果特定专业人士的行为不符合其所属职业中通常专业人员所具有的知识和技能水平,则该人士会被认定为存在过失。正如《多德弗兰克法案》所言:“信用评级机构在债券市场中无疑发挥着看门人的关键作用,其功能与审计师事务所相似,如此角色意味着对其予以监管并要求担责的合理性。信用评级机构的行为与其他市场中介机构一样,均具有独特的商业性质,因此应与审计师事务所、投行等机构承担专业水平项下的义务和监管责任。”②

澳大利亚巴瑟斯特地方委员会诉地方政府金融服务有限公司案开启了投资者对于信用评级机构追责的征程起点,紧随着是针对信用评级机构的又一波拷问,尤以美国司法部诉标准普尔案最为瞩目。2013 年 2 月,美国司法部在美国联邦法院对标准普尔及其母公司麦格劳—希尔集团(McGraw - Hill)正式提起民事诉讼,指控其在 2007 年金融危机中崩溃的大量抵押贷款担保债券提供的评级时,③故意低估抵押贷款债券的信用风险,涉嫌邮件欺诈、通信欺诈和金融机构欺诈 3 项欺诈,并要求其支付超过 50 亿美元罚款。美国司法部的起诉理由主要包括:(1)标准普尔在次贷危机爆发前故意给予相关住房抵押贷款债券过高的信用评级,掩盖上述产品的市场风险;(2)标准普尔故意调低了抵押贷款支持证券(MBS)的信用风险水平,致使次贷危机风险大规模积聚积累;(3)标准普尔出于增加评级收入和扩充市场份额的盈利渴望,故意降低信用风险等级;(4)标准普尔公司恶意提升自我声誉,故意错误地向投资者传达其信用评级是客观、独立和不受利益冲突影响的表象,以此误导投资者进行投资选择,从而使投资者遭受了巨大投资损失;(5)在发行人付费模式下,评级机构“打分”结果将事实影响发行人的融资能力,而受评债券即使在表现非常糟糕的情况下,评级机构仍然能够获得“评级

---

① 参见方添智:《信用评级利益冲突规制研究——以美国为中心的研究与借鉴》,中国商务出版社 2015 年版,第 84 页。

② Dodd - Frank Wall Street Reform and Consumer Protection Act, Pub. L. No. 111 - 203, §931.

③ 根据美国司法部的指控,在 2004 年 9 月到 2007 年 10 月,标准普尔对超过 2.8 万亿美元的住房抵押贷款证券(RMBS)以及约 1.2 万亿美元的债务抵押债券(CDO)进行了信用评级。

监督”报酬，以及后续跟踪评级的服务费用。[①] 对此，标准普尔则表示起诉毫无事实、法律根据，并否认其做出的评级不是出于信用而是因为商业目的的指控。

从美国司法部的核心诉求及其支撑理由看，其诉讼路径的选择与上述澳大利亚巴瑟斯特地方委员会诉地方政府金融服务有限公司案有所不同，其并非针对过失性虚假陈述而展开相应阐释，更多的则是围绕证券欺诈的成立与否进行攻防。虽然本案最终是以标准普尔主动缴纳10亿美元与美国司法部达成和解协议告终，[②]但分析该案的诉因逻辑仍具有显著意义。正如前文所述，美国司法部诉标准普尔案的诉因从本质上而言仍是属于专业人士失职之诉的范畴，只不过上述案例更偏向于过失情形下的虚假陈述内涵，而本案则为故意或重大失职情形下的欺诈推定。在美国证券欺诈诉讼中，证明信用评级机构存在利益冲突并非原告胜诉的核心要点，其诉因选择的关键还在于能否证明被告信用评级机构在信用评级过程中存在不实评级欺诈的故意主观要素。根据《多德弗兰克法案》对于故意主观要素认定的最新规定，当原告所主张的事实能够强有力地推断出信用评级机构明知其存在不实评级行为，或者存在重大过失而未能对此进行合理的调查，则原告的举证将得以满足故意的诉讼认定要求。围绕上述美国司法部提出的5点诉讼事由，无论是从调低评级的现实动机还是利益冲突的行为目的，其均是围绕信用评级机构的故意主观状态进行举证，从而达到对故意主观状态的强有力推导，证明信用评级机构的欺诈意图存在。

第二节　信用评级机构违反注意义务的认定标准选择

回顾近现代注意义务的发展历程，无论是民法意义上的概念发展，还是商法意义上的内容界分，不同的实践应用与不同的理论体系均存在各自对注

---

① 参见张曦之：《美国政府为什么就信用评级起诉标准普尔》，载《征信》2013年第5期；朱昕颖：《美国政府诉标准普尔案——起诉书摘译》，载《当代金融家》2013年第4期。

② 参见《标普据称接近达成以10亿美元和解评级欺诈指控》，载中国日报中文网，http://caijing.chinadaily.com.cn/2015-01/14/content_19316962.htm。

意义务的认定标准。所谓注意义务的概念范围之争，实质上是对注意义务的认定标准之争。[①] 虽然违反注意义务的判断标准先后存在行业惯例与司法审判之争、主观选择与客观判断之争，但究竟应当以何者为标准判断，也都不应当将其标准适用得过于片面和僵硬，特别是对于金融创新蓬勃发展的现代资本市场而言，合理参考商业判断标准的适用经验，探索一套兼具多元性与普适性的综合标准，或许不失为一条正确可行的思路。

一、认定标准的选择难题：遵从行业惯例还是依循司法判断

回溯信用评级已然百年的发展历史，对于其注意义务的认定标准始终存在两种不同的路径选择，一种是以市场自治主导的行业惯例为行为指引，另一种是以公共利益主导的司法判断为行为约束。因这两种路径存在天然的利益基点不同，彼此对应的应用标准也必然存在现实差异。具体而言，遵从行业惯例的路径选择，实则是信用评级行业立足自身业务开展实践，经由长期业务活动而形成的通用习惯规则，[②]从而形成一套自我注意义务的适用标准，并以此来判断信用评级机构是否有效履行注意义务要求；而依循司法判断的路径选择，是出于维护市场公益的需要，经由司法公权力的外部介入，以现有制度规则与司法证据事实为考量基础，通过形成法官对信用评级机构注意义务边界的自由心证，从而以司法裁判的视角判断信用评级机构的注意义务履行情况。无疑，在具体的实践中，二者各具行业经验与法律经验优势，但也各自存在不可避免的适用缺陷。

就行业惯例规则而言，信用评级天然的高度专业属性，决定了行业外部人员试图了解信用评级规则的有限性与缺陷性；而经由业内长期评级实践自主形成的行业规则，能够更为贴合现实信用评级中的业务实践应用，能够从更为专业细致的角度发现认定评级过程中注意义务的履行瑕疵，并且对于因违反注意义务而产生的实际后果的评估，也能够更为精确地判断信用评级机

---

① 参见陈璇：《注意义务的规范本质与判断标准》，载《法学研究》2019 年第 1 期。

② 以跟踪评级的有关安排为例，多数信用评级机构在出具的信用评级文件中，均有注明“根据中国证监会相关规定、评级行业惯例以及中诚信证评级制度相关规定，自首次评级报告出具之日（以评级报告上注明日期为准）起，信用评级机构将在本期债券信用级别有效期内或者本期债券存续期内，持续关注本期债券发行人外部经营环境变化、经营或财务状况变化以及本期债券偿债保障情况等因素，以对本期债券的信用风险进行持续跟踪”等字样。

构责任承担的轻重。除此之外,行业惯例也拥有对信用评级创新更为灵活包容的适用力度,能够更为迅速地对市场需求的变化与行业的创新发展做出调整,这对信用评级机构注意义务认识的刷新速度与适用效率均有着更为细致高效的保障。并且,从主体利益视角出发,将行业惯例作为判断业内注意义务的履行标准,可以更为真实地立足于行业发展的多元利益,充分考虑行业创新与业态稳定之间的动态关系,平衡行业利益与公共利益的价值取向,从而更有助于行业发展与质量标准的提升。① 但从另一角度而言,行业惯例的有效性识别取决于整体市场环境与行业生态的有效保持,高度专业的行为属性在阻隔了业外人士认知干预的同时,在行业内部利益的争夺与妥协之下,容易诱发行业内部的整体堕落。当资本市场中信用评级行业整体陷入恶性竞争、寡头垄断以及缺乏有效监管介入的情形时,②行业惯例对于注意义务的识别和约束作用会瞬间荡然无存。美国"安然事件"以及次贷危机中信用评级行业"声誉资本"的市场功能失效,可谓行业竞次走向毁灭的最好例证。

与此同时,就司法判断而言,摒弃行业内部的利益纠葛,奉行公平公正理念的司法权的介入,无疑为破解上述行业惯例适用弊端的最佳武器。但法官认识的局限性决定了其难以轻易逾越信用评级机构的专业之墙。"司法判断最复杂的部分在于如何形成内心确信,而这种内心确信不仅要在法律限定的范围内作出,还不能违背现有证据反映出的基本客观事实。"③围绕违反注意义务的行为认定,法官的目光或许更多在案件证据与制度规则之间来回检视,以寻找现有规则设定与评级机构履职情况的现实差异,并综合判断评级机构的主观过错程度,从而形成自身对于该案注意义务的自由心证。看似司法裁判能够完美地解决行业内部的评价竞次弊端,但从行业发展的深层次进行分析,其仍然存在三重矛盾难以调和:一是法官对于信用评级认识的有限性,决定了司法裁判与行业现实必然存在适用差异。需承认,司法介入并非

---

① 参见罗培新:《后金融危机时代信用评级机构法律责任之完善》,载《法学杂志》2009 年第 7 期。

② 参见[德]托马斯·马丁·约翰内斯·默勒斯:《欧盟信用评级机构的市场监管研究——一条通向欧洲的信用评级之路》,申柳华译,载《苏州大学学报(法学版)》2014 年第 4 期。

③ 范思力:《论司法判断与科学判断的界限》,载《海峡法学》2017 年第 4 期。

维护世间一切正义的唯一手段，法官也并非全知全能的百科全书，更多时候其仅为一个精通自身专业的居中裁判者，而司法判断与专业判断之间存在短期内无法填补的鸿沟，其所作出的司法判断在很大程度上存在与行业现实的差距。从司法判断的形成过程观察，法官多为通过自觉寻找典型的案例和类似的法条，在个案中先将自己对于生活的常识、物质世界的印象、词语的理解、人类行为的意义等融入案情，从而形成一个初步的直觉结论。[①] 实践中，司法判断往往先于专业判断，虽然存在专家证人的辅助作用，但始终无法消除专业障碍在法官内心司法判断形成中的认知偏差。二是司法规则与行业规则之间存在结合缝隙与适用时差。正如日月依轨道而行，法官依规则裁判亦是自不待言。因此，司法规则的实践性与时效性成了司法判断能否准确发挥效用的重要标尺。从法律规则的本质出发，法律源于对现实生活中的规则经验的总结，由此决定了法律规则在制定与更新上的滞后属性，特别是在现代金融创新日益涌现、信用评级规则与模型更新加速的时代背景下，司法规则的适用时差效应必然更加明显。相较于经过长期业内实践而形成的行业惯例，司法规则必然无法做到与现有行业应用情形上细致入微、严丝合缝地应用贴合，对于行业内部秘而不宣或是默示认可的经验规则，往往难以充分知晓转化，因此也决定了司法规则在具体注意义务判别过程中的适用有效性。三是司法判断过于单一的利益考量或许难以适应市场发展的多元价值需求。就司法裁判而言，公平公正的权利救济无疑是其核心的追求，并且由于受害者的市场弱势地位，司法裁判的价值考量无疑也会更多倾向于对投资者的保护，因此对于信用评级机构注意义务的判别标准也日趋严苛。然而，信用评级行业的市场发展却并非仅有公平公正的单一利益考量，亦可能融合了更多利益主体和行业整体的价值诉求。特别是在信用评级行业发展初期，司法裁判视角下过于严苛的注意义务标准往往缺少应有的市场柔性，若盲目偏袒投资者一方而忽视信用评级行业的发展利益，将导致投资者与评级行业的双输局面。因此，司法判断在信用评级机构注意义务的认定过程中，应当界定有所为与有所不为的边界。

前述关于行业惯例与司法判断的利弊分析，核心是为了释明信用评级注

---

① 参见李安：《司法过程的直觉及其偏差控制》，载《中国社会科学》2013 年第 5 期。

意义务的标准选择,其有必须要坚守的司法判断底线,也有必须要关注的市场发展柔性。以注意义务标准的控制争夺为表征,认定标准的选择难题背后,实则体现的是市场利益与公共利益对信用评级机构监管松紧的认识与把握。认定标准并不是一成不变的,在特定时段内,选择何者作为注意义务的认定标准,实质上是市场力量与监管力量对信用评级机构约束力度松紧的动态选择。纵观美国资本市场百年间对于信用评级的态度演变,从以三大评级机构出现为标志的行业诞生初期,表现为在美国《宪法第一修正案》呵护下的声誉资本驱动与完全自由发展,到20世纪中叶NRSRO行业自律的初步形成与司法监管的有限介入,①最后至21世纪后"安然事件"和次贷危机的监管政策收紧与司法态度转变,对于信用评级机构注意义务的判断标准也逐渐呈现由行业惯例向行业惯例与司法判断相结合的发展趋势,并且司法判断的约束力度也正在逐渐加强。以美国资本市场近些年的动作观察,在"安然事件"与次贷危机催生下的立法和司法活动,正在深刻改变与重塑着信用评级机构的法律责任体系。目前,美国资本市场的监管力量已经开始把监管重心转移到如何通过有效立法来实现信用评级机构的民事责任的具体划分与责任承担之中;美国司法力量正在逐步摆脱以往行业惯例对于司法裁判的限制作用,开始逐步夺取对于信用评级机构注意义务认定标准的控制权。具体而言,在立法方面,以《萨班斯法案》为压实中介机构责任的风向指引,2006年《信用评机构改革法案》强化了信用评级机构的行为规范指引,此后2010年《多德弗兰克法案》在第九章第三节专门设置了对评级机构的责任规范,并配套制定了一系列SEC证券交易法细则,进一步明确了信用评级机构责任承担。其中,《多德弗兰克法案》第933条从加重赔偿义务与设立注意义务两个方面来构建评级机构问责基础,其(a)款着重指明评级机构发布评级不只是单纯意见表达,应该与会计师、证券分析师所负义务一致。其(b)款修订了原有规定,指明在涉及评级机构损害赔偿诉讼时,应举证证明评级结果是由于评级机构明知或重大过失,而未能对受评对象进行合理调查或辨识造成的。在司法层面,于《多德弗兰克法案》之前,已有2007年SEC对穆迪、标准

---

① 1975年,美国证监会(SEC)创立了"全国认可统计评级机构"(NRSRO)目录,被纳入该目录的评级机构所作出的评级被认定为对投资决策是有价值的。See Patrick Bolton, Xavier Freixas & Joel Shapiro, *The Credit Ratings Game*, The Journal of Finance, Vol. 67: 1, p. 87 (2012).

普尔和惠誉三大信用评级机构实施调查、2008年美国康涅狄克州总检察长对穆迪、标准普尔和惠誉三大信用评级机构提起侵权赔偿诉讼，以及阿布扎比商业银行诉摩根士丹利案、[①]美国国家世纪金融企业案、[②]2009年穆迪评级索赔案[③]等典型案例。

值得注意的是，对于司法判断在注意义务认定中主导地位的加强，并不意味着行业惯例作用的削减，相反，司法判断效能的有效发挥，还应充分依赖于行业惯例的经验提炼。就本质而言，法院并不擅长行业发展和个体经营方面的信用评级，所以法院不愿、也不敢过多介入资本市场运作的事务之中，只有当整体行业面对畸形发展的潜在威胁而无力自我矫正的时刻，司法判断才能在对行业惯例充分理解和应用的基础上，充分发挥其外部介入的有效功能。[④] 与此同时，还应充分考虑司法判断可能给信用评级机构发挥"看门人"作用带来的不当干扰，亦可以被称为"法律噪音"。[⑤] 在信用评级实践中，司法判断以法律规则为运行圭臬，由于法律规则天然的形式主义与程序导向的特征，其与奉行"实质重于形式"的中介机构行业判断之间仍会存在一定的冲突。尤其需要注意在金融创新飞速发展的今天，信用评级机构也正面临着诸多日新月异的挑战，实践情形的复杂化与规则要求的强势化，无疑会进一步加剧司法判断与行业惯例之间的应用失衡。立足今后注意义务发展，规则的应用永远是手段，而真正的目的始终都应是正确界定信用评级机构履行注意义务的行为实质与责任承担。因此，需要充分结合行业惯例与司法判断在注意义务认定过程中的优势发挥，注意厘清二者间的适用边界，从而构建起一套更为科学合理、刚柔并济的注意义务判断规则体系。

二、主观标准的权衡：专家理性、利益捕获与道德风险

较之于日月东升西落的自然规律不同，人类社会中任何制度规则的制

---

① See AbuDhabi Commercial Bank et al. v. Morgan Stanley & Co. , 651 F. Supp 2d 155(S. D. N. Y. 2009).

② See National Century Financial Enterprises, Inc. , Investment Litigation 580 F. Supp. 2d 630 (S. D. Ohio 2008).

③ See Moody's Corp. , Securities Litigation, 599 F. Supp. 2d 493 (S. D. N. Y. 2009).

④ 参见甘培忠：《公司监督机制的利益相关者与核心结构》，载《当代法学》2006年第5期。

⑤ 参见刘燕：《关注会计师看门过程中的法律噪音》，载《清华法学》2020年第6期。

定、运行以及完善，虽然以各种不同的文字、内容以及格式外观呈现，但推动其发展向前的核心始终是人，信用评级机构注意义务的认定规则亦概莫能外。作为现代金融相伴相生的制度产物，信用评级迄今为止也都是由具体的自然人为展开的，而不是由人造机械给出评定结果；虽然出现了评级模型等固定结果演算工具，但从数据的收集处理、模型构建设计到结果的输出应用，仍是必须由具备专业知识的评级机构从业人员予以分析评定。因此，关于信用评级机构注意义务认定标准的选择与判断，永远无法回避对人性的讨论和确定，明确信用评级过程中涉及的专家理性、利益捕获与道德风险，对可能影响注意义务认定标准选择的主观要素需要予以具体剖析明定。

对于信用评级机构注意义务的认定标准，特殊注意义务的要素判定实则取决于不同标准对专家理性的不同理解。具体而言，标准问题的讨论核心是以何种方式、履行何种内容以及达到何种效果，才可以被认定为符合专家理性的审慎标准而无须承担所谓的专家责任，对此，不同标准也存有不同的观点和看法。回溯"专家责任"一词在法学领域中的历史起源，最早是由我国民法学者梁慧星教授在翻译日本专家责任文集时，率先使用了"专家责任"一词，以此用来描述专业人士的民事责任，并逐步被国内学者所接受。① 在司法实践中，诉讼法上也存在将专家对某一问题所作的说明称为"专家证言"的现实应用。

在信用评级机构中，专家责任源于专家理性以及投资者对于专家理性的信赖利益，这就有必要厘清专家责任的"专家"究竟指代何人。现代社会专业化分工不断细化，很多人都具备特定的专业技能，但这仅仅能使他们成为相对于职业外人群而言的内行，并不能都自诩为专家。"专家"实际上代表着一个领域内的知识权威，并且应当为行业内所公认。可以说，从事某一特定职业的人都是"专业人士"，但不可能都是"专家"，二者虽然密切相似，但仍存在主体本质的区别。② 因此，就信用评级机构所指的专家理性或专业责任而言，其"专家"指向的是评级行业的专业从业人员，而非限定性质的专家权威。对专家理性的判别差异产生了对专家责任的认识不同，对于注意义务

---

① 参见梁慧星编：《民商法论丛》(第5卷)，法律出版社1996年版。

② 参见刘燕：《"专家责任"若干基本概念质疑》，载《比较法研究》2005年第5期。

的判断标准也应当基于专业人士的合理判断，而非对权威专家的高度苛求。正如英国丹宁勋爵在 Greaves & Co. Ltd. , Baynham Meikle & Partners 一案中所说，有关专业人士责任的法律并没有隐含一个保证条款，它至多只是要求专业人士运用合理的注意和技能，即合理的注意义务标准。具体到信用评级业务过程中，对于专家理性的判断标准，是要求达到中等资质和能力的信用评级从业人士的标准(a reasonably competence practitioner)，该标准低于行业中最优秀的权威专家所代表的标准，但也明显高于那些缺乏经验的新人行业的执业水平，如此方为对于专家理性标准的最佳解读。①

回归法社会学的基本解读，人类的生存意识决定了其具备着趋利避害的天然本性，而无论是在茹毛饮血的原始部族，还是在上天入地的现代社会。对于注意义务认定标准的选择与确定而言，关键是信用评级机构对于利益捕获的抵抗能力，这是传统声誉资本失效的利益根源，也是评定标准优劣的效能重点。在"安然事件"以及次贷危机爆发以前的很长一段时期，信用评级市场始终践行的是"声誉资本驱动"理论，②其认为信用评级机构的评级收入来源与其市场声誉紧密关联，正是由于投资者对于良好业内声誉的信赖，其才会愿意信任评级报告并支付相应价款，并且信用评级机构为了自身的利益最大化，也会尽职尽责地提供高效且准确的评级意见，由此便形成了"声誉资本驱动"下的投资者与信用评级机构的良好市场循环。与此同时，"声誉资本驱动"理论也长期对信用评级监管行为保持特定谨慎，其认为现有的声誉资本已足够驱使信用评级机构自觉高效地消除利益冲突并提高评级质量，而额外的监管行为既可能会使信用评级机构遭受不必要的公权力干预，影响信用评级的公正性和可靠性，也可能进一步影响或阻碍业态创新，由此造成了信用评级的制度性约束长期游离于现有框架之外。但随着信用评级机构业务的市场化发展，投资者付费模式向发行人付费模式的交易趋势转变，③以及结构化金融产品出现带来巨大市场利益，评级机构逐渐迷失了作为资本市场"看门人"的应有方向，转向"咨询"甚至"参与"的角色。传统"声誉资本

---

① 参见刘燕：《注册会计师民事责任研究：回顾与展望》，载《会计研究》2003 年第 11 期。

② See Schwarcz & Steven L. , *Private Ordering of Public Markets: The Rating Agency Paradox*, University of Illinois Law Review, Vol. 2, p. 1 - 28 (2002).

③ 现阶段，美国信用评级机构有 80% ~90% 的收入来源于发行人付费。

驱动”机制对信用评级机构的自我约束,已然在人性内心的贪欲和利益外部的俘获冲击下消弭殆尽。① 在发行人付费的利益模式之下,信用评级机构明白自身的评级收益并非来自投资者的市场认可,而是取决于发行债券成功的销售收益,而在现有发行机制下,该债券的发行成功又依赖于高评级结果的获得。倘若评级机构因坚持规则而无法给予受评对象期待的高评级结果,受评对象会选择将该业务转交由其他评级机构,从而逆向产生了利益俘获的逼迫效果,进而出现劣币驱逐良币的市场恶性循环。至此,信用评级机构已被现实利益所俘获,评级的主动权也从信用评级机构手中转移到受评对象手中,评级机构在正向利益诱惑以及逆向市场逼迫的双重驱使下,越来越无法给出公正客观的评级结果。针对利益俘获的现实逆转,其注意义务的判断标准必然随之予以针对性调整。这需进一步明确信用评级机构与受评对象之间的利益关联,判断评级结果是否存在利益俘获的不当影响,并主动增加利益冲突的类型识别,将专业评级行为与市场营销行为分离,防止评级机构出于营销目的而影响后续评级的公正性与独立性。与此同时,还需要进一步重视并加强外部监管的矫正作用的发挥,设立专门的监管部门,筑起抵御利益俘获的制度高墙,从而克服主观因素下利益俘获的消极冲击。

现代金融发展的最大难题并非在于信息传导的物理距离,而在于交易对象间存在的信息不对称问题,以及由此进一步引发的逆向选择与道德风险。② 相较于事后机会主义衍生而来的逆向选择,事前道德风险的现实扭曲对于信用评级机构的危害更为深远。遵循理论经济学的分析路径,所谓道德风险可概括为:在权利义务约束机制薄弱的条件下,特定经济主体无须承担自身行为所导致的全部责任后果,因此在追求自身利益最大化的同时,做出损害他人利益的行为风险。③ 根据前文所述道德风险的发生逻辑,结合信用机构的应用实践,在权利义务约束方面,信用评级机构与投资者之间并不存在事实上的合同权利义务关系,因此来自投资者方向的权利义务约束实质上

① 参见周俊杰:《从次贷危机后的诉讼案例看评级机构法律责任的演进》,载《河海大学学报(哲学社会科学版)》2011 年第 3 期。

② 参见沈伟、张焱:《普惠金融视阈下的金融科技监管悖论及其克服进路》,载《比较法研究》2020 年第 5 期。

③ 参见廖理、刘碧波、郦金梁:《道德风险、信息发现与市场有效性——来自于股权分置改革的证据》,载《金融研究》2008 年第 4 期。

难以在信用评级阶段有效约束评级行为。在责任承担方面，后续投资者所遭受的投资损失，事实上也受到多方因素影响，信用评级机构即使存在违规评级的行为，也难以有效析分出其在投资受损中的责任因素，因此难以追究评级机构的法律责任。除此之外，结构化金融产品日益复杂的产品结构，使普通投资者难以切实了解产品的风险属性，其更加依赖于信用评级的专业性质分析。因此，在上述多重因素影响下，信用评级机构在评级行为中存在的道德风险进一步凸显与发酵。鉴于此，对于信用评级机构注意义务认定标准的选择，必须将能否有效遏制道德风险作为关键性的评价指标，通过外部标准的有效设定，增强信用评级机构的事前行为约束。

"法律制度最重要的意义之一，就是它可以被视为限制和约束人们的权力欲的一种工具"。[①] 鉴于短期内改变现有的发行人付费模式存在较大困难，针对信用评级机构注意义务的认定标准创制，应体现权利义务的有效关联、评级责任的合理区分以及评级依赖的合理降低三大要义。具体而言，一是应当以民事法律责任的外部性设定，打通信用评级机构与投资者的合同关系隔离，破除信用评级机构预测性与评论性免责的法律特权，回归信用评级机构的商业本质。只要投资者能够证明评级机构明知或者放任地未能对受评对象有关的事实性因素作出合理尽职调查，或者未能对其认为是胜任并独立于发行人和承销人的其他来源取得的事实性因素进行合理验证，即可认为评级机构具有过错。[②] 二是强化信用评级机构的内部控制，扎实严密的内控制度是有效履行注意义务的制度基础。次贷危机爆发之前，以穆迪、标准普尔及惠普三大评级为代表的信用评级机构，普遍存在评级委员会决策记录缺失或不完整、评级监察程序和记录缺失、防止利益冲突的内部政策和程序的执行情况不尽理想等内控问题。[③] 因此，注意义务的标准选择应当立足于组织与规则的双重维度，夯实信用评级机构的内控基础，以专门内控委员会的设立，加强内部管理责任的组织承担，以委员会议事规则及执业人员行为准

① [美]博登海默：《法理学：法律哲学与法律方法》，邓正来译，中国政法大学出版社 2004 年版，第 363 页。

② 参见聂飞舟：《美国信用评级机构法律监管演变与发展动向——多德法案前后》，载《比较法研究》2011 年第 4 期。

③ 参见美国证券交易委员会：《对特定信用评级机构检查报告摘要》。See SEC, Summary Report of Issues Identified in the Commission Staff's Examinations of Select Credit Rating Agencies, July 8, 2008.

则的制定,细化日常内控监管规程。三是合理降低评级依赖,取消监管许可特权。现阶段,信用评级的膨胀发展,并非意味着评级质量出现了实质性的飞跃,而更多的是监管机构的重要性赋予,并已然异化成了一种监管许可特权。[①] 就此生成的畸形监管依赖,需在今后注意义务的认定标准中予以纠正。因此,投资者对于评级机构的结果,不应该一味依从,而是仅将其作为风险管理的参考因素之一,做好自己的投资角色。同时,对于同一受评对象,应鼓励市场化的多评级结果竞争,对信用评级采取多级必要性分层,形成评级质量的检验与互证,以避免单一且集中的评级依赖,防止道德风险的放大。

三、客观标准的取舍:以偿债能力为中心的考察

从法哲学的角度来看,对于事物的全面认识离不开对其主客观条件的全面分析,于主观之中把握人性的发展影响,于客观之中了解事物的独特本质。因此,关于信用评价注意义务的认定标准,不仅应以从业人员的主观要素为选取要义,还须充分认识到债券产品的客观属性,尝试构建起契合债券特质、以偿债能力为中心的债券信用评级考察体系。

对于信用评级机构的注意义务认定标准选择而言,构建以偿债能力为中心的客观考察体系并非脱离现实的“无病呻吟”,而是基于股债属性差异以及债券市场现实发展而得出的有益推演,这反映出债券信用评级市场乃至整个债券市场压抑已久的内在渴望。[②] 立足于股债属性差异,股权与债权本就具备天然的法律属性殊异,而映射到二者具体的物质承载之上,股票与债券的评级侧重也必然有所不同。相比于股票产品评级,债券还本付息的盈利模式,决定了其风险实质并不在于其发行人在特定阶段内是否具备盈利能力或是否取得相应的发展利润,而是仅需要债券发行人特定阶段内能够具备足够的资金储备,以保障债券本息能够得到按期且充足的偿付即可。至于发行人的发展潜力或市场前景,虽然其仍会对债券偿付能力产生现实影响,但此并非影响债券定价能力或市场风险的决定性因素。长期以来,重股轻债的融资

---

① See Frank Partnoy, *The Paradox of Credit Ratings*, University of San Diego, Law and Economics Research, Paper No. 20, p. 2 – 3 (2001).

② 参见张阳:《公司信用类债券信息披露制度的统一化构建》,载《安徽大学法律评论》2016 年第 1 期。

观念始终桎梏着债券市场的发展，无论从市场容量还是交易规模，债券市场也难以与股票市场比肩，由此推及信用评级领域亦是如此。在评级标准选取上，传统债券信用评级的标准侧重多为股票信用评级标准的“生搬硬套”，这不仅缺乏债券特质的有效体现，也难以实质把握债券风险的现实脉搏，债券信用评级的发行定价及风险揭示功能均难以有效发挥。当前，在我国债券市场快速发展的同时，各类恶性债券违约事件屡屡刺激着资本市场的敏感神经。随着政府隐性担保的影响消退与债券注册制市场化进程的稳步推进，构建以偿债能力为中心的债券信用评价体系顺应时代发展，为大势所趋。市场化、法治化的债券市场发展离不开债券信用评级作用的有效发挥，债券信用评级注意义务认定标准的客观导向亟须朝着以偿债能力为中心的发展转向。

以偿债能力为中心的标准考察，实则离不开对债券特性的本质解读。只有明确了何为债券，才能够进一步理解为何选择以偿债能力为客观标准的逻辑推演。正所谓风险与收益是资本市场永恒的博弈主题，而关于债券信用评级的学理探究以及实务运作也无不以此为关注焦点。归纳债券的实质属性，虽然现阶段债券市场存在公司债、企业债以及短期债融工具等诸多债券类别，并且随着金融创新的不断深入，债券种类与名称更加繁多，但无论种类多么丰富，其背后的基本性质仍未变。无论是基于现有制度划分还是学理探讨区别，上述各类债券其实并无本质区别，均是债权债务关系的证明凭证。①

将股票与债券进行属性对比，二者均具有“权证性”、“财产性”、“流通性”及“投资性”等基本法律特征。② 股票的所有权属性与债券的债务属性，决定了二者在产品属性、主体结构以及定价机制三方面存在明显差异，此乃以偿债能力为考察核心的分析起点。在产品属性上，债券与股票在风险与收益配比关系上存在明显差异，债券实质为约定期间届满基于还本付息请求权而获取收益的权利凭证，其预期收益相对确定，风险仅为预期收益能否得以实现。③ 而股票的权利基础为企业剩余价值索取权，其不仅存在是否预期收

---

① 参见冯果主编：《证券法》，武汉大学出版社 2014 年版，第 10 页。

② 参见陈甦主编：《证券法专题研究》，高等教育出版社 2006 年版，第 17 ~ 21 页；叶林主编：《证券法教程》，法律出版社 2010 年版，第 5 ~ 8 页；冯果主编：《证券法》，武汉大学出版社 2014 年版，第 9 ~ 11 页。

③ 因此，债券在金融学术语上又被称为固定收益证券（fixed – income instrument）。

益的风险，而且预期收益本身的数额也无法确定。此外，债券与股票的经济实质不同，未来现金流及其风险亦不同。[①] 在实践中，的确存在经营状况不佳的公司有着充足的现金流以偿还债券，[②]因此，相对应的信用评级也未必与公司的经营状况呈现绝对的正相关趋势。在主体结构上，债券与股票在发行人主体结构方面存在较大差异。从发行人的角度看，相较于股份有限公司单一的发行主体，债券的发行主体事实上多种多样，包括但不限于股份有限公司、有限责任公司或集体企业等。在符合现有规定的情形下，它们均平等享有债券的发行权利。不同的发行人主体形式决定了对于其信用评级应当采取有区分度的注意义务认定标准，而以偿债能力为中心的考察视角将更为有利于协调发行人的评级标准。[③] 综上所述，债券与股票在风险与收益的差异，决定了各自信用评级的侧重点必有不同，股票应关注影响主体经营能力的因素，债券则应重点判别发行人的偿债能力变化及其潜在的信用风险，对于注意义务认定标准的差异化要求也由此生成。

正如前文所述，之于股票，未来盈利能力应为核心；之于债券，即期偿债能力应是关键。基于债券的特性对偿债能力进行性质解构，目的是释明为何应当选择以偿债能力为中心的考察方式作为债券信用评级注意义务的认定标准。具体而言，在债券信用评级过程中，影响债券偿债能力的因素大致分为直接因素与间接因素两类。在具体信用评级过程中，注意义务的履行标准既应当要求全面完整地对直接因素与间接因素加以评价，又应当有所侧重，对影响偿债能力的直接因素予以重点关注。基于前述直接因素与间接因素的二分法，有必要对直接因素与间接因素予以进一步的指标细化。就直接因素而言，偿债能力的评价重点在于对资产负债增减与抵押担保变动的核心评价，将资产比喻为偿债能力的“入口”，负债即是偿债能力的“出口”。基于现有信用评级规则，应当重点关注发行人流动比率（current ratio）、速动比率（acid－testratio）以及负债比率（liability ratio）等关键性财务指标，并且在债

---

① 蒋大兴：《被忽略的债券制度史——中国（公司）债券市场的法律瓶颈》，载《河南财经政法大学学报》2012 年第 4 期。

② See Michael Hartzmark & Cindy A. Schipani, *Fraud on the Market: Analysis of the Efficiency of the Corporate Bond Market*, Columbia Business Law Review, Vol.3, p.660－662 (2011).

③ 参见张阳：《公司信用类债券信息披露制度的统一化构建》，载《安徽大学法律评论》2016 年第 1 期。

券存续期间,应当就资产负债的增减变动情况予以定期核验与临时报告,[①]以作为跟踪评级的重要指标参考。除资产负债增减的直接影响外,抵押担保的变动也会事实影响发行人的偿债能力。债券发行人的抵押担保既有自身的“内部信用”(internal credit)担保,抵押担保和第三方保证等偿债措施也能起到关键的“外部增信”(external credit enhancement)作用,可对债券的信用风险起到弥补、修正的作用。[②] 一旦担保性偿债措施出现重大变动,将在一定程度上影响发行人短期或长期偿付能力。[③] 就间接因素而言,则应当对发行人公司治理结构、经营管理以及外部市场条件予以有效评价,特别是应关注发行人的人员构成、公司内控机制以及风险防范机制的内部设置以及运行情况;并且强调对公司经营管理情况的观察,重点关注公司经营管理秩序、业务发展、经营方针政策以及关联交易等情况,通过发行人经营管理的变化分析出对发行人偿债能力的现实影响。[④] 与此同时,在当前政府刚兑消失与债券注册制改革的时代背景下,尤其应当关注外部环境对偿债能力的变动影响。而所谓的外部环境,是指强制附加于企业之上,对企业生产经营及偿债能力造成影响的环境因素,其具有一般性、整体性和不可避免性特征,[⑤]包括但不限于宏观经济环境变化、区域经济状况、法规政策调整、行业周期演进等诸多情形。身处金融创新的巨变时代,外部环境的变化对发行人信用风险的影响力度必将更加深远。为此,在债券信用评级过程中,判断是否有效履行注意义务的认定标准,既应当立足于内部与外部的统合观察,又应当以静态

① 具体而言,包括但不限于以下事项:(1)发行人发生可能影响其偿付能力的资产出售、转让、划转、抵押、质押或报废;(2)发行人发生可能影响其偿付能力的资产查封、扣押或冻结;(3)发行人净资产损失达到一定比例;(4)发行人未能清偿到期债务;(5)发行人产生新的重大债务;(6)发行人产生大额赔偿责任,可能影响其偿债能力。至于上述事项中对“一定比例”、“大额”及“重大”等含义的解释,可通过下位法细化,由监管部门根据债种差异进行区分性规定。

② 参见周沅帆:《债券增信》,北京大学出版社 2010 年版,第 6 页。

③ 具体而言,在发行阶段,债券信用评级应当着重评估如下事宜:(1)抵押资产评估情况;(2)抵押资产处置情况;(3)抵押物监管安排;(4)第三方担保合同及重点条款;(5)担保方的财务实力及信用状况;(6)担保方涉及的资产价值。在存续阶段,倘若抵押或担保事宜发生重大变化,则应通过临时性报告及时披露,并且及时调整后续评级结果。

④ 具体而言,对于经营管理的评级内容应重点关注如下事项:(1)发行人生产经营方针、经营范围发生变化;(2)发行人做出合并、分立、解散及申请破产的决定;(3)发行人涉及对其资产、负债、权益和经营成果产生重要影响的合同;(4)发行人主要业务发生变动;(5)发行人关联交易情况;(6)发行人涉及重大诉讼、仲裁或受到重大行政处罚。

⑤ 参见关建中:《大公信用评级原理》,人民日报出版社 2014 年版,第 13 ~ 14 页。

规则与动态市场的双重视角，客观、公正且理性地选择好符合时代发展、契合市场需求的最佳认定标准。

四、商业判断标准的合理镜鉴与综合标准之提倡

通过行业惯例与司法判断的检视比较，以及对注意义务认定标准主客观要求的相关剖析，我们不难发现，最佳的标准选择并非对于某一要素的过度偏重，融合多种规则体系且考量多方现实要素，合理借鉴商业判断标准与现有立法规则，进而构建起一套全新的综合标准，或许才是适用信用评级机构注意义务认定的最佳方略。检视全球规则实践，之所以选择借鉴商业判断规则，是因其制度产生的根源与现实运行的效果，能够很好地解答前文所述行业惯例与司法判断规则的取舍难题，并且选择将主观的人性标准与客观的专业标准予以融合，更是明确了二者在注意义务认定标准中的重要意义，既要避免过于严苛重压的判断标准可能带来的逆向伤害，又要充分预防人类认知有限性与投机性的现实危害。

立足于信用评级机构历史地位的发展演变，虽然评级机构所作出的评级结果仅是依据现有数据信息与数据模型等，对评级对象未来履约能力和可信任程度做出的预测和主观判断，但其存在的意义已然包含着"资本市场对于评级信息的合理需求"与"投资者对于信用评级质量的合理期待"。因此，构建合理的注意义务标准的关键在于，如何在"资本市场对于评级信息的合理需求"和"投资者对于信用评级质量的合理期待"之间达成一种合理的利益平衡。对此，坚持行业惯例与主观因素的判断，源起于公司法的商业判断规则或许能够给予我们充分的启示。商业判断规则是立足于普通法规则所发展起来的理论学说，[①]该规则在公司法领域中的应用为公司董事行使自身商业决策职权撑起了一把合理的保护伞，避免董事在处理具有商业风险的公司事务时，因头顶"董事注意义务"这一达摩克利斯之剑，为避免其承担责任而过于谨慎，最终使公司错失发展的良机。[②]

商业判断规则其实包含了三重构成要件：其一，该董事与所进行的商业

---

① 参见李燕：《美国公司法上的商业判断规则和董事义务剖析》，载《法学》2006 年第 5 期。

② 参见叶金强：《董事违反勤勉义务判断标准的具体化》，载《比较法研究》2018 年第 6 期。

决策事业不存在利害关系；其二，该董事对所需进行的商业决策已有充分的了解，并有合理理由相信该决策是适当的；其三，基于当时的理性分析与判断，该董事有理由相信该商业决策符合公司的最佳利益。① 在满足以上三重要件的情形下，公司董事即可受到来自商业判断规则的双重保护：一是法院可依据商业判断规则而对董事经营决策不予以事后审查；二是董事可运用商业判断规则，避免对该经营行为的后果承担个人责任。现实中，作为董事注意义务的免责事由，商业判断规则实则遵循着善意理性人的既定假设，②即假设董事在没有自我交易、没有个人利益冲突的情况下，合理谨慎、善意地行事，那么董事理应比法院更有能力作出商业决策。③ 该前提假设也充分契合了前文所述行业惯例与司法判断的优劣分析，对于信用评级机构的注意义务认定标准而言亦有相同的运行机理。

将商业判断规则的适用主体由公司董事推及信用评级机构，不难发现，其在前提假设、行为认定以及保护效果上，均有着异曲同工之妙。在行为类别上，公司董事的经营决策与信用评级机构评级判断，均是基于现有情形而对未来发展所作出的合理的主观预测，其在行为本质上均具有明显的预测性；在责任基础上，公司董事与信用机构的评级人员均是负有特定注意义务的行为人，其行为内容的核心均是在特定情形下维护特定主体的信赖利益，防止不正当的行为履行对他人利益造成实质损害；在结果判断上，最终的责任承担并非以事后判断的决策结果为主要依据，而是以决策行为或者评级行为是否履行了相应要件为主要判断依据，包容其善意之过，充分尊重评级机构的判断能力，避免落入僵化的结果导向型的追责体系。回归商业判断规则的设立初衷，商业判断规则从最原始的意义上说，是法官审查董事行为是否违反其注意义务的司法审查标准，它体现了法官在事后评价董事行为的是非

① 参见陶一鸣：《商业判断规则的多维分析》，载《政法论坛》2009 年第 5 期。

② “商业判断规则建立在这样一种假定之上，即董事在行使决策之职时，会在知悉的基础上，本着善意，为公司的最佳利益行事。如果缺乏董事滥用裁量权的证据，董事的判断受法院的保护。指证董事违反职责的一方应负举证责任，即找到证据推翻前述假设。”Aronson v. Lewis, 473 A. 2d 805, 812 (1984).

③ See Gries Sports Enterprise, Inc. v. Cleveland Browns Football Co., 26 Ohio St. 3d 15, 496 N. E. 2d 959(1986).

曲直时所持的谨慎态度。[1] 延伸到信用评级领域，进一步体现为行业惯例的切实指引与司法判断的谦抑适用。在合理借鉴商业判断规则的过程中，首先，需坚持以行业惯例为认定评级行为是否符合专业性要求的基础标准；其次，应对照适用商业判断的应用标准，判断信用评级人员在履职过程中是否存在违反注意义务的情形；最后，应充分考虑与受评对象之间是否存在利益冲突、对现有受评主体情况是否进行了充分详细的尽调调查，以及基于当时情形所作出的评级结果是否符合行业质量与信赖利益要求。就司法判断的介入而言，应当在尊重行业惯例的基础上，对信用评级机构注意义务采取合理干预，重视法律规则的引导与约束作用，合理适度地施加责任惩戒制度。特别是针对各类债券纠纷诉讼，信用评级机构的责任认定需要充分考量评级行为人在履职过程中的具体过错情况，遵循商业判断规则肯定评级机构的善意积极履职行为，从而避免因过重的司法责任承担所带来的压迫效应。

构建以主观标准与客观标准相结合的判断标准，并辅之以商业判断规则的免责事由设置，是现阶段能够较好契合信用评级市场发展的注意义务认定标准选择。究其根源，设定债券信用评级机构注意义务的原因有二：一是着重规范债券评级机构行为，凸显对现有市场乱象的规制作用；二是强调受损投资者能够受到合理救济，强化信用评级行为与投资者利益受损的事实关联。由上述的原因归纳可以看出，债券信用评级的注意义务实则包含了主观与客观的双重要求，兼具实体履职判定与程序合规检视的两大要义。在主观层面上，注意义务的设定必然要求能够有效认识到专家理性的应然性与有限性，合理判断专家责任的行为标准与担责范围；能够针对利益俘获背后的收入冲动与市场竞争现状，切断不合理的利益传导，回归公平合理的竞争秩序，以及重视对道德风险的有效防范，抑制评级过程中潜在的主观投机心理。在客观层面上，回归债券的基本法律属性，围绕产品属性、主体结构以及定价机制三大定位，对资产负债增减与抵押担保变动等直接影响因素予以重点分析，并积极关注公司治理结构、经营管理以及外部市场条件等间接因素变化，动静结合，刚柔并济，从而差异化构建以偿债能力为核心的客观标准体系。

值得说明的是，以上论述并非强调注意义务的认定标准仅为简单的要素

---

① 参见刘迎霜：《股东对董事诉讼中的商业判断规则》，载《法学》2009 年第 5 期。

堆砌,而应当是具备以下论述的具体步骤。遵循法学逻辑推演的三段论范式。首先,应着力构建起债券信用评级机构注意义务履行的理性人标准,以现有规则完善与行业惯例补充为两大抓手,拟制出符合专业审慎的具备应有专业水准及履约义务的理性人,划清评级人员"能与不能"的逻辑边界,设定"为与不为"的行为准则。其次,结合标准化的业务履行要求,并结合评级人员具体的专业能力状况进行背景重构,由此可对前述理性人标准予以适当调整,通过允许调高而不允许降低的标准升级路径,来体现特别注意义务的专业性要求。最后,基于特定评级背景,针对受评对象具体的现实情形,检视评级人员的程序义务与实体义务的完成情况,对评级机构履行注意义务的表现进行分析。在此过程中,需要始终坚持推动注意义务内涵由"量"向"质"的转变,遵从行业惯例的现实指引,加之司法规则的具体固定,明确以特定情境下的特定行为的具体表述,增强标准的可操作性,由此达到明确要求的效果。[①] 除此之外,债券信用评级机构注意义务的标准应用,还应当充分注意参照商业判断规则,为评级人员履职尽责创造适度宽松的"避风港"。

第三节 评级机构违反注意义务的责任承担

明确信用评级机构违反注意义务的认定标准及其诉因之后,接踵而至的便是评级机构的具体责任承担问题。根据前文所秉持的类型化认定思路,评级机构的责任承担需要结合债券品种、债券纠纷类型进行差异化设置。在设计责任承担规则时应当注意到,我国的信用评级无论是在社会发展背景还是在行业管制格局方面均存在本土化问题,且这些问题对评级机构责任承担规则的建构有着潜移默化的影响。因此,体系化地构思评级机构违反注意义务后的责任承担规则,必须先厘清我国信用评级的本土性问题。

一、评级机构违反注意义务责任承担的本土化问题

信用评级行业的发展不可能脱离其所在的制度环境,比如社会环境、监

---

① 参见林建中:《注意义务的任务与极限:公司法的信义义务与金融风暴的省思》,载《交大法学》2014 年第 2 期。

管环境等。信任缺失成为社会发展的痛点,作为信息与信任连接点的信用评级行业必然受到这一社会背景的深刻影响。就监管而言,我国的信用评级机构市场化发育不足,声誉机制弱化。这些带有本土性的问题必然会牵制信用评级机构的功能发挥,进而影响其行为认定和责任承担。

(一)转型时期的信任难题在信用评级行业中的映射

1. 我国信用评级行业起步与发展

在全球化背景之下,我国经历了从传统的计划经济向市场经济的社会转型阶段。在日益重视意思自治与契约自由的社会环境之下,信用已成为个人、公司等社会主体参与社会经济活动的重要无形资产,甚至可以在一定程度上转化为有形的物质财富。社会信用需求的与日俱增与社会信任的难以获取且易于崩塌之间的矛盾亦日益凸显。转型时期的信任难题在经济社会各个领域中表现为漠视契约精神、缺乏诚信意识、对他人的不信任以及对自身诚信原则的失守。一方面,我国信用评级行业产生的背景凸显出我国信用体系未建立、信用意识不足等现象,市场交易不以信用为背书,仍然依靠政府管制路径。从信用评级机构的发展历程审视,欧美证券信用评级结果是投资决策、证券利率的决定因素,我国信用评级机构的出现则是保障证券发行成功的政策性需求。① 在证券发行审批制下,评级机构对拟发行证券进行评级只是形式上的发行要求,评级结果不与证券利率直接挂钩,并且要求需较高信用等级的金融机构予以担保。信用评级机构并未发挥其应有的信息中介、信用评估的功能,证券发行也并非基于信用定价的市场逻辑,而是依靠政府与大型金融机构担保背书。②

另一方面,我国信用评级行业仍处于初步发展阶段,信用评级的市场需求不足。我国信用评级机构仅有 20 多年的历史,处于初级发展阶段的评级机构呈现出多而乱、小而杂、低水平重复建设等阶段性问题。市场基础较薄弱,评级机构发展相对不成熟,除大公国际、中诚信、联合信用、上海新世纪等规模较大的评级机构在全国开展信贷市场、债券市场信用评级业务外,多数

① 参见戴莹:《证券信用评级监管法律问题研究——美欧信用评级监管改革新规则与借鉴》,华东政法大学 2012 年博士学位论文,第 87 页。

② 参见窦鹏娟:《新常态下我国公司债券违约问题及其解决的法治逻辑》,载《法学评论》2016 年第 2 期。

评级机构业务量较小，市场拓展能力较弱。[①] 而信用评级行业发展缓慢的关键因素是我国信用评级的监管需求高于市场需求，[②]市场并未建立起信用观念，债券市场信用风险定价的本质被扭曲，信用评级仍然主要是为了满足监管需求，转型社会的信任难题在信用评级行业更为显著。

2. 我国信用评级机构公信力不足

近年来，债券信用违约事件的频发使资本市场的投资者对评级机构的信赖程度陡然下降。被评为高信用等级的债券或主体屡屡出现违约现象，加之违约后信用评级的断崖式下降，使信用评级机构的公信力在一次次债券违约事件中被消磨殆尽。信任难题则表现为信用评级机构评级质量欠缺，能力有限，且怠于履行合理程度的注意义务，导致其对于信用风险的揭示与预警不足，进而在危机事件中消耗自身的声誉资本。[③] 这里有一个明显例证，2018年8月，大公国际变相"买卖评级"事件遭到证监会严厉处罚，国内评级机构的公信力进一步遭到投资者怀疑。[④]

信用评级机构公信力缺失是我国信用评级行业本身的发展特征及我国社会信用体系多方面作用的结果。首先，我国信用评级机构声誉资本不足，本身公信力欠缺。我国大多数信用评级机构是从隶属或挂靠的金融机构中独立出来的，在行政机关指定评级机构模式下，我国信用评级行业缺乏市场竞争，也不具有积累声誉资本的动力。再加之我国信用评级行业至今只有20多年的发展历史，信用评级机构不可能积累充分的信誉资本来提升其公信力。其次，信用评级中的利益冲突亦会导致信用评级机构公信力受到质疑。[⑤] 在评级机构主要依赖发行人付费作为其主要收入来源的背景之下，评级机构的中立性易遭到破坏，从而影响其评级结果的客观公正性。[⑥] 信用评级行业中的利益冲突还包括信用评级机构以主动评级抢占市场份额、与客户

---

① 参见白晓云、李印：《信用评级机构问题研究》，载《青海金融》2018年第9期。

② 参见王冠楠、项卫星、卢书媛：《中国信用评级市场开放对国内企业评级的影响》，载《国际金融研究》2018年第8期。

③ 参见张佳玉：《我国信用评级机构发展存在的问题及对策研究》，载《中外企业家》2019年第32期。

④ 参见丁伯平、胡燕、王腾飞：《我国信用评级行业公信力探析》，载《征信》2019年第5期。

⑤ 参见刘文宇：《信用评级机构民事法律责任研究》，吉林大学2013年博士学位论文，第43页。

⑥ 参见罗培新：《后金融危机时代信用评级机构法律责任之完善》，载《法学杂志》2009年第7期。

的利害关系、评级机构内部的利益冲突等。最后,我国的整体外部信用环境亦不容乐观,缺乏诚信体系建设的市场环境不利于信用评级机构公信力的树立与巩固。证券市场中欺诈发行、虚假陈述、内幕交易等现象屡禁不止,部分市场参与主体诚信意识匮乏,以提供虚假材料、暗中勾结的非法方式通过欺骗、利益交换或管理盈余操纵利润等手段取得较高等级的信用评级结果,致使评级结果与实际情况产生明显偏差。①

(二)熟人社会的关系规则在发行人付费模式下的滥用

1. 发行人付费模式之形成

在信用评级行业初期,投资者付费是评级机构普遍采用的经营模式。评级机构赚取收入的主要渠道是向投资者出售评级出版物、评级报告、行业分析报告。而在 20 世纪 70 年代后,发行人付费模式,即发行人向评级机构支付信用评级费用的模式逐渐替代了订购人付费模式。②

信用评级机构模式转变的主要原因在于:首先,在信息传播技术的快速发展之下,评级报告作为信息的公共产品特性导致"搭便车"现象日益严重,评级机构依赖订购人付费模式无法维持其基本的信息制造、加工与传播成本,故订购人付费模式难以为继。③ 其次,20 世纪 70 年代美国经济衰退,投资环境大变,谨慎的投资者更加重视信用评级。债券发行人也发现信用评级对于债券发行的信号功能,于是便有充足的动力主动寻求信用评级。最后,由于证券发行愈加复杂,实施评级需要依托更丰富的资源,而在订购人付费模式下不利于从发行人处获取评级所需资源。④ 由此订购人付费模式被发行人付费模式取代。信用评级的主要流程是被评级人申请、付费,初评,被评级人确认评级结果或复评,无异议后,公告最终公布信用评级结果。在该流程下被评级人有干预评级结果的程序和权力,⑤而评级结果使用人无法通过

---

① 参见何平、金梦:《信用评级在中国债券市场的影响力》,载《金融研究》2010 年第 4 期。

② See Richard Cantor & Frank Packer, *The Credit Rating Industry*, Federal Reserve Bank of New York Quarterly Review, 19, No. 2(Winter) p. 1 – 26 (1994).

③ 参见阎维博:《信用评级机构声誉机制的兴衰与重塑》,载《私法》2019 年第 2 期。

④ 参见聂飞舟:《信用评级机构法律监管困境及金融危机后的改革出路》,载《法学》2011 年第 3 期。

⑤ See Griffin J. M. & Tang D. Y. , *Did Subjectivity Play a Role in CDO Credit Rating?*, The Journal of Fiance, Vol. 67:4, p. 1293 – 1328 (2012).

评级过程进行监督。[①] 付费模式的转变带来了信用评级机构角色的质变，稳定的盈利背后实则滋生尖锐的利益冲突问题。在我国，熟人社会的关系规则依然在潜移默化中影响着人与人之间的社会活动与交流，在发行人付费模式下，信用评级机构与被评级主体之间的利益关系相较于公众投资者而言更为密切，因而信用评级机构在熟人社会关系规则的潜在影响下可能存在丧失部分中立性的风险。

2. 发行人付费模式下的利益冲突与评级机构的功能失常

发行人向评级机构付费获取服务，而发行人服务的结果又关涉处于该服务合同外的第三人投资者利益。在该种付费模式下，因评级机构与受评对象间普遍存在熟人关系，利益冲突问题显现，并且引发投资者对信用评级的信赖问题。

对于发行人而言，较高等级的评级结果有利于吸引投资者并提升债券价值，因此其在客观上对高等级评级有现实需求，在发行人付费模式下其当然有动机向信用评级机构施压要求给予更高的评级。[②] 与投资者付费模式相比，发行人有动机也更有能力俘获信用评级机构。发行人不仅可以利用“高价”利诱信用评级机构，也可以自主对信用评级机构进行选择，其避开评级公正但评级结果更低的信用评级机构，以此威逼信用评级机构给出更高的评级。

对信用评级机构而言，其经营的本质与目的是实现盈利，即以利润最大化为根本目标。当信用评级机构的利润源于付费客户即发行人时，信用评级机构很有可能在利益权衡之后舍弃自身的中立地位与声誉资本，而屈从于取悦发行人客户的需求，从而给出与实际情况相反的信用评级。[③] 另外，信用评级机构还需面对激烈的同业市场竞争，信用评级机构为了保留和扩大业务来源，争相设置更为宽松的评级标准以吸引发行人客户，出现了评级行业的

---

① 参见陈洁：《评级机构侵权责任之构造——以公众投资者因评级错误导致投资受损为视角》，载《法律适用》2012 年第 3 期。

② 参见阎维博：《信用评级机构声誉机制的兴衰与重塑》，载《私法》2019 年第 2 期。

③ See Bolton P., Freixas X. & Shapiro J., *The Credit Ratings Game*, The Journal of Finance, Vol. 67: 1, p. 85 – 111 (2012).

“竞次现象”，[①]这导致评级结果在利益驱动下存在丧失客观性和公正性的巨大风险。综上所述，在发行人付费模式下，信用评级机构与被评级对象形成紧密的利益关系，这种关系使评级机构对于被评级对象提供的数据缺乏审慎的核查，还可导致“评级购买”现象。[②] 购买评级现象在我国也较为突出，导致高评级债券居多且评级机构对债券评级的上调频次远高于下调，[③]这并不符合评级正态分布的市场规律。根据Wind数据库的一组数据显示，2015～2016年，我国公司债上调评级的有142只、下调评级的有46只。截至2016年年末，2142只公司债的评级结果集中在AA、AA+和AAA的较小区间，占参与评级公司债存量的92.37%。[④]

现实的利益冲突是发行人追求高评级而投资者需求准确的评级之间的需求差异。[⑤] 在发行人付费模式下，信用评级机构在面对两者的需求差异时极易偏向发行人，故在现实与固有的偏见之下，投资者对评级信息的信任度将大打折扣，进而降低了投资者的评级需求，形成恶性循环，这不利于我国信用评级行业的发展。在利益冲突之下，信用评级机构在评级分析过程中难以客观谨慎地反映评级对象存在的风险等级而出具过高的不符合实际的评级分析，怠于履行注意义务的评级机构以及其虚高的评级结果将对证券市场的稳定性带来巨大隐患。因此，评级机构违反注意义务进行评级的行为与信用风险的蔓延和金融危机的爆发息息相关。信用评级机构不仅参与设计复杂的结构性金融产品，还帮助发行人获取较高评级以逃避监管，诱导投资人购买看似安全实则具有高风险的金融产品。在引爆金融风险后，信用评级机构随即断崖式调低评级，进一步加剧了市场恐慌，由此看来，信用评级机构不仅没有发挥其应有的风险揭示作用，反而加剧了市场风险。因此，在发行人付费模式下，须谨慎防范熟人社会的关系规则滥用对于评级机构中立性地位的

---

① See U. S. SEC. & EXCH. , COMM'N, *Summary Report of Issues Identified in the Commission Staffs Examination of Select Credit Rating Agencies*(July 2008), U. S. Securities and Exchange Commission (July 8, 2008), http://www.sec.gov/news/studies/2008/craexamination070808.Pdf.

② 即如果发行人对于某家评级机构所给予的评级结果不满意，他就会转去另外一家评级机构以获得更好的评级结果。

③ 参见高榴：《我国公司债券发展中的风险、问题及对策》，载《南方金融》2017年第4期。

④ 参见高榴：《我国公司债券发展中的风险、问题及对策》，载《南方金融》2017年第4期。

⑤ 参见聂飞舟：《信用评级机构法律监管困境及金融危机后的改革出路》，载《法学》2011年第3期。

蚕食以及信用评级机构在利益冲突之下的功能失常。

(三)行政管制下信用评级机构的独立性与问责制问题

1. 行政管制下信用评级机构的独立性缺失

信用评级机构虽然具有“准监管”权力,但是其本质是分享监管权力的私人治理机制。信用评级机构不是政府的附属机构,不应受政府部门的指令管理。① 监管机构要做的是为信用评级机构声誉竞争创造有序的市场环境,这主要通过确定市场准入门槛、扩大信息披露范围、防止利益冲突对评级的影响等实现。而在我国信用评级机构的发展不是由投资者的市场需求推动,而是依赖监管部门要求使用评级结果来强制推动,强势行政管制带来的副作用是信用评级机构独立性的缺失,主要体现在以下方面。

其一,在市场地位上,信用评级只是为债券发行的严格的审批制度服务,其担任提供专业知识、经验和技能的监管辅助角色,缺乏独立性。② 在我国的金融市场尤其是债券市场,政府信用背书影响了债券市场以商事信用为核心的市场规则。而信用评级作为商事信用的重要参考依据在我国成为政府审批的辅助工具,其丧失了其在金融市场上的独立性。我国大多数信用评级机构是从隶属或挂靠的金融机构中独立出来的,其往往与政府机构有着密切联系,在某些地区或者行业发行证券时评级机构由政府指定,或者审批机关只对部分信用评级机构的评级结果予以承认。③ 如此的行政管制致使信用评级机构丧失了其在市场上的独立性,从而无法形成有效的市场竞争,且高度依赖其原有的金融单位和政府机构亦不符合评级机构客观中立性质的内在要求,不利于我国信用评级行业的健康长足发展。

其二,行政管制下对评级内容的过度监管将导致信用评级机构丧失独立性与中立地位。我国行政监管部门习惯于以强制干预和强制介入手段来保障信用评级结果的真实、客观和准确性,而将需要由市场机制来调节的内容通过行政管制的手段来控制,具体在信用评级领域表现为对评级程序与评级

① 参见聂飞舟:《信用评级机构法律监管研究——美国法的考察和中国借鉴》,华东政法大学2011年博士学位论文,第86~87页。

② 参见阎维博:《信用评级机构声誉机制的兴衰与重塑》,载《私法》2019年第2期。

③ 参见戴莹:《证券信用评级监管法律问题研究——美欧信用评级监管改革新规则与借鉴》,华东政法大学2012年博士学位论文,第87页。

方式的行政强制性要求。比如《中国人民银行信用评级管理指导意见》第6条对信用评级的实质内容所作出的规定。信用评级要素、标准以及评级模型的选取应属于信用评级机构的自治范畴,但在强势的行政管制下,会导致信用评级机构丧失其独立性而非实质上自由参与经济活动的市场主体。鉴于此,行政监管部门应当把握好市场配置与国家干预之间的平衡,保障信用评级机构参与市场活动的独立性与客观中立地位。

2. 行政管制下信用评级机构的问责缺失

我国目前尚未对评级机构的法律责任进行专项立法,现有的行业法规以多头监管部门颁布的部门规章与暂行办法为主,主要包括《证券法》、《证券市场资信评级业务管理办法》、《中国人民银行信用评级管理指导意见》以及《资信评级机构出具证券公司债券信用评级报告准则》等,并且在各种行政法规和暂行办法中难以寻觅到信用评级机构法律责任制度的相关规范。仅《证券法》、《证券市场资信评级业务管理办法》以及2020年出台的《全国法院审理债券纠纷案件座谈会纪要》较为集中地规定了信用评级机构的法律责任。涉及的责任主要有两类:一是行政责任,包括警告、责令改正、没收违法所得、撤销证券服务业务许可等;①二是民事责任。② 而其他部门规章对信用评级机构的法律责任规定或语焉不详或一笔带过。例如,《中国人民银行信用评级管理指导意见》第12条③仅规定终止业务的罚则,并未提及此类行为造成的投资者损失之民事责任。在行政管制强势而市场自律不足的监管环境下,我国关于信用评级机构的问责缺失,主要存在以下问题。

第一,规范缺乏系统性,且效力层级整体偏低,部门立法色彩浓厚,具有政府行政干预且保护不当的问题。④ 自我国全面推进依法治国以来,依靠法律促进新兴行业发展已成共识,信用评级行业尚需完善的法律制度为其提供

---

① 参见《证券法》第161条、第163条、第188条、第213条、第214条。

② 参见《证券法》第163条。

③ 《中国人民银行信用评级管理指导意见》第12条规定:"对信用评级机构不遵守评级程序、恶性竞争、评级诈骗、以级定价或以价定级等行为,中国人民银行将向社会公开披露,并中止违规机构在银行间债券市场和信贷市场信用评级业务。"

④ 参见陈思齐:《构建中国信用评级机构法律责任的路径——对美国主要信用评级机构的观察》,载《现代经济探讨》2016年第4期。

有序的市场环境,避免政府干预与市场调节间的失衡。第二,在多头监管的割据市场下,较难形成统一的法律责任规范。我国对评级机构采取分业监管模式,监管部门包括中国人民银行、国家发展和改革委员会、中国证券监督管理委员会等,这些部门对信用评级机构的监管标准不统一,难以形成统一的法律责任规范,易导致法律约束力较弱、规范协调性不足的后果。① 第三,法律责任条款粗陋,对信用评级机构的问责难以实施。现行法律规范关于评级机构的法律责任条款规定较为原则化,且规定信用评级机构的部分业务不承担任何法律责任。监管机构过于强调信用评级的监管作用,但缺乏对信用评级机构错误评级造成损失的法律责任的规定,尚未形成对信用评级机构问责的约束路径。② 第四,存在重行政责任轻民事责任的路径依赖,且责任不明、处罚偏轻。从既有的制度供给来看,对信用评级机构违法行为的处罚以行政问责为主,处罚力度不足。对于评级机构因故意或重大过失给受评主体或评级报告使用者造成损失的责任追究规定阙如,不利于保护发行人和投资者的合法权益,震慑作用不足。③ 随着新《证券法》《全国法院审理债券纠纷案件座谈会纪要》等规则的进一步完善和实践适用,证券市场上发行人或者投资者对评级机构违反注意义务或错误评级鲜少提起诉讼的情况可能会有所变化。④

(四)本土性难题克服的紧迫性

1. 打破刚兑后中国债券市场信用风险爆发

2014 年 3 月,"11 超日债"发生无法全额兑付当期利息的情况,这是国内首例债券违约事件。⑤ 随着债券市场信用风险加速释放并呈逐渐爆发的趋势,中国债券市场违约债券的数量和规模也呈现上升趋势。尤其是 2020 年 12 月,银行间市场中的发行主体、大型国企永煤控股债券违约事件直接影响

---

① 参见金兵兵:《新时代市场开放条件下我国信用评级机构发展问题研究》,载《征信》2019 年第 1 期。

② 参见聂飞舟:《信用评级机构法律监管研究——美国法的考察和中国借鉴》,华东政法大学 2011 年博士学位论文,第 259 页。

③ 参见金兵兵:《新时代市场开放条件下我国信用评级机构发展问题研究》,载《征信》2019 年第 1 期。

④ 参见章辉:《论我国信用评级机构的监管完善——兼评美国信用评级危机》,载《学术交流》2015 年第 6 期。

⑤ 参见任婉馨:《中国债券市场信用违约风险的成因分析》,载《清华金融评论》2016 年第 10 期。

了河南地区其他国有企业和政府的公信力，面对大量企业存在资产负债率高、流动性不足的问题，如果其再遭遇债务集中到期或其短期融资受阻等突发事件，极易造成资金链断裂而引发债券违约，这将导致债券市场中的信用风险被再次放大。

我国债券市场信用风险，一方面暴露出信用评级本土性难题克服之紧迫性，另一方面要求我们应冷静客观地看待我国目前债券市场的违约风险以剖析风险的深层原因。我国经济下行趋势与债券市场化发展的现实叠加，致使我国债券违约现象大幅增加。在目前的经济背景下，因产能过剩等原因导致的出口需求疲软都在加剧着债券违约的风险。与此同时，《证券法》持续推进证券市场化改革，债券市场紧随《证券法》市场化改革，大力推进债券市场化，债券违约将趋于常态化。从客观来看，因我国整体的债券违约率并不高，故债券市场无须过度反应。因目前我国长期刚性兑付模式下形成了扭曲的债券市场机制，投资者缺乏对债券违约的合理预期，故债券违约事件一经暴出便会引发强烈关注，甚至引起投资者恐慌，导致债券市场极易呈现出过度的反应。

债券违约事件频发影响市场预期，导致企业融资难度增加，企业不得不提高债券发行利率，因此融资成本提高，信用风险加剧。债权人对债务人违约预期增加，在市场抛售存在流动性的债券，进一步放大了债券市场风险，导致企业融资成本再次提高，形成恶性循环。① 而大量的债券违约事件会暴露一系列虚假陈述等不法行为，投资者遭受大量损失后必定需要找到求偿渠道，这会引发大量的监管处罚与民事诉讼。在目前严监管的趋势下，信用评级机构等中介机构成为监管焦点，故对信用评级机构的注意义务问题研究具有现实必要性与重要意义。

2. 信用评级持续开放的机遇与挑战

作为金融市场的重要参与者，我国信用评级行业将迎来发展的新阶段，机遇与挑战并存。② 纵观我国评级市场对外开放的沿革，其是一个“走出去，放进来”的循序渐进的过程。在 2006 年 12 月以前，我国信用评级行业限制

① 参见任婉馨：《中国债券市场信用违约风险的成因分析》，载《清华金融评论》2016 年第 10 期。

② 参见金兵兵：《新时代市场开放条件下我国信用评级机构发展问题研究》，载《征信》2009 年第 1 期。

外商投资企业。外商信用评级机构想要进入我国市场只能通过与我国国内评级机构合资、合作,但其持股比例受限,且无经营权。

不断推进信用评级对外开放,将为我国信用评级行业迎来新的发展机遇。一方面,引入更多的信用评级服务供给主体,可以大大提升信用评级服务的供给能力。我国金融市场对外持续开放,吸引了大量的外国投资者,已经成为全球市场的重要部分。至此我国金融市场呈现出多层次多主体,对金融服务也就提出了多元化需求,只有满足该需求才可持续推进我国金融市场的发展。另一方面,我国信用评级行业处于初级发展阶段,成熟评级市场的融入无疑能够快速地激发促进我国信用评级机构服务质量的提升,从而推动信用评级行业的快速成长。由此便可以形成更活跃的竞争态势,既可以激励信用评级机构不断完善内控机制而提升评级质量,又可以有效形成市场监督。同时,国外评级机构的引入,也是国际评级标准、先进的评级技术等丰富资源的引入,①其能够为我国信用评级行业添注活水,促进本土评级机构在内控管理等方面的优化发展。

风险与机遇并存,信用评级在对外开放下仍然面临法律监管缺失、行业渗透、金融主权威胁等挑战。一方面,国内信用评级机构难以抵御国际评级机构的渗透,国家金融主权与经济安全可能遭到威胁。② 我国评级市场中规模较大的大公、中诚信、联合、上海新世纪等信用评级机构与美国三大国际评级机构相比,在国际市场影响力、权威性、市场公信力、评级质量等方面仍有一定差距,面对国际评级机构复杂多变的全面渗透,其竞争力较弱,难以有效防范和抵御。另外,我国的法律环境仍存在对境外信用评级机构监管不足问题,在境外评级机构损害境内投资者权益时,亦缺乏对于境内投资者权益救济的明确规则。③

信用评级对外开放要求无疑对我国信用评级行业提出更高的整体性要求,主要包括信用评级模型的科学合理性、信用评级机构的专业审慎以及注

---

① 参见《我国信用评级、债券市场开放力度进一步加大》,载新华网,http://www.xinhuanet.com/2019-07/20/c_1210205827.htm。

② 参见聂飞舟:《信用评级机构法律监管研究——美国法的考察和中国借鉴》,华东政法大学2011年博士学位论文,第78页。

③ 参见周嘉:《域外信用评级机构民事责任制度变迁及对我国的启示》,载《南方金融》2019年第2期。

意义务的严格履行、与信用评级配套到位的行政监管措施及行业自律措施等,以此共同保证信用评级的质量和信用评级市场的稳定性。在信用评级对外开放的背景下,对信用评级机构注意义务违反之认定以及对信用评级注意义务理论的研究将有助于我国在对外竞争中保有较高水平的竞争优势,其必要性与重要意义将在信用评级国际竞争中得到进一步凸显。

二、评级机构违反注意义务的责任承担规制

正如门罗·弗里德曼教授所言:"法律犹如有机体,必须随着社会生活之发展变化而变化,在变化中求其生长,否则不免陷入僵化。"①资本市场日新月异的动态发展,决定了静态规则必须随之而发生适应性改变。因此,围绕信用评级机构的组织定位与权责内容的认识深化,针对其注意义务违法认定的司法规则也需要不断调整充实。在前文研究的基础上,本节尝试体系化地建构信用评级机构违反注意义务的责任承担规则。

(一)债券违约处置事件中评级机构违反注意义务的责任承担

实践中关于债券纠纷的诉讼类型主要是违约诉讼,针对发行人的诉讼,而对于以信用评级机构等其他责任主体为被告的诉讼案件相对较少。对于债券违约诉讼而言,信用评级的注意义务履行的核心焦点在于评级整个业务流程的合规,即前端确保自身的评级标准符合规范,中端确保自身的评级行为符合规程,后端确保自身的评级结果合理科学。

债券违约诉讼与一般债券虚假陈述诉讼以及欺诈发行诉讼等行为存在法律本质上的不同。相较于虚假陈述和欺诈发行等证券违法情形,债券违约诉讼更多是在债券市场化背景下对信用评级机构是否应当就债券违约损害担责的责任划分,并不必然涉及债券虚假陈述或债券欺诈发行等违法事由。前文指出,债券违约对注意义务的认定,应立足于对独立性、合规性与及时性等日常业务履职的有效识别,并以此作为信用评级机构担责的事实基础。随着债券市场注册制的全面推行,原有三大债券类别先后迈入了注册制发展的全新时期,在简化发行流程的同时,立法者与监管者也明确需要注意到提高

---

① 王泽鉴:《民法学说与判例研究》(第1册),中国政法大学出版社1998年版,第300页。

信用评级机构等中介机构履职行为的质量和效能。[①] 对于信用评级机构而言，诚实守信、勤勉尽责，对债券发行人进行充分的尽职调查成为其注意义务履行的基本要求，并将通过责任追究和提高违规成本，倒逼中介机构进一步强化信用评级过程中的独立性，妥善开展尽职调查和审慎核查工作。

以市场变化对应规则更新，在具体的条文变化与结构设计中把握司法裁判的思路变化，是准确厘清信用评级机构注意义务认定标准的基础性工作。2019 年修订后的《证券法》、《全国法院审理债券纠纷案件座谈会纪要》以及《信用评级业管理暂行办法》已然成为新时期我国债券市场信用评级治理的基础性规范性文件，引领着现阶段我国债券市场各类市场主体与监管主体的行为准则。其中，《证券法》在信息披露要求、注册制功能发挥以及责任承担压实三方面，重新锚定了我国债券信用评级行业发展的基础坐标，主要表现在：其一，消除信息不对称是信用评级的重要制度功能之一，而实现该功能的最佳制度选择是强化信息披露质量。[②]《证券法》设专章规定信息披露，进一步强调了信息披露对维护债券市场的重要性。该法第 80 条明确规定信用评级变动是发行人应当披露的重大事件，在第十章专门对证券服务机构的行为准则进行再次重申，明确要求信用评级机构在评级报告的制作、出具中应当勤勉尽责，对所依据的文件资料内容的真实性、准确性、完整性进行核查和验证，不得存在虚假记载、误导性陈述或者重大遗漏，否则应当承担赔偿责任。[③] 其二，在注册制发挥层面，《证券法》明确规定债券市场发行注册制的全面推行，国家发展和改革委员会、证监会以及沪深交易所也就债券发行注册制落实制定了全面的规则。债券发行注册制的推行进一步简化了债券发行流程，放宽了债券发行条件，事实上是将价值发现功能归还于市场，更加强调与凸显了信用评级的风险揭示功能。作为注册制的配套措施，《证券法》

① 参见胡安金、徐承志：《公司债券注册制的逻辑内涵与法治构建》，载《证券法苑》2016 年第 1 期；范鑫：《公司信用类债券发行注册制的时代构建——以商事信用流转为中心展开》，载郭锋主编：《证券法律评论》，中国法制出版社 2020 年版。

② 参见蒋海：《不对称信息、不完全契约与中国的信用制度建设》，载《财经研究》2002 年第 2 期。

③ 《证券法》(2019 年修正)第 163 条规定："证券服务机构为证券的发行、上市、交易等证券业务活动制作、出具审计报告及其他鉴证报告、资产评估报告、财务顾问报告、资信评级报告或者法律意见书等文件，应当勤勉尽责，对所依据的文件资料内容的真实性、准确性、完整性进行核查和验证。其制作、出具的文件有虚假记载、误导性陈述或者重大遗漏，给他人造成损失的，应当与委托人承担连带赔偿责任，但是能够证明自己没有过错的除外。"

也进一步调整了信用评级机构事前准入审批的监管体制，要求信用评级机构等证券服务机构从事证券服务业务的，应当报国务院证券监督管理机构和国务院有关主管部门备案。为此，2020 年 7 月 28 日，证监会、工业和信息化部、司法部及财政部四部委联合出台了《证券服务机构从事证券服务业务备案管理规定》，就备案机构、备案业务范围、备案时点和备案程序等关键内容进行了细化规定。[①] 其三，《证券法》进一步压实了债券市场中介机构的责任承担，加强了对信用评级违法违规行为的惩戒力度。其中，该法第 213 条明确将因未勤勉尽责，所制作、出具的文件有虚假记载、误导性陈述或者重大遗漏的原有业务的收入罚款，由 1 至 5 倍提升至 1 至 10 倍，并且对直接责任人员的罚款由 3 万元至 10 万元，提升至 20 万元至 200 万元。

《证券法》的颁布为注册制时代的债券信用评级奠定了基本法治格局，《全国法院审理债券纠纷案件座谈会纪要》则进一步明确了债券违约诉讼中司法裁判的重要思路。《全国法院审理债券纠纷案件座谈会纪要》对债券违约纠纷案件的特点展开深入分析，并针对现行法律规定中尚不明确、实践中争议较大的问题作出了规定，为现阶段债券违约处置纠纷的解决提供了法度严谨、指向明确的规范适用体系。具体而言，《全国法院审理债券纠纷案件座谈会纪要》关涉债券违约中信用评级机构的责任承担规则创制可以归纳为强调“看门人”尽责归位、细化过错认定判别标准以及厘清损害赔偿责任承担方式三重面向。其一，强调“看门人”尽责归位。《全国法院审理债券纠纷案件座谈会纪要》第 3 条着重阐明了“卖者尽责，买者自负”的债券市场交易规则，明确申明了信用评级机构等中介机构的权利、义务与责任，“将责任承担与行为人的注意义务、注意能力和过错程度相结合，将民事责任追究的损失填补与震慑违法两个功能相结合”。其二，细化过错认定判别标准。《全国法院审理债券纠纷案件座谈会纪要》第 31 条规定，债券信用评级机构的注意义务认定适用过错推定规则。[②] 其三，厘清损害赔偿责任承担方式。《全国

---

① 参见《证监会、工业和信息化部、司法部、财政部联合发布〈证券服务机构从事证券服务业务备案管理规定〉》，载司法部官网，http://www.moj.gov.cn/government_public/content/2020-07/28/tzwj_3253312.html。

② 但信用评级机构的注意义务和应负责任范围也限于各自的工作范围和专业领域，倘若其行为涉及虚假记载、误导性陈述或者重大遗漏的，则应当按照证券法及相关司法解释的规定，“考量其是否尽到勤勉尽责义务，区分故意、过失等不同情况，分别确定其应当承担的法律责任”。

法院审理债券纠纷案件座谈会纪要》第22条对债券民事责任的损害计算方式进行了全新的规定，在《证券市场因虚假陈述的若干规定》的基础上结合债券市场现实的发行与交易特点，以起诉日(最迟至一审判决作出日)作为计算分界点，对已经卖出或继续持有债券的投资损失计算均做了相应的安排。[①] 有关利息计算标准，《全国法院审理债券纠纷案件座谈会纪要》也适应了我国采用的贷款市场报价利率(LPR)的改革成果，对其利息的计算方式予以两段区分计息。《全国法院审理债券纠纷案件座谈会纪要》对于信用评级机构履职尽责方面，从正面划定了其职责运行的边界，强调了有效尽职履责的关键性意义，逆向细化了损害赔偿责任的认定赔偿方式，加大了基础性的制度威慑力度，可视为中观层面的制度框架指引。

承继《证券法》的宏观体系构架与《全国法院审理债券纠纷案件座谈会纪要》的中观制度指引，《信用评级业管理暂行办法》则可视为微观层面对信用评级机构专门化的实操规范设定。《信用评级业管理暂行办法》的规范出台，进一步明确了行业规范发展的政策导向，目标在于建立健全统一监管的制度框架，标志着信用评级行业正式进入了统一监管时代。在债券违约事件频发的市场背景之下，针对前文所述信用评级业内存在的合规现实问题，《信用评级业管理暂行办法》改变了过去多头监管的格局，明确中国人民银行为信用评级行业主管部门，国家发展和改革委员会、财政部以及证监会为业务管理部门，依法实施具体监管，从而形成统一的信用评级行业监管合力。《信用评级业管理暂行办法》特别在提振信用评级公信力、强化信用评级独立性以及提高违法惩戒力度三方面进行了全新发力，划定行为红线，施行从严监管。

(二)债券欺诈发行案件中评级机构违反注意义务的责任承担

关于债券欺诈发行案件中评级机构违反注意义务的认定与责任承担规则，现有的司法规则沿循侵权法与证券法的双重进路。发行人付费模式等产生的利益冲突，使信用评级机构存在因自身利益维护而发布不实评价信息的内在动力。如果信用评级机构在不实信用评级过程中存在故意或严重失职

---

① 参见洪艳蓉：《债券市场化改革下半场　投资者权益保护新篇章——〈全国法院审理债券纠纷案件座谈会纪要〉解读》，载《人民法院报》2020年7月23日，第5版。

等行为时，则不实信用评级可能引发欺诈发行之诉。[①] 针对债券欺诈发行的司法规则，可分为一般欺诈行为的规制与证券法上的欺诈行为的规制两种类型。

一般欺诈行为的司法规制多从侵权法的角度出发。依据侵权法，欺诈作为故意或者严重失职的虚假陈述引发的诉因通常包括：(1)实质性的虚假陈述，特殊情形下误导性的意见陈述也属于实质性的虚假陈述范畴；(2)主观恶意的存在，即对欺诈行为怀有故意或严重失职的主观态度；(3)诱使投资者上当的行为动机，或者存在至少在某种程度上期待或希望投资者对其产生信赖的动机；(4)原告投资者具备合理的信赖利益；(5)投资者存在事实上的损害。[②] 在现阶段债券欺诈诉讼中，原被告的争议焦点多集中在以下两个方面：一是不实的信用评级是否属于上述内容可诉的虚假陈述，如果信用评级属于不可诉的虚假陈述，则法院可不经过实体审查而驳回原告起诉；二是如何证明信用评级机构存在恶意以及存在诱使投资者上当的主观动机。从现有普通法系的司法判例观察，其对虚假陈述的定义多为：一是指某人对另一人通过语言或行为作出的表示，该表示在相关环境中构成一项与事实不符的判断；二是指对事实的一项非正确声明；三是指一项不正确或者错误的陈述。[③] 根据美国联邦最高法院的观点，如果陈述方并没有相信所陈述的观点，且观点没有事实基础，对于包含这种观点的事实，受害方可以依据 1934 年《证券交易法》第 10(b)条提起证券欺诈诉讼。[④] 在实践中，信用评级机构通常主张信用评级是关于信用的预测性观点，并不是对事实的陈述，因此不应当承担侵权责任。虽然现阶段部分司法裁决仍然认定该观点符合美国《宪法第一修正案》的特别保护，但亦有司法判决认定该观点具备可诉性，依据美国侵权法，如果观点陈述者知悉所陈述的内容是错误的，或者当陈述做出时

---

① 参见周俊杰：《信用评级机构监管法律问题研究》，武汉大学出版社 2018 年版，第 75 ~ 82 页。

② See Merrill Lynch Auction Rate Secs. Litig., 2011 U. S Dist. LEXIS 14053 (S. D. N. Y. Feb. 9, 2011).

③ See *Black's Law Dictionary*, 5th edition, West Publishing Co., 1979, p. 903.

④ See National Century Financial Enterprises, Inc., Investment Litigation 580 F. Supp. 2d 630 (S. D. Ohio 2008).

并不认为该陈述是正确的，在此种情形下，该信用评级是可诉的。① 法院对信用评级机构主张美国《宪法第一修正案》的特殊保护时，其核心关注的审查要点主要包括：(1)被评级的债券是否公开发行；(2)信用评级是否参与交易安排；(3)信用评级机构是否向公众发布等内容；(4)信用评级是否针对不特定的债券发行等相关内容。② 实践中，法院多是基于上述因素分析，观察评级机构是否存在特殊的利益冲突，进而对其是否享有保护特权进行认定。例如，就利益冲突角度而言，倘若信用评级机构在同时提供评级服务和附属服务的情况下，具备积极参与受评对象的交易过程设计，并且提供评级建议等利益冲突行为，法院将认为对评级对象的业务参与行为与媒体报道行为存在不同，因此拒绝给予修正案的特权保护。③

针对欺诈发行诉讼中的违反注意义务认定与责任承担规则，在主观认定方面区分恶意(knowledge of the falsity)与故意(scienter)有着特别的意义。欺诈发行诉讼中信用评级机构的恶意，是指信用评级机构对评级信息的不真实性的明知或者严重失职。④ 如果在评级过程中，信用评级机构未能保持应有的客观中立性，在提供评级建议的同时又开展了评级业务，在此种利益冲突情况下，原告更容易举证信用评级机构对不实评级存在事先知悉或者严重不负责任。正如在阿布扎比商业银行诉摩根士丹利公司案⑤中，为了证明信用评级机构对评级报告的错误行为事先知悉，原告着重从下面几个方面进行举证：第一，根据销售文件(selling document)对产品证券化各参与方职责的描述，信用评级机构应当在产品证券化存续期间，每周对资产管理部门提交的报告进行审查和分析，在监控该证券化产品的抵押资产情况的同时，确保该证券化产品资产组合的住房抵押贷款(RMBS)不超过55%，而事实上最终该住房抵押贷款指标超过了55%。为此，原告认为信用评级机构已经明确

① See Lehman Bros. Sec. & ERISA Ligit., 684 F. Supp. 2d 485, 494 (S. D. N. Y. 2010); AbuDhabi Commercial Bank et al. v. Morgan Stanley & Co., 651 F. Supp 2d 155 (S. D. N. Y. 2009).

② 参见周俊杰：《信用评级机构监管法律问题研究》，武汉大学出版社2018年版，第77页。

③ See Am. Sav. Bank, FSB v. UBS Paine Webber, Inc., 330 F. 3d 104 (U. S. App. 2003).

④ 参见[美]文森特·R. 约翰逊：《美国侵权法》，赵秀文等译，中国人民大学出版社2004年版，第269页。

⑤ See AbuDhabi Commercial Bank et al. v. Morgan Stanley & Co., 651 F. Supp 2d 155 (S. D. N. Y. 2009).

知悉了该产品住房抵押贷款指标超过了55%的限制界限。第二,信用评级机构的前职员曾经在公开场合宣称信用评级机构在该证券化产品发行期间已经知悉该证券的信用评级过程存在瑕疵和不可靠的(deeply flawed and unreliable)的情形。第三,该项收费是信用评级的重要收入来源,在发行人付费的评级模式下受评对象与信用评级机构之间存在利益冲突,会影响评级的公正性。对此,法院认为:其一,信用评级机构已经事先知悉该评级过程存在瑕疵;其二,信用评级机构已经知悉该证券化产品的资产组合存在过度风险而并非安全稳定的投资;其三,尽管利益冲突本身并不能说明信用评级机构已经知悉评级存在错误,但是信用评级机构早已清楚评级对其收入可能产生的重要影响,因此利益冲突仍然促使评级机构发布了不公正的评级。基于此,法院认为信用评级机构已经事先知悉了其评级存在错误,由此认定信用评级机构存在欺诈发行的主观恶意。

欺诈发行诉讼中信用评级机构的主观类型还存在另一种形态,即故意(scienter)。所谓故意,是指主动以特别行为引诱原告上当,或至少在某些情况下希望原告对其产生信赖的主观意图。在侵权法欺诈诉讼中,为证明被告存在故意,原告应证明被告存在欺诈行为的动机和机会(motive and opportunity to commit fraud),或者提出被告存在有意识的不法行为或重大过失的有力旁证(strong circumstantial evidence)。原告的证明应能产生合理的和有说服力(cogent)的推断,至少能够产生非欺诈意图的相反推断。[①] 在前述阿布扎比商业银行诉摩根士丹利公司案中,法院从行为动机与现实机会的双重角度,证明信用评级机构存在显著的动机与机会向原告发布不真实的信用评级报告并且应当对此承担责任。法院认为:第一,信用评级机构事先已经意识到,在发行人付费模式下,如果不能提供发行人所需要的评级结果,则很有可能会失去这项业务。值得注意的是,在该案中,信用评级机构是以平常收费标准的3倍进行收费的,此种反常不合理的收费正是基于被告清楚该产品的投资风险,以高收费换取高信用评级结果。第二,在发行人付费模式下,信用评级机构清楚地意识到其报酬的获得依赖于该产品的成功发行销

---

① 参见方添智:《信用评级利益冲突规制研究——以美国为中心的研究与借鉴》,中国商务出版社2015年版,第79页。

售,只有给出存在错误信息的高评级结果才能够更好地发售。因此在现实利润诱导下,信用评级机构已然具备了欺诈发行获利的事实动机。第三,信用评级机构决定了该产品的信用等级,并且产生不合理评级结果的评估模型也是由该信用评级机构设计的,因此信用评级机构事实上具备了进行违规操作的行为机会。由此,法院认为原告已充分证明了被告存在欺诈的故意(Plaintiffs have thus sufficiently pled scienter as to the Rating Agencies)。[①] 事实上,信用评级结果由信用评级机构推演且模型方法由其设计,信用评级机构天然具有发布不实评级的行为机会,因此识别欺诈故意的关键在于厘清与发行人的利益冲突,避免自身被证明具有欺诈发行的事实动机。特别是在发行人付费模式下,信用评级过程中的利益冲突是举证信用评级机构存在欺诈动机的有力证据,再结合信用评级收费标准,其收费额度受证券发行情况的影响较大,而证券发行情况又受到评级结果的影响等情形,因此,信用评级机构意图摆脱责任追究实为困难。

美国证券法对信用评级机构的欺诈发行构建起了一套完整且有效的应用规则,其以 1934 年《证券交易法》第 10(b)条为运行核心,辅之以 1995 年《私人证券诉讼改革法案》及 2010 年《多德弗兰克法案》为规则细化,就欺诈发行诉讼中信用评级机构存在不实评级欺诈故意的主观要素进行了深入的标准分析。1934 年的《证券交易法》规定,凡是直接或间接利用州际贸易的任何手段或工具的个人,在下述情况下均属违法:对购买或者出售在全国证券交易所注册的证券和没有登记注册的证券,使用操纵和误导的手段和方法,违反 SEC 为公共利益或者保护投资者利益而制定的规则和规章。[②] 根据该规定,SEC 制定了著名的"10b-5"规则,明确禁止买卖证券过程中的重大错误陈述、隐瞒重大事实以及使用欺诈手段等违法行为。根据 1934 年《证券交易法》第 10(b)条提起的证券欺诈诉讼应具备以下要件:(1)存在虚假陈述或遗漏披露的事实;(2)虚假陈述或者遗漏披露的信息是重大的;(3)侵害人具有欺诈故意或者严重不负责任的态度;(4)受害人合理地依赖于该误述或

---

① See AbuDhabi Commercial Bank et al. v. Morgan Stanley & Co., 651 F. Supp 2d 155 (S. D. N. Y. 2009).

② See 150 U. S. C. § 77j(b) (2006).

隐瞒;(5)受害人因该欺诈行为而遭受损失。[①] 对比一般侵权欺诈的构成要件不难发现,证券欺诈诉讼与侵权法欺诈诉讼在构成要件方面事实上存在很大的结构相似性,但二者也存在应用标准的不同。在证券欺诈诉讼中,是否能够证明信用评级机构在评级过程中存在发布不实评级的欺诈故意的心理因素,成为原告能否获得法院支持的关键。延续《证券交易法》的框架设定,《私人证券诉讼改革法案》及《多德弗兰克法案》在该主观心理因素的证明标准上规定了更具可操作性的证明标准。

对于证券市场欺诈发行中存有欺诈故意的主观证明标准,根据《私人证券诉讼改革法案》所规定的证明标准,以《证券交易法》第10(b)条为由起诉信用评级机构时,原告所提出的事实应产生强有力的推断(a strong inference),以证明被告知悉或者重大过失(knowingly or recklessly)地进行重大错误陈述或者遗漏的虚假陈述。[②]《私人证券诉讼改革法案》不仅要求原告所主张的事实能够推断出被告存在故意,还需要该推断在证据力度上是能够强有力地予以推断(strong inference)。对此,美国联邦最高法院特别就所要求的证明标准做了相应解释,其认为,在认定一项主张是否有力证明被告存在故意的主观因素,应注重考察以下内容:一是应全面考察原告的诉讼请求以及其主张的事实,而不应对请求与事实进行分开考察,从而综合认定信用评级机构是否产生故意的主观心理因素的强烈推断。二是在确定所证明事实是否能够推导出故意的主观状态因素的强有力推断时,法院还应当注重逆向考察其是否存在合理的相反推断。[③] 虽然法院提出了强有力的推断要求,但在信用评级欺诈发行诉讼中,原告事实上往往难以达到该标准的要求。例如,在前文所述美国国家世纪金融企业案中,原告为证明穆迪存在故意的主观心理因素,先后提出了三点理由,但法院仍然认为原告举证事实不足以产生强有力的主观心理因素推断,因此不认为穆迪在本案中存在故意。

鉴于欺诈发行诉讼中受损投资者事实上难以强有力地证明信用评级机

---

① See Wemple, Peter H., *Rule 10b-5 Securities Fraud: Regulating the Application of the Fraud-on-the-Market Theory of Liability*, J. marshall Law Review, Vol. 18, p. 734-736 (1985).

② 参见方添智:《信用评级利益冲突规制研究——以美国为中心的研究与借鉴》,中国商务出版社2015年版,第81页。

③ See National Century Financial Enterprises, Inc., Investment Litigation 580 F. Supp. 2d 630 (S. D. Ohio 2008).

构达到故意的主观心理状态,《多德弗兰克法案》进行了证明标准的重大修改。该法案规定,在针对信用评级机构提起的金钱损失诉讼(an action for money damages)中,只要原告主张的事实能够产生下列情况之一的强烈推断,即足以证明信用评级机构存在故意的主观心理状态:(1)信用评级机构不能对受评对象信用风险所应用的技术模型与所依赖的事实因素进行合理调查的;(2)信用评级机构具备证明能力,却不能合理证明自身独立于发行人或者承销商的事实因素的。[①] 当原告所举证的事实能够强有力地推断出信用评级机构知悉存在的评级错误或者对此存在重大过失,却没有对其所依赖的事实因素进行合理调查(reasonable investigation)时,则可视为原告已能够证明信用评级机构含有故意的主观心理状态。至于判断信用评级机构采取的措施是否构成合理调查,将由法院结合具体案件事实和信用评级环境进行综合分析认定。从司法规制的效果上看,《多德弗兰克法案》事实上降低了投资者对信用评级机构欺诈故意心理因素的诉讼举证标准,间接便利了受损投资者通过司法诉讼渠道对自身权利损害进行救济,进一步加强了司法规制的效果。[②] 而关于欺诈发行司法规制的创新与完善,对信用评级机构提出了更为审慎严谨的行为要求。为了避免自身在欺诈发行诉讼中处于不利地位,信用评级机构应在评级过程中时刻做到客观审慎的尽职调查,避免因存在对发行人有利且存在利益冲突的事实因素而敷衍了事,并且采取切实措施对从业人员的评级行为进行全流程的严格监督,以确保建立有效的欺诈诉讼风险隔离,将自身的欺诈故意的主观因素风险降至最低。

(三)债券虚假陈述诉讼中评级机构违反注意义务的责任承担

前文述及,债券的核心价值在于清偿而非交易,因此对于虚假陈述而言,往往只有当发行人出现债券违约之后方才逐渐显现。这就有力解释了为什么2017年以前“刚性兑付”背景下,债券虚假陈述纠纷几乎为零的市场现状。[③] 随着债券市场的法治化发展,包括信用评级机构在内的中介机构在虚

---

① See Dodd-Frank Wall Street Reform and Consumer Protection Act, Pub. L. No. 111 – 203, § 933 (b), amending 15 U. S. C. § 78u – 4(b)(2).

② 参见周俊杰:《信用评级机构监管法律问题研究》,武汉大学出版社2018年版,第77~80页。

③ 参见邓晓明:《我国债券承销商虚假陈述责任法律制度的九个问题——兼评最高法院〈债券座谈会纪要(征求意见稿)〉》,载搜狐网,https://www.sohu.com/a/384859575_159412,2020年11月29日访问。

假陈述诉讼中的注意义务认定标准与责任承担规则趋于明晰。学界对虚假陈述诉讼的法律性质、因果关系认定以及阶段化的损失计算规则等内容进行了总结和反思，并经由《证券市场因虚假陈述的若干规定》与《全国法院审理债券纠纷案件座谈会纪要》两大规范性文件予以制度固定。

在债券虚假陈述诉讼中，虽然债券发行人为事实上的信息披露义务人，但是在发行人与增信机构均无力偿付的情况下，投资者提起债券虚假陈述诉讼，其求偿目标多为参与债券发行的众多中介机构，希望他们能够承担赔偿责任。近年来，相关司法案件在具体司法实践过程中缺乏可操作性的审判依据。一方面，原有《证券法》与《民法典》侵权责任编仅能提供基础法理支持而缺乏明确细致的操作规则；另一方面，《证券市场因虚假陈述的若干规定》以公开发行股票为制度设计模型，未能有效考虑债券市场的产品特殊性，特别是注意义务认定标准与侵权责任构成要件等相关规则，均难以直接套用至债券虚假陈述纠纷中。但值得肯定的是，《全国法院审理债券纠纷案件座谈会纪要》区分债券违约与虚假陈述两类纠纷，用较大篇幅对虚假陈述相关问题进行了专门规定。在关于债券纠纷案件审理的基本原则中，《全国法院审理债券纠纷案件座谈会纪要》对信用评级机构等债券中介服务机构提出了“卖者尽责，买者自负”的原则性要求。所谓“卖者尽责，买者自负”是指：一是遵循资本市场风险与收益共担的交易规律，遵循《关于规范金融机构资产管理业务的指导意见》之后继续打破刚性兑付的市场化主旨，肯定了债券投资人对投资风险的承担，明确了一旦债券依法发行后，因发行人经营与收益的变化导致的投资风险，依法应当由投资人自行负责。二是基于债券中介服务机构的“看门人”职能定位，强调了“买者自负”的前提是“卖者尽责”，进一步压实了中介机构在抵御虚假陈述发生过程中的应然作用。[①] 此外，《全国法院审理债券纠纷案件座谈会纪要》对信用评级机的注意义务的履职尽责亦有涉及，针对其主要责任承担原则与过错责任认定等有关问题加以明确的责任设计。

《全国法院审理债券纠纷案件座谈会纪要》将债券违约诉讼与债券虚假

---

① 参见张志前：《培育“卖者尽责”“买者自负”理念　打破刚兑应循序渐进》，载《证券日报》2018年6月16日，第A03版。

陈述诉讼予以明确的区分,强调虚假陈述责任纠纷属于侵权纠纷,区别于债券违约合同纠纷。具体而言,《全国法院审理债券纠纷案件座谈会纪要》第五节前言部分的规定区分了债券违约案件和虚假陈述侵权民事案件,且《全国法院审理债券纠纷案件座谈会纪要》全文中多次出现"债券欺诈发行、虚假陈述等侵权民事案件"的术语表述。对债券虚假陈述侵权纠纷的明确定性,有利于厘清现阶段债券市场的实践误解。实践中,投资者可能在债券违约诉讼中,兼带有虚假陈述的补强理由,甚至在违约诉讼中希望追加中介机构,进而要求中介机构承担虚假陈述责任;也可能单方面以债券违约事由起诉中介机构,要求中介机构对此担责。投资者的行为实质在于未能有效区分两类诉讼在法律性质、请求权基础、诉讼当事人、管辖规则和实质法律关系上存在的天然差异,《全国法院审理债券纠纷案件座谈会纪要》则为虚假陈述诉讼确定了清晰的司法指引。对于信用评级机构等中介机构而言,虚假陈述的侵权责任定位有助于摆脱一般债券违约诉讼的无端责任牵连,对于注意义务的认定标准也能够更为集中到侵权行为的构成以及因果关系的判断之中。

基于对债券虚假陈述诉讼为侵权责任纠纷的前置性判断,《全国法院审理债券纠纷案件座谈会纪要》继《证券市场因虚假陈述的若干规定》之后,对债券虚假陈述纠纷确立了全新的符合债券特征的虚假陈述责任构成要件体系。以虚假陈述的信息重大性为例,《证券市场因虚假陈述的若干规定》第17条要求披露事项应为"重大事件",明确虚假陈述信息应具"重大性",否则不承担民事赔偿责任。[①] 针对虚假陈述所涉及的"重大性"理解,《证券法》第81条列举了公司股权结构重大变化、债券信用评级发生变化等11项事由,并且列出了"可能对上市交易公司债券的交易价格产生较大影响"的兜底性标准。然而,《最高人民法院关于审理证券市场虚假陈述案件司法解释的理解与适用》却认为应当采用"一个理性投资人在决定是否购买注册证券时会认为该信息是重要的实质可能性的理性投资者标准",[②]《全国法院民商事审判工作会议纪要》第85条也采纳该观点。但无论是《证券法》还是《证券市场

① 参见李国光主编:《最高人民法院关于审理证券市场虚假陈述案件司法解释的理解与适用》,人民法院出版社2015年版,第215页。

② 李国光主编:《最高人民法院关于审理证券市场虚假陈述案件司法解释的理解与适用》,人民法院出版社2015年版,第226页。

因虚假陈述的若干规定》对于虚假陈述“重大性”的概念定义,均显得过于抽象而难以贴合债券案件实际。鉴于前述规则经验,《全国法院审理债券纠纷案件座谈会纪要》并未直接释明何为“重大事件”,而是结合债券市场实际,确立了与《证券法》《证券市场因虚假陈述的若干规定》相异的以偿债能力为核心的“重大性”标准。具体而言,《全国法院审理债券纠纷案件座谈会纪要》第27条、第29条、第31条、第33条等与虚假陈述责任承担直接相关条款,都以“足以影响投资人对发行人偿债能力判断”作为前提。上述以偿债能力为核心的“重大性”认定标准与《公司债券承销业务尽职调查指引》第9条的业务规则保持了一致。相比《证券法》“可能对上市交易公司债券的交易价格产生较大影响”这一标准,以偿债能力为核心的“重大性”认定标准适用范围更广,而且也更能体现债券“还本付息”的核心价值,对于信用评级机构等中介机构的注意义务行为认定更具备实务可操作性。从“重大性”认定的体系化角度来说,基于现阶段债券监管的发展实际,判断信用评级机构是否满足虚假陈述的“重大性”标准,在实践中长期依赖于行政处罚等前置程序,在《全国法院审理债券纠纷案件座谈会纪要》取消了债券虚假陈述诉讼的前置程序后,虚假陈述信息“重大性”的实践认定标准仍会成为争议焦点,这有待于债券市场整体行业共识的有效形成以及司法裁判实践的正确把握。①

与此同时,《全国法院审理债券纠纷案件座谈会纪要》明确提出中介机构的责任承担应与其过错相结合,删除与发行人承担“连带责任”的笼统要求。对于信用评级机构而言,意味着在债券虚假陈述诉讼案件中,应当立足《中国人民银行法》《证券法》和相关监管规则,划清信用评级机构的权利、义务和责任的边界,“将责任承担与行为人的注意义务、注意能力和过错程度相结合,将民事责任追究的损失填补与震慑违法两个功能相结合”。② 在具体的过错认定上,《全国法院审理债券纠纷案件座谈会纪要》第六点明确规定了信用评级机构的举证责任与注意义务边界。其中,关于信用评级机构的过错认定,应当由信用评级机构自身举证证明其已经按照法律、行政法规、部门

---

① 参见天同诉讼圈:《〈债券纠纷案件座谈会纪要〉专项解读(下):虚假陈述责任纠纷》,载搜狐网,https://www.sohu.com/a/408309325_159412,2020年11月18日访问。

② 《全国法院审理债券纠纷案件座谈会纪要》第3条。

规章、行业执业规范和职业道德等规定的勤勉义务谨慎执业，倘若无法证明自身已有效履行上述职责，人民法院应当认定其存在过错。将举证责任倒置无疑有效减轻了受损投资者的举证困局，同时也提醒信用评级机构，其需更为注意自身履行有效职责的证据保存与收集。

关于信用评级机构的注意义务边界，《全国法院审理债券纠纷案件座谈会纪要》划定了三重标准：一是确定了责任范围，仅限于各自的工作范围和专业领域，即信用评级机构理论上仅对自身信用评级行为及评级报告的相关内容为责任基础承担相应的民事责任，基于前文所述对于专业责任的二元区分，可以简要解读为对其专业相关的业务事项未履行特别注意义务、对其他业务事项未履行普通注意义务的赔偿责任。二是确定了证券法及相关司法解释可以作为判断信用评级机构是否有效履行注意义务的规则标准，但该规定更多是对会计师事务所等相关中介机构的规则适用。其中，对于会计师事务所等服务机构的过错认定和责任承担，《全国法院审理债券纠纷案件座谈会纪要》与《最高人民法院关于审理涉及会计师事务所在审计业务活动中民事侵权赔偿案件的若干规定》的相关规则基本一致；[①]而对于信用评级机构，现阶段并未存在相关的司法解释予以释明，并且就相关部门规章与行业惯例的有效性适用问题，在纪要内容中未得到明确体现。现阶段，关于信用评级机构管理的效力最高的规范性文件是2019年11月由中国人民银行、国家发展和改革委员会、财政部以及证监会颁布的《信用评级业管理暂行办法》，其效力位阶仅为部门规章，缺乏高效力层级的规范性文件指引。三是区分了故意、过失等责任承担的判断标准，并分别确定其应当承担的法律责任。需要注意的是，《全国法院审理债券纠纷案件座谈会纪要》第27条有关发行人与其他责任主体的连带责任的规定中，明确删除了之前征求意见稿中有关承销

---

① 针对会计师责任问题的《最高人民法院关于审理涉及会计师事务所在审计业务活动中民事侵权赔偿案件的若干规定》，具体区分了故意和过失的责任承担方式。例如第5条规定，“注册会计师在审计业务活动中存在下列情形之一，出具不实报告并给利害关系人造成损失的，应当认定会计师事务所与被审计单位承担连带赔偿责任……注册会计师按照执业准则、规则应当知道的，人民法院应认定其明知”；第6条规定，“会计师事务所在审计业务活动中因过失出具不实报告，并给利害关系人造成损失的，人民法院应当根据其过失大小确定其赔偿责任。注册会计师在审计过程中未保持必要的职业谨慎，存在下列情形之一，并导致报告不实的，人民法院应当认定会计师事务所存在过失……”且还规定了会计师免责的情形。

商、债券服务机构应与发行人就虚假陈述承担连带赔偿责任的规定。上述变化实质上表明了《证券法》第 163 条规定的连带责任,对于信用评级机构在内的所有中介机构而言,并非承担债券虚假陈述责任的当然形式。有关具体责任形式,还需根据债券类型和案件具体情节,依据相关法律法规个案确定。

第五章　结　　论

信用评级机构的注意义务是由一般性规则与特殊性规则所构成的双层义务结构，是程序正义、实质正义和结果正义三重叠加的行为规范。基于债券市场的特殊性，信用评级机构注意义务的概念界定应当以传统民法规范为起点，但不能囿于传统合同法解释路径与侵权法解释路径的局限性，而需确立公法与私法兼具的证券法规制基础。一方面，信用评级机构的注意义务具有传统民法注意义务的一般性特征，需要私法规则予以调适，其一般性规则不言而喻；另一方面，信用评级机构的注意义务也带有明显的领域特征，其鲜明的预测性、垄断性、监管性和商业参照性要求信用评级机构的注意义务必须具备特殊性规则范畴。信用评级机构本质上符合"专家"的属性，当然负有基于专家地位而产生的信赖义务，故将评级机构注意义务定性为"专家义务"具有合理的逻辑基础。因其专家身份和所处领域的较高专业性，资本市场和公众投资者对其提出更为严格的执业行为要求，故信用评级机构的注意义务又是一种"高度注意义务"。然而，无论是"专家义务"还是"高度注意义务"，均应当存在实质上的义务边界，即使信用评级机构基于其专业性以及社会公众对于其的高度依赖之原因负有较高程度的注意义务，但对其注意义务的要求也必须放在法律法规、行业规范和职业道德的有限框架范围之内，限定于评级机构的工作范围与专业领域，避免义务边界模糊和专家责任泛化的过度倾向。

正是对评级机构注意义务特殊性的认识不足，使信用评级机构曾享受了其本不应享有的特权豁免优待。在美国，信用评级机构一度被定性为《宪法第一修正案》中可自由发表评论的新闻媒体，其享有极大的权利却无须承担应有的义务，权利与义务长期处于失衡状态。随着资本市场对评级信息的依赖程度日渐加深，以及政府对评级机构设置了“批准—进入”门槛准入规制，带有准行政垄断色彩的评级机构在美国资本市场形成了寡头垄断的市场格局，评级机构掌握着“评级霸权”，跟踪评级几乎沦为形式，评级质量被市场广受诟病。直至2008年金融危机后，此种观念上的认知偏差才被市场所重视，评级机构开始被监管者纳入监管的行列。

由于信用评级结果面向资本市场不特定的第三方投资者，影响范围甚广，同时，其作为现代资本市场最关键的要素，信息一直被投资者作为投资决策的主要参考物，评级机构正是切中了信息这一市场肯綮，从而一跃成为资本市场最为重要的中介机构之一。基于信用评级机构的公共性与重要性特征，其注意义务的规范体系呈现差异化的样态，不同领域的注意义务乃至同一领域不同对象的注意义务均不相同。在差异化规则下，要求评级机构注意义务的规制体系应当进行类型化约束，而不能通过统一的规则体系予以规制。由此带来的问题是，我国资本市场法律规则所遵循的“宜粗不宜细”的立法传统虽然在近年来有所改善，但总体仍呈现相关制度尚不充足。综合来看，当前对信用评级机构注意义务的认定存在两大难题：其一，由于对评级机构特殊性的认识不够全面，评级机构是否应当承担注意义务，以及承担多大程度的注意义务，尚存在认知上的偏差；其二，带有领域特征的注意义务，需要尊重其差异化的表现样态，为此，需要针对专门领域的信用评级制定有针对性的注意义务规则，这在目前还很难实现。因此，粗放式的义务认定标准难免会导致评级机构最终承担的信义义务要么倚轻，要么倚重，“五洋债”案即为例证。

立法上，我国《证券法》以第163条作为判定证券中介机构责任承担的基本规范依据，存在重大的制度疏漏，包括责任构成要件不明确、容易造成集体行动困境、未对证券服务机构的过错进一步区分故意和过失等问题。而司法上，以“五洋债”案为代表的债券欺诈发行案件判决存在对中介机构过度苛责及其责任边界非理性扩张的倾向。这种立法缺失和司法不足的状态构成了信用评级机构违反注意义务之认定难题的基本现实图景。我国有必要完善评级机构注意义务和民事责任的法律制度供给，改进评级机构注意义务诉讼的裁判技术。

从注意义务的历史演进视角观之，随着社会分工的日益精细化，注意义务概念从一般侵权法领域逐步向特殊专业领域拓展适用。注意义务因不同义务主体的知识、经验、能力与智力水平的差异，影响了在审慎程度、避险行为等方面对行为人的不同要求，故法律对于不同主体的注意义务设定也结合主体个性与职业特征进行了相应的差异化安排。此种差异化具体表现为：第一，主体的差异。评级机构将评级结果向资本市场公众公开，可能对投资者的投资决策产生实质性的影响，评级结果对于第三人的影响已超出了评级机构和受评主体双方合同的可控范围，在评级结果射程内的主体呈现多元化、差异化特征。第二，客体的差异。客体的差异更为明显，在不同类型的评级中，评级对象明显不同，即使在同一评级类型中，客体也存在差异。以债券信用评级为例，由于债券评级的方法适用、债券品种划分及债券纠纷生成存在较大的现实差异，因此，对于不同阶段、不同内容及不同方式的注意义务违反认定需加以归纳，在厘清表象差异背后的实质分野，明确关键要素的影响认定的基础上，展开场景化的审视，从信用评级机构违反注意义务主要场景出发，为后续具体制度进路的完善寻求精准方向。第三，规则的差异。信用评级机构的注意义务并非统一的规则体系，更多则表现为差异化的规范要求，带有极强的领域特征。因此，在信用评级的具体行为中，评级机构应当充分了解被评级对象的行业特点或主体特性，并谨慎地选择符合被评级对象的信用评级方法和模型。第四，法律性质的差异。信用评级机构的注意义务并非传统民法上的注意义务，其难以通过合同法解释路径和侵权法解释路径予以合适的解读，而应当将其视为证券法上的特殊责任，是一类公法与私法结合的特殊责任构造。作为证券市场的基础性法律，证券法非一般意义上的民法，也绝非完全的私权规范，其带有金融公法的性质。以私法与公法兼具的证券法律规制回应评级机构的注意义务，可以弥补前文所述传统合同法与侵权法的不足。正是由于信用评级机构注意义务的主体、客体、规则与法律性质的差异化构造，通过统一的制度予以共性化规制的传统思路难以为继。差异化的制度构造并非无章可循，其规范结构与逻辑共性体现在不同的评级类型之中。

因此，为了能够探查信用评级机构注意义务的内部结构，需要在把握注意义务实质的基础上进行分场景探讨，场景式的规制思路也当属必要。在信用评级的具体实践中，按照“事前—事中—事后”的贯穿式思路，信用评级的场景相应地表现为“评级对象场景—评级过程场景—评级结果场景”。本书立足于信用评级机构注意义务的特殊内涵与差异化属性，按照评级可能涉及的进程构建贯穿式的全链条封闭路径，最终揭示对信用评级机构违反注意义务的场景式规制思路。在具体的场景中，主动评级与委托评级、债务人评级与债项评级、短期评级与长期评级等不同的评级方法对注意义务违反之认定具有一定影响；公募债与私募债、普通债券与衍生品、产业债打分模型与城投债打分模型等不同的债券品种对于注意义务违反之认定亦有各自的偏好塑造；债券违约诉讼、欺诈发行诉讼、虚假披露诉讼等不同类型的债券诉讼纠纷中的注意义务违反之认定也有所差异。因此，对于信用评级机构违反注意义务的认定，既需要整体主义视角的宏观审视，也需要类型化的视角微观识别各自不同。

场景式规制思路的实质是充分尊重信义义务的领域特征，但也应当防止将场景式规制思路理解成各自为政般的一盘散沙。诚然，信义义务带有鲜明的领域特征，需要分场景进行规制，但归根结底其仍然存在着逻辑一致性与规则的同理性。因此，体系化的规则框架必不可少。对于信用评级机构注意义务的判定研究，着重在于探查信用评级机构注意义务的共识性逻辑与规范性构造，主要从三个层面着手：第一，诉因选择。注意义务并非理论上单一法律关系的点对点交互，在现实情形中往往引起多重法律关系的交织，因同一信用评级机构违反注意义务的行为，同一当事人可以提出不同的诉讼请求，也可以选择不同的诉讼策略。与此相对应，对信用评级的法律责任也应当基于不同的法律关系选择而进行差异化判断，即注意义务责任追究诉因面临多样化选择。诉因并非一成不变，而是随着债券市场对于信用评级机构的认识深入以及投资者利益诉求的多元选择而不断发生着改变。以史为鉴，通过准确把握诉因变迁背后存在的资本力量与利益博弈，有助于进一步指导信用评级机构注意义务标准的有效构建，清晰界分信用评级机构担责与否的应然界限。第二，认定标准。对信用评级机构是否违反注意义务的认定标准选择，应走出“遵从行业惯例”抑或“依循司法判断”的非此即彼的逻辑误区，将主观标准与客观标准结合起来，既要考虑专家理性、利益捕获以及道德风险的主观标准尺度，又应考虑以偿债能力为中心的客观标准尺度。在合理借鉴商业判断规则的过程中，需坚持以行业惯例为认定评级行为是否符合专业性要求的基础标准,同时也应注意债券信用评级人员在履职过程中是否存在违反注意义务的情形。认定标准的司法判断,应重视法律规则的引导与约束作用,合理适度施加责任惩戒制度。第三,责任承担。信用评级机构违反注意义务的判定研究,不能止步于认定标准,而应当进一步延伸至责任承担,否则容易沦为无牙的老虎,不具备其应有的威慑力。同时,针对信用评级机构违反注意义务的认定,需要立足于我国实践解决本土化的认定难题。长期以来,我国的信用评级机构在强行政监管的背景下,市场化发育严重不足,声誉机制难以有效发挥作用。这些带有本土性的问题必然会牵制信用评级机构的功能发挥,进而影响其行为认定和责任承担。特别是在债券信用风险爆发以及信用评级行业对外开放的背景下,亟须建构评级机构违反注意义务的责任承担规则。鉴于债券违约处置案件、债券欺诈发行案件、债券虚假陈述案件的差异性,责任承担规则的建构亦需要秉持类型化思维,根据案件类别进行必要区分。

概言之,作为资本市场的"看门人"和"监管者",信用评级机构扼住了资本市场的咽喉——信息。纵使评级机构注意义务的特殊性与差异化所带来的责任真空红利与责任认定难题同时存在,我们也不能放任其无序扩张,更不能进行运动式的严管,赋予其几乎无边界的注意义务。为了科学、有效地规制信用评级机构,促成其认真、谨慎地履行"看门人"职责,我们需要改变传统合同法与侵权法的解释路径,摒弃大一统的粗放式规制思路,通过场景式的思路与体系化的规则认定信用评级机构对注意义务的违反。

参考文献

一、中文文献

（一）著作

1. 冯光华:《信用评级原理与实务》,中国金融出版社 2019 年版。

2. 吕品:《基于投资视角的信用研究:从评级到策略》,中国金融出版社 2019 年版。

3. 方添智:《信用评级利益冲突规制研究——以美国为中心的研究与借鉴》,中国商务出版社 2015 年版。

4. 姜哲:《信用评级范围规范研究》,法律出版社 2019 年版。

5. 封红梅:《信用评级法律制度研究》,法律出版社 2014 年版。

6. 石宝峰:《小企业信用评级理论、方法与运用——基于违约风险金字塔原理》,科学出版社 2019 年版。

7. 周嘉:《主权信用评级规则研究》,经济科学出版社 2016 年版。

8. 姜楠:《信用评级机构监管研究:后危机时代》,经济日报出版社 2014 年版。

9. 高杰英:《信用评级理论与实务》,中国金融出版社 2016 年版。

10. 郭雳:《思在录:金融法律问题研究》,经济科学出版社 2011 年版。

11. 曹休宁:《企业信誉的制度逻辑》,中国经济出版社 2010 年版。

12. 李国民:《美国金融危机的成因与教训——基于估值、保证金、杠杆和流动性角度分析》,中国经济出版社 2010 年版。

13. 沈中华、黄玉丽:《透析中国信用评级市场》,武汉大学出版社 2018 年版。

14. 蒋云蔚:《走下神坛:专家民事责任基本问题研究》,法律出版社 2008

年版。

15. 彭秀坤:《国际社会信用评级机构规制及其改革研究》,中国民主法制出版社 2015 年版。

16. 邬润扬:《资信评级方法》,中国方正出版社 2005 年版。

17. 陈婉玲:《独立监管组织法律研究——以金融业分业监管为视角》,上海人民出版社 2011 年版。

18. 洪艳蓉:《金融监管治理:关于证券监管独立性的思考》,北京大学出版社 2017 年版。

19. 王伟:《职业责任保险制度比较研究》,法律出版社 2015 年版。

20. 李仁玉:《比较侵权法》,北京大学出版社 1996 年版。

21. 王利明:《侵权行为法归责原则研究》,中国政法大学出版社 2004 年版。

22. 白春阳:《现代社会信任问题研究》,中国社会出版社 2009 年版。

23. 廖焕国:《侵权法上注意义务比较研究》,法律出版社 2008 年版。

24. 宋哲:《网络服务商注意义务研究》,北京大学出版社 2014 年版。

25. 蒋昇洋:《董事注意义务的司法认定:美国的经验和中国的再造》,西南财经大学出版社 2019 年版。

26. 熊进光:《侵权行为法上的安全注意义务研究》,法律出版社 2007 年版。

27. 戴谋富:《建筑师专家责任研究》,北京理工大学出版社 2012 年版。

28. 杨胜刚:《社会信用体系建设的理论与实践研究》,中国金融出版社 2019 年版。

29. 关伟、袁星煜、周泽伽:《第三方信用机构发展与改革》,中央编译出版社 2018 年版。

30. 周月刚:《信用风险管理:从理论到实务》,北京大学出版社 2017 年版。

(二)译著

1. [英]彼得·利普顿:《最佳说明的推理》,郭贵春、王航赞译,上海科技教育出版社 2007 年版。

2. [英]安东尼·奥格斯:《规制:法律形式与经济学理论》,骆梅英译,中国人民大学出版社2008年版。

3.[美]约翰·C.科菲:《看门人机制:市场中介与公司治理》,黄辉、王长河等译,北京大学出版社2011年版。

4.[美]理查德·比特纳:《贪婪、欺诈和无知——美国次贷危机真相》,中信出版社2008年版。

5.[德]迪特尔·施瓦布:《民法导论》,郑冲译,法律出版社2006年版。

6.[西]拉克尔·高科塔·阿尔库比拉、杰威尔·瑞恩·德尔珀瑞:《欧洲对信用评级机构的监管:从宽松到严格》,高汉译,化学工业出版社2016年版。

7.[英]保罗·舒尔特:《信用经济:信贷逻辑背后的经济周期》,郑磊译,机械工业出版社2019年版。

(三)论文

1.李安安、冯岳:《资本市场中信息工具法律配置的反思与变革》,载郭峰主编:《证券法律评论(2018年卷)》,中国法制出版社2018年版。

2.邢会强:《信息不对称的法律规制——民商法与经济法的视角》,载《法制与社会发展》2013年第2期。

3.王信:《信用评级与风险控制》,载《证券市场导报》1997年第6期。

4.谢贵春、冯果:《信息赋能、信息防险与信息调控——信息视野下的金融法变革路径》,载《北方法学》2015年第6期。

5.郑永年、黄彦杰:《中国的社会信任危机》,载《文化纵横》2011年第2期。

6.翟学伟:《信任的本质及其文化》,载《社会》2014年第1期。

7.杨代雄:《适用范围视角下民事责任能力之反思——兼评〈中华人民共和国侵权责任法〉第32条》,载《法商研究》2011年第6期。

8.向燕:《论司法证明中的最佳解释推理》,载《法制与社会发展》2019年第5期。

9.高汉:《美国信用评级机构的责任演变与监管发展——从安然事件到次贷危机》,载《华东政法大学学报》2010年第5期。

10.高汉:《金融危机背景下的信用评级机构监管问题分析——以美国信用评级机构监管为视角》,载《河南师范大学学报(哲学社会科学版)》2009

年第 6 期。

11. 张红、石一峰:《上市公司董事勤勉义务的司法裁判标准》,载《东方法学》2013 年第 1 期。

12. 叶金强:《董事违反勤勉义务判断标准的具体化》,载《比较法研究》2018 年第 6 期。

13. 赵骏:《董事勤勉义务研究:从域外理论到中国实践——以行为法经济学为视角》,载《浙江学刊》2013 年第 2 期。

14. 蒋云蔚:《从合同到侵权:专家民事责任的性质》,载《甘肃政法学院学报》2008 年第 4 期。

15. 朱圆:《论信义法的基本范畴及其在我国民法典中的引入》,载《环球法律评论》2016 年第 2 期。

16. 李晓安:《论金融生态系统中的信用评级机构责任承担》,载《法学杂志》2015 年第 8 期。

17. 李振宇:《回归公信:评级的角色定位与机制建设》,载《金融市场研究》2016 年第 4 期。

18. 高榴:《我国公司债券发展中的风险、问题及对策》,载《南方金融》2017 年第 4 期。

19. 葛兴浪、刘海龙:《基于动态权重的信用评级》,载《系统管理学报》2019 年第 2 期。

20. 吴育辉、翟玲玲、吴世农:《信用评级与资本结构——来自中国 A 股上市公司的经验证据》,载《厦门大学学报(哲学社会科学版)》2019 年第 4 期。

21. 马昕娅:《我国债券市场信用评级发展现状及问题研究》,载《时代金融》2018 年第 32 期。

22. 高明:《国际视角下的银行信用评级比较研究》,载《征信》2020 年第 1 期。

23. 金文杰:《后危机时代信用评级市场准入监管的国际比较》,载《征信》2012 年第 6 期。

24. 吴晶妹、王欣妍:《信用评级业:创新、升级、信用监管》,载《农村金融研究》2011 年第 2 期。

25. 施燕平、刘娥平:《资本结构调整、信用评级与公司债券融资成本》,载《财贸研究》2018 年第 1 期。

26. 刘琳、查道林:《付费模式、声誉与信用评级质量——基于我国债券市场的经验证据》,载《中南财经政法大学学报》2018 年第 3 期。

27. 邓博文、曹廷贵:《信用评级行业的监管与评级质量》,载《国际金融研究》2016 年第 3 期。

28. 顾小龙、施燕平、辛宇:《风险承担与公司债券融资成本:基于信用评级的策略调整视角》,载《财经研究》2017 年第 1 期。

29. 肖瑞婷:《国外信用评级机构认可制度的经验及启示》,载《西部金融》2008 年第 2 期。

30. 黄润源、刘迎霜:《公司债券信用评级法律关系解析——以美国债券评级制度为模本》,载《学术论坛》2008 年第 1 期。

31. 倪受彬、施丹婷:《金融危机背景下信用评级机构的法律责任问题初探》,载《社会科学》2009 年第 8 期。

32. 李明明、秦凤鸣:《主权信用评级、债务危机与经济增长——来自欧元区国家的经验证据》,载《金融研究》2016 年第 10 期。

33. 蒋大兴:《信息、信任与规制性竞争——网络社会中二手房交易之信息传递》,载《法制与社会发展》2014 年第 5 期。

34. 王彦鹏:《管控的失语与权力的高歌——美国信用评级机构助推次贷危机根源论》,载《金融法苑》2009 年第 1 期。

35. 冯诗婷:《资产证券化信用评级制度与系统性风险分析》,载《财经理论与实践》2017 年第 2 期。

36. 王瑞雪:《作为治理工具创新的环境信用评级》,载《兰州学刊》2015 年第 1 期。

37. 赵磊:《商事信用:商法的内在逻辑与体系化根本》,载《中国法学》2018 年第 5 期。

38. 陈昆:《基于信息的信任——制度的生发机制探讨》,载《社会科学家》2007 年第 5 期。

39. 张强、张宝:《金融危机背景下我国信用评级机构声誉机制研究》,载《经济经纬》2010 年第 1 期。

40. 张民安、龚赛红:《专业人士所承担的过错侵权责任》,载《法学评论》2002 年第 6 期。

41. 汤欣:《美国证券法上针对虚假陈述的民事赔偿机制——兼论一般性反欺诈条款制度的确立》,载《证券法苑》2010 年第 1 期。

42. 聂飞舟:《美国信用评级机构法律责任反思及启示——以司法判例为视角》,载《东方法学》2010 年第 6 期。

43. 聂飞舟:《信用评级机构法律监管困境及金融危机后的改革出路》,载《法学》2011 年第 3 期。

44. 聂飞舟:《美国信用评级机构法律监管演变与发展动向——多德法案前后》,载《比较法研究》2011 年第 4 期。

45. 吴风云、赵静梅:《论美国证券信用评级霸权》,载《世界经济》2005 年第 12 期。

46. 黄辉:《公司资本制度改革的正当性:基于债权人保护功能的法经济学分析》,载《中国法学》2015 年第 6 期。

47. 郭雳:《证券市场中介机构的法律职责配置》,载《南京农业大学学报(社会科学版)》2011 年第 1 期。

48. 刘鹏飞、晏艳阳:《投资者会关注债券信用评级吗?——基于公司债券信用评级变化的公告效应研究》,载《金融理论与实践》2016 年第 7 期。

49. 田田、龚华生:《建立中国金融控股公司的加重责任制度》,载《法学论坛》2005 年第 6 期。

50. 刘东平、霍太稳:《关于金融控股公司的加重责任》,载《东岳论丛》2006 年第 1 期。

51. 姜立文:《美国金融控股公司加重责任制度研究与启示》,载《环球法律评论》2006 年第 6 期。

52. 隋伟、刘俊:《我国建立金融控股公司加重责任制度探讨》,载《南开学报(哲学社会科学版)》2008 年第 6 期。

53. 王建文:《我国商法中加重责任理念的司法应用及立法构想》,载《南京师大学报(社会科学版)》2013 年第 3 期。

54. 杨松、宋怡林:《商业银行股东加重责任及其制度建构》,载《中国社会科学》2017 年第 11 期。

55. 陈晓莉、孟艳:《香港人民币债券市场:发展特征、存在风险及防范对策》,载《财政研究》2014 年第 6 期。

56. 何晓行:《金融市场系统风险与资产证券化的相关性》,载《财经科学》2010 年第 4 期。

57. 张杰:《金融抑制、融资约束与出口产品质量》,载《金融研究》2015 年第 6 期。

58. 孟庆斌、张强等:《中立评级机构对发行人付费评级体系的影响》,载《财贸经济》2018 年第 5 期。

59. 许多奇:《信息监管:我国信贷资产证券化监管之最优选择》,载《法学家》2011 年第 1 期。

60. 袁康:《我国债券市场风险治理的规范逻辑与制度构建》,载《政法论丛》2018 年第 3 期。

61. 张时坤:《我国信用评级机构是否存在“顺周期”行为?》,载《商业研究》2019 年第 3 期。

62. 周石:《金融市场稳定器还是捣乱者——信用评级机构作用分析及机制改进建议》,载《时代金融》2010 年第 7 期。

63. 姚红宇:《评级机构声誉机制与评级上调——来自中国信用评级的证据》,载《经济学报》2019 年第 7 期。

64. 黄鸿星:《我国信用评级在债券市场中的供给及应用》,载《银行家》2015 年第 1 期。

65. 董维:《我国信用评级的制度完善与理念革新——从监管工具到投资者保护》,载《私法》2018 年第 1 期。

66. 龚宇:《美国信用评级业监管体制变迁——“次贷危机”下的反思》,载《证券市场导报》2008 年第 7 期。

67. 刘彩晖、侯利:《发展公司债券市场的意义及对策》,载《经济理论与经济管理》2003 年第 2 期。

68. 李明明、秦凤鸣:《中国信用评级的信息价值研究》,载《产业经济评论》2012 年第 3 期。

69. 曾洁容、杨峰:《信息不对称理论下企业债券的市场效应》,载《管理科学文摘》2007 年第 9 期。

70. 何平、金梦:《信用评级在中国债券市场的影响力》,载《金融研究》2010 年第 4 期。

71. 刘再杰、李艳:《我国债券市场信用违约的特征、风险与应对措施》,载《新金融》2016 年第 10 期。

72. 沈红波、廖冠民:《信用评级机构可以提供增量信息吗——基于短期融资券的实证检验》,载《财贸经济》2014 年第 8 期。

73. 赵学清、周嘉:《欧美信用评级监管规则的最新发展》,载《西南政法大学学报》2015 年第 3 期。

74. 马榕、石晓军:《中国债券信用评级结果具有甄别能力吗?——基于盈余管理敏感性的视角》,载《经济学(季刊)》2016 年第 1 期。

75. 周宏、温笑天:《评级机构数量选择对企业债券信用风险监管的影响——基于评级机构与发债企业串谋行为的博弈分析》,载《会计研究》2013 年第 8 期。

76. 刘迎霜:《"发行方付费"模式下的信用评级法律迷局解析》,载《法律科学(西北政法大学学报)》2011 年第 6 期。

77. 沈彦菁、张月:《信用评级市场发展现状及对策建议——基于浙江省嘉兴市的实践》,载《征信》2018 年第 4 期。

78. 闫屹:《次贷危机后对信用评级业的反思》,载《武汉金融》2010 年第 4 期。

79. 马强:《共享经济在我国的发展现状、瓶颈及对策》,载《现代经济探讨》2016 年第 10 期。

80. 刘蓉、黄洪:《我国地方政府债务风险的度量、评估与释放》,载《经济理论与经济管理》2012 年第 1 期。

81. 胡威:《资产证券化的运行机理及其经济效应》,载《浙江金融》2012 年第 1 期。

82. 夏靖:《信用评级机构及其道德风险》,载《上海金融》2012 年第 10 期。

83. 聂正彦、安小雪:《国际信用评级体系的演进、利益冲突及其变革方向》,载《征信》2014 年第 2 期。

84. 鄂志寰、周景彤:《美国信用评级市场与监管变迁及其借鉴》,载《国际金融研究》2012 年第 2 期。

85. 彭兴庭:《公平、稳定与自由的权衡与协调——〈多德 - 弗兰克法案〉述评》,载《证券市场导报》2010 年第 10 期。

86. 王晓丽:《欧盟对信用评级机构的立法监管及新动向》,载《欧洲研究》2012 年第 4 期。

87. 周仲飞:《全球金融法的诞生》,载《法学研究》2013 年第 5 期。

88. 陈亚芸:《欧债危机背景下欧盟信用评级机构监管改革研究》,载《德国研究》2013 年第 1 期。

89. 肖瑞婷:《〈欧盟信用评级机构监管法规〉及对我国的启示》,载《西部金融》2010 年第 10 期。

90. 冯琦:《国内外信用评级业发展对比分析》,载《中国流通经济》2013 年第 6 期。

91. 彭宇松:《美欧信用评级监管体制改革及启示》,载《中国金融》2009 年第 14 期。

92. 张自力:《欧洲高收益债券市场违约风险监管研究》,载《证券市场导报》2012 年第 4 期。

93. 邵峥嵘:《信用评级管理市场化改革研究》,载《金融发展评论》2015 年第 11 期。

94. 刘琳、曹瑞、范家琦:《信用评级行业的准入制度与监管:国际经验和启示》,载《浙江金融》2019 年第 4 期。

95. 张自力、林力:《日本企业债券市场的结构特征及监管制度》,载《证券市场导报》2013 年第 8 期。

96. 刘建华、许艳杰、金德淳:《日韩信用评级行业发展及对我国的借鉴》,载《征信》2015 年第 5 期。

97. 王希军、李士涛、金兵兵:《国外双评级制度实施情况及其启示》,载《征信》2013 年第 5 期。

98. 马建平:《信用评级制度国际经验及对我国的启示》,载《西部金融》2018 年第 11 期。

99. 梁爽:《董事信义义务结构重组及对中国模式的反思　以美、日商业判断规则的运用为借镜》,载《中外法学》2016 年第 1 期。

100. 叶金强:《私法中理性人标准之构建》,载《法学研究》2015 年第 1 期。

101. 潘俊:《英美侵权法可预见性规则之溯源、概念与逻辑》,载《法治研究》2018 年第 5 期。

102. 曾威:《互联网金融科技信息披露的构建》,载《法商研究》2019 年第 5 期。

103. 洪艳蓉:《论基金托管人的治理功能与独立责任》,载《中国法学》2019 年第 6 期。

104. 胡全柱:《信任危机的社会治理》,载《浙江师范大学学报(社会科学版)》2016 年第 1 期。

105. 王磊:《论作为信息规制工具的悬赏举报》,载《大连理工大学学报(社会科学版)》2018 年第 1 期。

106. 沈伟:《中国的影子银行风险及规制工具选择》,载《中国法学》2014 年第 4 期。

二、英文文献

(一)著作

1. Timothy J. Sinclair, *The New Masters of Capital*, Cornell University Press, 2005.

2. Edward I. Altman & Anthony Saunders, *The Role of Credit Ratings in Bank Capital*, *in Ratings*, *Rating Agencies and the Financial System*, Kluwer Academic Press, 2002.

3. P. S. Atiyah & Stephen A. Smith, *An Introduction to the Law of Contract*, 6th Edition, Clarendon Press, Oxford, 2005.

4. Nobuyoshi & Yoshihiro, *Asai Credit Rating in the Japanese Bond Market*, Osaka University, 2006.

5. Dsavid L. Weimer & Aidan R. Vining, *Policy Analysis*: *Concepts and Practice*, 5th Edition, Pearson: Prentice Hall, 2017.

6. Andreas Kruck, *Private Ratings*, *Public Regulations*: *Credit Rating Agencies and Global Financial Governance*,Palgrave Macmillan,2011.

7. Nicholas Rafferty, *The Tortious Liability of Professionals to Their Contractual Clients*, in Freda M. Steel and Sanda Rodges-Magnet eds., Issues in Tort Law, The Carswell Company Limited Toronto, 1983.

8. Richard M. Levich et al., *Ratings, Rating Agencies, and the Global Financial System*, Kluwer, 2002.

9. Herwig M. Langohr & Patricia T. Langohr, *The Rating Agencies and Their Credit Ratings*, Wiley, 2008.

10. Fabian Dittrich, *The Credit Rating Industry: Competition and Regulation*, Lulu. com, 2007.

11. Michael C. Jensen & Clifford W. Smith, *Modern Theory of Corporate Finance*, McGraw-Hill, 1984.

12. Arvind Rajan, Glen McDermott & Ratul Roy, *The Structured Credit Handbook*, Wiley Finance, 2007.

13. Joseph I. Lieberman, *Rating the Raters: Enron and the Credit Rating Agencies, Hearing Before the Senate Governmental Affairs Committee*, Diane Pub. Co., 2002.

14. J. C. Coffee, *Gatekeepers: The Professions and Corporate Governance*, Oxford University Press, 2006.

15. Lucian Bebchuk & Jesse Fried, *Pay Without Performance: The Unfulfilled Promise of Executive Compensation*, Harvard University Press, 2004.

16. D. Kerwer, *Standardising as Governance: The Case of Credit Rating Agencies*, Max-Plank Institute, 2001.

(二)论文

1. Georg Wabl, *To File, or Not to File: That's the Question. Directors' Duties in the Company Crisis*, Business Law Review, Vol. 40:2, April (2019).

2. Deryn Darcy, *Credit Rating Agencies and the Credit Crisis: How the "Issuer Pays" Conflict Contributed and What Regulators Might Do about It*, Columbia Business Law Review, Vol. 605, (2009).

3. Timothy E. Lynch, *Deeply and Persistently Conflicted Credit Rating Agencies in the Current Regulatory Environment*, Case Western Reserve Law

Review, Vol. 59:2, Winter (2009).

4. Lois R. Lupica, *Credit Rating Agencies, Structured Securities, and the Way out of the Abyss*, Review of Banking and Financial Law, Spring (2009).

5. Chiara Picciau, *The Evolution of the Liability of Credit Rating Agencies in the United States and in the European Union: Regulation after the Crisis*, European Company and Financial Law Review, Vol. 15:2, (2018).

6. Andrea Miglionico. *Market Failure or Regulatory Failure? The Paradoxical Position of Credit Rating Agencies*, Capital Markets Law Journal, Vol. 9: 2, (2014).

7. Nan S. Ellis, Lisa M . Fairchild & Frank D'Souza, *Is Imposing Liability on Credit Rating Agencies a Good Idea?: Credit Rating Agency Reform in the Aftermath of the Global Financial Crisis*, Stanford Journal of Law, Business & Finance ,Spring (2012).

8. Patrick C. Leyens, *Intermediary Independence: Auditors, Financial Analysts and Rating Agencies*, Journal of Corporate Law Studies, Vol. 11: 1, (2011).

9. Petris Sorina Ioana, *Credit Rating Agencies and Their Influence on Crisis*, Annals of the University of Oradea: Economic Science, Vol. 24: 2, (2014).

10. Minkwan Ahn, Samuel B. Bonsall & Andrew Buskirk, *Do Managers Withhold Bad News from Credit Rating Agencies?* , Review of Accounting Studies, Vol. 24: 3, (2019).

11. Jeffrey Manns, *Rating Risk after the Subprime Mortgage Crisis: A User Fee Approach for Rating Agency Accountability*, North Carolina Law Review, Vol. 87, (2009).

12. Frank Partnoy, *The Siskel and Ebert of Financial Markets: Two Thumbs Down for the Credit Rating Agencies*, Washington University Law Quarterly, Vol. 77, (1999).

13. Han Xia, *Can Investor-paid Credit Rating Agencies Improve the Information Quality of Issure-paid Rating Agencies?* , Journal of Financial

Economics, Vol. 111, (2014).

14. Marco Pagano, Paolo Volpin & Wolf Wagner, *Credit Ratings Failures and Policy Options*, Economic Policy, Vol. 25: 62, April (2010).

15. Jerome Mathis, James McAndrews & Jean-charles Rochet, *Rating the Taters: Are Reputation Concerns Powerful Enough to Discipline Rating Agencies?*, Journal of Monetary Economics, Vol. 56, (2009).

16. Arthur R. Pinto, *Control and Responsibility of Credit Rating Agencies in the United States*, The American Journal of Comparative Law, Vol. 54, (2005).

17. John Patrick Hunt, *Credit Rating Agencies and the "Worldwide Credit Crisis": The Limits of Reputation, the Insufficiency of Reform, and A Proposal for Improvement*, Columbia Business Law Review, Vol. 1, (2009).

18. Erin M. Wessendorf, *Regulating the Credit Rating Agencies*, Entrepreneurial Business Law Journal, Vol. 3: 1, (2008).

19. Milosz Gudzowski, *Mortgage Credit Rating and the Financial Crisis: The Need for a State-run Mortgage Security Credit Rating Agency*, Columbia Business Law Review, Vol. 1, (2010).

20. Stéphane Rousseau, *Enhancing the Accountability of Credit Rating Agencies: The Case for a Disclosure-Based Approach*, Mcgill Law Journal, Vol. 51, (2006).

21. Yair Listokin & Benjamin Taibleson, *You Misrate, Then You Lose: Improving Credit Rating Accuracy Through Incentive Compensation*, Yale Journal on Regulation, Vol. 27:1, (2010).

22. Kia Dennis, *The Ratings Game: Explaining Rating Agency Failures in the Build Up to the Financial Crisis*, University of Miami Law Review, Vol. 63, (2009).

23. Theresa Nagy, *Credit Rating Agencies and the First Amendment: Applying Constitutional Journalistic Protections to Subprime Mortgage Litigation*, Minnesota Law Review, Vol. 94: 140, (2009).

24. Lcaitlin M. Mulligan, *From AAA to F: How the Credit Rating Agencies*

Failed America and What Can be Done to Protect Investors, Boston College Law Review, Vol. 50, (2009).

25. Richard Cantor & Frank Packer, *The Credit Rating Industry*, *Journal of Fixed Income*, Vol. 5: 3, (1995).

26. Jonathan S. Sack & Kefira R. Wilderman, *Civil Liability of Rating Agencies: Past Success, Future Danger?*, New York Law Journal, Vol. 15, Septermber (2010).

27. David M. Ellis, *Different Sides of the Same Story: Investors' and Issuers' Views of Rating Agencies*, Journal of Fixed Income, Vol. 7:4, (1998).

28. Piero Cinquegrana, *The Reform of the Credit Rating Agencies: A Comparative Perspective*, ECMI Policy Brief, No. 12, (2009).

29. Gonzales, Fernando et al., *Market Dynamics Associated with Credit Ratings: A Literature Review*, European Central Bank, Occasional Paper Series, No. 16, (2004).

30. Stephen Choi, *Market Lessons for Gatekeepers*, Northwestern University Law Review, Vol. 92, (1998).

31. Ronald J. Gilson, *Value Creation by Business Lawyers: Legal Skills and Asset Pricing*, Yale Law Journal, Vol. 94, (1984).

32. Gregory Husisian, *What Standard of Care Should Govern the World's Shortest Editorials?*, Analysis of Bond Rating Agency Liability, Cornell Law Review, Vol. 75, (1990).

33. Galen Hite & Arthur Warga, *The Effect of Bond-Rating Changes on Bond Price Performance*, Financial Analysts Journal, May/June (1997).

34. Gunter Liffler, *An Anatomy of Rating Through the Cycle*, *Working Paper*, Journal of Banking and Finance, Vol. 28: 3, (2004).

35. Richard Cantor, Owain ap Gwilym & Stephen Thomas, *The Use of Credit Ratings in Investment Management in the U. S. and Europe*, The Journal of Fixed Income, Vol. 17:2, (2007).

36. M. Zemmer, *Reforming the Credit-Rating Process*, Financial System Review, December (2007).

37. B. Becker & T. Milbourn, *Reputation and Competition: Evidence from the Credit Rating Industry*, Harbard Business School, Working Paper 09 – 051, (2008).

38. John C. Coffee, Jr., Op-Ed., *The Mortgage Meltdown and Gatekeeper Failure*, New York Law Journal, Vol. 20, September (2007).

39. Claire A. Hill, *Rating Agencies Behaving Badly: The Case of Enron*, Connecticut Law Review, Vol. 35, (2002).

40. S. N. Lynch, *SEC to Examine Oversight of Credit-Rating Agencies on Wednesday*, Dow Jones Newswire, April 14, (2009).

41. Steven L. Schwarcz, *Complexity as a Catalyst of Market Failure*, Duke Public Law & Legal Theory Research Paper Series, Paper No. 217, (2009).

42. Philippe Jorion, Zhu Liu & Charles Shi, *Informational Effects of Regulation FD: Evidence from Rating Agencies*, Journal of Financial Economics, Vol. 76: 2, (2005).

43. John Crawford, *Hitting the Sweet Spot by Accident: How Recent Lower Court Cases Help Realign Incentives in the Credit Rating Industry*, Connecticut Law Review, Vol. 42:13, (2009).

44. William G. Mcguinness & John W. Brewer, *Credit Rating Agencies under the Microscope*, New York Law Journal, Vol. 5, January (2009).

45. Jonathan S. Sack & Stephen M. Juris, *Rating Aencies: Civil Liability Past and Future*, New York Law Journal, Vol. 5, November (2007).

46. David J. Grais & Kostas D. Katsiris, *Not "The World's Shortest Editorial": Why the First Amendment Does not Shield the Rating Agencies from Liability for Over-Rating CDOs*, Bloomberg Law Reports, November (2007).

47. Arthur R. Pinto, *Control and Responsibility of Credit Rating Agencies in the United States*, American Journal of Comparative Law, Vol. 54, Fall (2006).